高等院校文化产业基础教材

WENHUA CHANYE

丛书主编 王育
韩

文化产业知识产权

董雪梅　编著

海峡出版发行集团 | 福建人民出版社
THE STRAITS PUBLISHING & DISTRIBUTING GROUP | FUJIAN PEOPLE'S PUBLISHING HOUSE

图书在版编目（CIP）数据

文化产业知识产权/董雪梅编著．--福州：福建人民出版社，2012.9（2019.8 重印）
高等院校文化产业基础教材/王育济，韩英主编
ISBN 978-7-211-06500-4

Ⅰ．①文…　Ⅱ．①董…　Ⅲ．①文化产业－知识产权－中国－教材　Ⅳ．①D923.404

中国版本图书馆 CIP 数据核字（2012）第 188668 号

文化产业知识产权
WENHUA CHANYE ZHISHI CHANQUAN

作　　者： 董雪梅
责任编辑： 陶　璐　江叔维
出版发行： 福建人民出版社　　**电　　话：** 0591-87533169（发行部）
网　　址： http://www.fjpph.com　　**电子邮箱：** fjpph7211@126.com
地　　址： 福州市东水路 76 号　　**邮政编码：** 350001
经　　销： 福建新华发行（集团）有限责任公司
印　　刷： 福州万达印刷有限公司
地　　址： 福州市仓山区金山大道 618 号橘园洲工业园 19 号楼
开　　本： 787 毫米×1092 毫米　1/16
印　　张： 17.5
字　　数： 285 千字
印　　数： 5001－7000
版　　次： 2012 年 9 月第 1 版　　2019 年 8 月第 3 次印刷
书　　号： ISBN 978-7-211-06500-4
定　　价： 35.00 元

序

2004 年 1 月，教育部新设“文化产业管理”本科专业，山东大学历史文化学院成为全国首批承担这一专业的四所院系之一，并于当年实现了本科招生。次年春，山东大学文化产业管理学系成立。

任何一门学科的基础与范式，都只能建立在对研究史的总结之上，这是学科建设的第一块基石。山东大学已故史学名师郑鹤声先生有言：历史系每成立一个教研组，其首要工作必是整理学界相关著述之索引。基于这种办学传统，山东大学文化产业管理学系成立伊始，即会同历史系、档案系、考古系等，着手基础资料库的建设，并渐次启动《中国文化产业学术年鉴 1979 — 2008 年卷》的编纂工作。《中国文化产业学术年鉴》按学术编年史的框架，通过“年度学术论著选编”、“评价集成与结论”、“研究总目索引”等形式，对改革开放 30 年来中国文化产业研究的学术历程进行了系统的梳理。《中国文化产业学术年鉴》的编纂工作历时 7 年，出版后获得学术界、文化界的广泛好评，被认为是“涵盖了近 30 年相关领域中最完整的学术信息和最丰富的理论内容，既包括文化产业的概念、定义、逻辑内涵、行业边际、学科特点等学理方面的研究，又包括中国文化产业的历史、现状、行业模式、区域布局、新兴业态、业内典范等方面的宏观理论、政策和案例研究……近 700 万字的各类索引，更是为文化产业的学术理论研究和文化产业发展提供了海量资讯”（《光明日报》2010 年 3 月 31 日）；产业界、政府管理层，甚至央视《新闻联播》等，也对这套历时 7 年而成的学术年鉴给予了特别关注。

与《中国文化产业学术年鉴》相类似，现由福建人民出版社出版的这套“高等院校文化产业基础教材”，也是山东大学文化产业管理学系成立伊始即已启动，历时多年才完成的一套大学本科基础教材。首批推出的六种分别是：《文化产业概论》、《文化产业管理学》、《文化资源学》、《文化产业文献导读》、《文化产业知识产权》、《广告创意与文案策划》。这六种教材所对应的都是山东大学文化产业管理专业的核心课程，从最初的备课教案、自编讲义开始，经历过2004年至2012年间的若干轮授课实践和若干轮修改。同时，这也是目前国内唯一一套由同一所院系的一线授课教师完成的本科基础教材。因而，除了相对严谨、扎实之外，这套教材也非常适合大学本科教学。

作为一套完全由山东大学一线授课教师所完成的教材，自然还会表现出某些“山大特色”，即山东大学师生有关文化产业的某些共识性的理念。

第一，关于“文化产业”自身的发展历程，我们的共识有两点：

1. 认为“文化产品”的历史可以追溯久远，但“产业”意义上的“文化产业”则是现代“工业革命”后形成的一种产业体系。工业革命提供了强大的能源动力，如留声机、照相机、印刷机、播放器、摄影机等可以把一件文化产品按产业的需求海量复制，火车、轮船、飞机又足以把海量文化产品的营销链条无限延展。正是伴随着工业文明体系的建立，才产生了真正产业意义上的现代文化产业。

2. 认为“农业文明”关联的只是“文化产品”，“工业文明”关联的是“现代文化产业”，而数字技术关联的则是“当代文化产业”。数字技术对文化产业的最大影响，就是使文化产品彻底突破了时间与空间的限制，从而创造出巨大的利润，“文化产业”也因此而成为“朝阳产业”、“黄金产业”，或“最后一块暴利蛋糕”。但是，这也同时提醒我们，不能笼统地把“文化产业”认定为“朝阳产业”，只有数字技术所催生的“当代文化产业”才是“朝阳产业”。从这一意义上说，以“三屏产品”（电视屏、网络屏、手机屏）为代表的数字文化产业，应该成为当代文化产业发展的主要方向。

第二，关于文化产业的公众认知和理论导向，我们的共识有四点：

1. 认为“文化、创意、财富”是文化产业三个最为本质的表达元素，也是“文化产业”最通俗、最平实的诠释。

2. 认为“文化”经过“创意”而产生“财富”，这之间并不存在“阿里巴巴”式的神话，存在的永远是《资本论》中所描述的从商品到货币的“惊险一跃”。而且，与工业、农业相比，文化产业的市场需求是“弹性”而非“刚性”的，这也就意味着这一产业更大的风险性。因而在宣传文化产业是“黄金产业”、“最后一块暴利蛋糕”的同时，更应突出“文化产业的高风险性”这一往往被忽视的观点。

3. 认为文化产业的发展对“文化”始终是一把双刃剑，既有普及、提升文化的功能，又始终包含着强烈的“反文化性”。

4. 高度认同“历史文化资源的丰富是中国文化产业的最大特点和最大的优势所在”。2002年的中国共产党第十六次全国代表大会，首次在大会报告中提出发展文化产业的战略部署。2003年1月，时任中共中央政治局委员、中国社科院院长的李铁映撰文指出：“中华民族有着五千年悠久的历史和灿烂的文化，其文化累积之丰厚、文化形态之多样和文化哲学之深刻，是世界上其他国家少有的。这是一笔怎么估价也不过分的宝贵的文化资源，是我们得天独厚的优势。对于中国新兴的文化产业来说，启动并整合、包装这些文化资源，就有可能形成具有中国特色的文化产业，并在全球市场的激烈竞争中占有可观的优势。”这些关于中国文化产业优势与特征的科学认识，至今仍然有着强烈的导向意义，当下中国文化产业最现实、最积极的发展策略就是如何将“历史文化资源大国”变为“文化产业强国”。这其中，历史文化资源与数字技术的结合，可能是最值得关注的方向。

第三，关于近30年中国文化产业理论研究的“学理架构”和当下的学科建设，我们的共识有三点：

1. 认为“文化产业”这一概念在近30年的中国出现，并不是对法兰克福学派“文化工业”概念的简单转译，它的生成，可以直接追溯到改革开放之初对知识分子地位的认定：由于当时知识分子已从“臭老九”跃升为工人阶级的一部分，于是各个“知识部门”，如教育、文化部门等，也就与“农业”、“工业”一样，成为“一种生产部门，一种产业部门”。正是在这种理论思维的推动下，“第三产业”的概念在1980年前后即为中国学术界所关注。“第三产业”作为一个包含着“知识生产”在内的术语，又直接导致了“文化产业”这一概念的生成。因而早在1981年就出现了“文化的产业化”的说法，出现了“第四产业”与“精神经济学”之间的讨论，至1987年就出现了“文化产业”的概念。尽管当时尚无学者对这一概念进行定义，但是这一概念所具有的“望文生义”的优势十分明显，与中国传统思维的路数亦十分吻合——无需定义和解说，即可粗知内涵。正因如此，“文化产业”这一概念才能超越“第四产业”、“精神经济学”，以及后来的“文化工业”、“创意产业”、“内容产业”、“版权产业”等外来概念，被中国学术界和社会普遍接受。“文化产业”这一概念在中国首度出现的时间是1987年，远早于20世纪90年代末才为学界所引介的“文化工业”，因而“文化产业概念的内生性”，是近30年来中国文化产业理论最重要的“学理性起点”。

2. 认为作为国家战略层面上的文化产业发展起始于近十年，但关于文化产业的学术研究则贯彻于近30年。其中重要的节点是：1979年以来经济学界关于“精神产品”和“知识价值”的讨论；20世纪80年代学术界关于“第三产业”、“第四产业”、“精神经济学”、“文化市场”、“文化个体户与经纪人”、“文化搭台与经济唱戏”、“大众消费文化与精英文化”的讨论；20世纪80年代中期“文化产业”概念的首度出现，以及20世纪90年代有关“文化产业”、“创意产业”、“版权产业”、“文化经济学”、“文化管理学”的诸多讨论；2000年以来关于“文化事业与文化产业”的讨论，以及党的十六大以后国家战略层面上的文化产业研究等等。对这些节点进行整合性梳理，可以为当下中国文化产业学科奠定坚实的基石，也是创立有中国气派、中国风格的文化产业理论体系的必由之路。

3. 认为文化产业管理专业作为教育部新设的一个十分年轻的应用型专业，就其人才培养目标而言，可以简单表述为：既要有纵贯古今的文化视野，也要有策划经营的文化理念，以及现代产业意识和经营思路的复合型人才。但就课程的设置和教学的重心而言，文化产业管理专业显然应该与具体的工艺美术设计、图书编辑出版、游戏创意、景区规划，以及演艺产业、广告产业、体育产业、旅游产业等有所区别。所以，在文化产业的教学、科研和学科建设中，应该突出“通识意识”、“学问意识”和“经典意识”，要从学术史的梳理中奠定这一应用学科的学理基础；要引导学生关注工业革命以来有关“文化工业”、“文化产业”的经典文献，关注近30年来中国学术界在文化与文化产业问题上的深度思考，从而保持大学教育应有的内在思想的活力、反省能力、质疑能力和价值动力。换言之，“文化产业”这一学科所面对的问题可能非常现实、非常政治和非常经济，但大学教育和学科建设仍应该与“现实”、“政治”、“经济”拉开距离，要努力建立并坚持大学自身的学术话语，并依据大学应有的治学逻辑设计学科建设的路径。

以上理念和观点主要体现在《山东大学关于增设“文化产业管理”本科专业的建议报告》(2003年)、《山东大学关于建立山东省文化产业研究基地的论证报告》(2003年)、《培养文化产业管理专业的合格人才》(2004年)、《文化产业：学术阐释的原则与目的》(2006年)、《加强文化产业的基础理论研究》(2006年)、《文化·创意·财富：三论“文博会”主题词》(2006年)、《论文化、创意、财富三者之间的关系》(2006年)、《关于文化创意产业的几点认识》（2006年）、《也谈文化与文化产业的关系》（2006年）、《1987：中国文化产业的重要节点》（2009年）、《中国文化产业学术年鉴2003—2008年卷出版说明》（2009年）、《中国文化产业学术年鉴1979—2002年卷特别说明》（2009年）、《文化产业学科建设要有四大意识》（北京大学第七届文化产业新年论坛主题发言）（2010年）、《济南历史文化资源与文化产业》（济南市政策研究室委托课题结项报告；文化部基层文化干部培训班讲义）（2012年）、《数字技术与当代文化产业》（济南市第三届青年科学家论坛主题发言）（2012年）等相关文献和著述中。山东大学的各位同仁在教学和研究中对这些方面的问题思考和讨论也较多，所形成的共识也都以这样或那样的方式渗透、沉淀在这套教材的相关章节之中。这也使得这套教材有了一些区别于其他著述的显著特色。

这套"高等院校文化产业基础教材"的出版，得益于福建人民出版社的全力支持和赖炳伟先生的促成，从选题调研、审定编写提纲、编稿到今天的付梓，时间已过去了一年多，这期间，赖炳伟先生以及责任编辑们的工作热忱和辛劳，感动了我们每一位作者。可以说，没有他们的努力，这套教材可能还会以内部讲稿的形式存在若干年。

《中国文化产业学术年鉴1979—2008年卷》的编纂和这套教材的出版，大致夯实了山东大学文化产业学科建设的基础，但能否在这一基础上更筑层楼，显然还有待更多的努力。

是为序。

王育济

2012年8月23日

目　　录

第一章　文化产业与知识产权

文化是一种人性化的需求，只要有人的存在，就有文化的需求。随着历史的演进，文化越来越渗透到社会经济的各个领域，而且文化与经济融合的趋势也越来越明显。在这个漫长的发展过程中，文化的人性化特性使得文化具有旺盛的生命力，物质文明的进步又不断丰富着文化发展的内涵，生产力和科学技术的发展使得文化的表现形式日趋多样与完美，同时使文化与经济社会的融合最终向产业化方向发展成为可能。文化产业的出现是一种历史的必然，发展文化产业顺应了时代潮流的大趋势。

全球经济一体化是当今世界经济发展最重要的趋势之一。在全球经济一体化的态势中，各国经济在体制上进行新的改革，在产业结构上进行新的调整，在资源上进行新的配置，在秩序上进行新的整合。“全球化处于现代文化的中心地位；文化实践处于全球化的中心地位。”[①] 文化产业的兴起，文化的经济化，经济的文化化，使得文化智力优势正在取代自然资源优势。文化产业的发展程度，直接体现着一个国家的文化国力。在许多发达国家，文化产业不仅是该国文化的基本形态之一，而且已发展成为一个生机无限的经济增长点，越来越成为强大的经济实体，创造出了可观的经济效益，成为一个国家综合国力的最直观、最具体的反映。

第一节　文化产业概述

一、文化产业的含义

文化产业一般是指从事文化产品生产和提供文化服务的经营性行业。可将其定义为：以生产和经营文化商品和文化服务为主要业务，以创造利

① ［英］约翰·汤姆林森：《全球化与文化》，6页，南京，南京大学出版社，2002。

润为核心，以文化企业为骨干，以文化价值转化为商业价值的协作关系为纽带，所组成的社会生产的基本组织结构。[①] 联合国教科文组织曾作过十分简洁的定义：文化产业就是按照工业标准，生产、再生产、储存以及分配文化产品和服务的一系列活动。

在世界范围内，文化产业的概念因各个国家的背景与需求等情况的不同，其具体称谓和内涵也不尽相同。如，英国称为创意产业（creative industry），美国称为版权产业（copyright industry），欧盟称为内容产业（content industry），日本称为感性产业（sensible industry），我国台湾地区称为文化创意产业（cultural and creative industry），韩国、芬兰以及我国基本上直接使用文化产业（culture industry）这个概念。[②]

一般来说，文化产业可以划分为三类：一是生产与销售文化产品的行业；二是文化服务行业；三是具有较高文化附加值的行业。联合国教科文组织根据文化产业的经济性与生产性，将文化产业分为影视产业、音像业、广告业、咨询业、网络业、文化旅游业、文化娱乐业等。各个国家的文化产业分类有很大不同，美国的版权产业分为4类，即文化艺术业（含表演艺术、艺术博物馆），影视业，图书业，音乐唱片业。英国的创意产业分为13个类别，包括广告、建筑、艺术和古董市场、手工艺、设计、时尚设计、电影、互动休闲软件、音乐、电视和广播、表演艺术、出版、软件。欧盟的内容产业主要分为4个类别，即制造、开发、包装和销售信息产品及服务产业，包括各种媒介上所传播的印刷品内容（报纸、杂志、书籍等），音像电子出版物内容（联机数据库、音像制品服务、电子游戏等），音像传播内容（电视、录像、广播和影视），各种数字软件等。日本的感性产业主要分为3类，即内容产业、休闲产业与时尚产业。同时，信息与电子技术也日益渗透到文化产业领域，形成了一些新的、技术含量较高的文化产业种类，如数字出版、移动终端媒体出版等。不同国家的文化产业分类非常的不同，这体现着不同经济发展水平国家不同的文化诉求，

---

① 叶朗：《中国文化产业年度发展报告（2003）》，25页，长沙，湖南人民出版社，2003。

② 在我国，“文化产业”概念的出现并不是对法兰克福学派“文化工业”概念的简单转译，它的生成可以直接追溯到改革开放之初对知识分子的认定和“第三产业”概念的出现。早在1981年，我国学术界就出现了“文化的产业化”的观点，1987年就出现了“文化产业”的概念。此后，“文化产业”这一概念逐渐超越“文化工业”、“创意产业”、“内容产业”、“版权产业”等外来概念，被中国学术界和社会普遍接受。

随着文化产业自身及发展环境的变化，文化产业的内涵也将变化。[①]

二、文化产业的兴起、特征与现状

从20世纪20年代文化产业萌芽算起，到现在已发展了八九十年。可以说，在20世纪90年代以前，文化产业的强大推动力是信息技术的进步，尤其是电子传播媒介的发展。而在90年代以后，各国对文化产业越来越重视，并积极调整国家的文化产业政策，这为文化产业的加速发展注入强心剂，成为文化产业发展的又一大推动力。世界范围内的文化产业发展从慢到快，大致经历了四个阶段，即：20世纪20年代到50年代初的萌芽起步阶段——美国独霸全球文化市场和法兰克福文化工业批判理论时期；20世纪50年代初到冷战结束的逐步发展阶段——发达国家逐步重视发展文化产业，文化产业理论在文化研究领域的转型和跨入经济学领域时期；冷战结束后到20世纪90年代末的快速发展阶段——发达国家制定文化产业国家发展战略并进入快速发展时期；新世纪至今的多元发展阶段——全球文化产业激烈竞争，并形成以美国为主导，欧亚各国各具优势的“一强多元”竞争格局。

文化产业巨大的经济潜力已经为众多国家所认同，作为一种新的经济形态，其崛起势头异常强劲。相对于政治经济的“硬实力”，文化是一种“软实力”，但是它对经济社会的影响力和渗透力却是持续不断的。文化产业作为潜力巨大、发展速度较快的优质产业，有望成为未来国家经济发展的主导角色。全球文化产业的发展主要有以下几个方面的特征：[②]

第一，文化产业已经逐渐取代传统产业而成为新的支柱产业。美国、英国和亚洲的日本、韩国等经济发达国家在这方面表现得比较突出。这些国家认识到，随着各国经济发展，尤其是亚太地区新兴经济力量的崛起，它们在传统产业上的优势不再明显，于是纷纷转变经济发展方式，而文化产业非常符合这一发展战略。

第二，各国实施文化经济的新战略。如韩国在亚洲金融危机之后着手制定了《文化产业发展五年》、《文化产业发展推进计划》等政策鼓励文化产业发展，集中力量开发具有国际竞争力的、高质量的文化产品，重点培育战略性文化产业，集中力量支持重点产业与重要项目。

① 郑雄伟：《全球文化产业发展报告》，2012年2月1日发布。

② 郑雄伟：《全球文化产业发展报告》，2012年2月1日发布。

第三，适应全球化战略的需要，通过大力发展文化产业扩大本国文化的影响力。在这方面，美国电影业的表现非常突出，早在20世纪50年代，美国电影的总收入中海外比例就超过40%，进入21世纪以后，海外的比重很快突破60%。电影业的发展，使美国的价值理念、意识形态和生活方式得到了广泛的传播。

第四，文化产业的发展经常与城市发展密切相关，体现出向城市空间集聚的特性，与城市形成了一种相互依赖的共性关系。如美国的纽约、英国的伦敦、日本的东京、法国的巴黎等，也包括韩国的首尔、中国的香港这样的新兴经济体城市。文化产业发展带来的附加值，让城市更有内涵，对于城市的国际化非常重要。

第五，在全球文化产业发展中，发达国家仍占主导地位，区域性优势非常明显。据世界银行统计，美国、西欧和日本的跨国公司囊括了全球国际文化贸易量的2/3以上。

根据《全球文化产业发展报告》(2012年2月1日)：2010年美国的版权产业（copyright industry，即文化产业）已经成为美国的国民经济支柱产业，对GDP和就业的贡献持续超过其他的产业部门。同时，在美国的出口增长中也扮演着十分重要的角色。统计显示，美国文化产业的产值已占美国GDP总量的18%～25%。截至2010年，美国有1500多家日报、8000余家周报和小报，1.22万种杂志、1965家电台、1440家电视台，拥有美国广播公司、哥伦比亚广播公司、全国广播公司三大电视网。好莱坞是世界上最大的电影生产基地，多年来垄断世界电影市场。在美国400家最富有的公司中，有72家是文化公司，文化产业已经超过了航天航空工业，居出口贸易额的第一位，占40%的份额。

英国创意产业（creative industry，即文化产业）直接从业人员已达100多万，间接从业人员约45万，占全国总就业人数的5%。英国表演艺术业的产业结构多样化，形成了大型商业公司和小型团体共存的局面。音乐艺术产业更是英国文化产业的支柱之一，近年来，每年创造的产值都不低于47.9亿美元。英国在国际音乐艺术产业中的地位仅次于美国。另外，伦敦还是欧洲最大的文化艺术品中心，每年光顾伦敦艺术品市场的游客不下1亿人次。1996年至2010年，英国文化创意产业产值年均增长率都在6%左右，而英国整体经济增长率仅为2.8%左右。同期，文化创意产业就业增长率平均为5%左右，而整体就业增长率则为1.5%左右。根据官方统计，英国13类文化创意产业2010年的产值超过2775亿美元，出口值超过164亿美元。

《全球文化产业发展报告》还指出，亚洲是一个多元文化交汇的地区，伴随经济影响力的增强，其文化产业在世界上的地位也日趋重要。日本、韩国等国家的文化产业发展尤为迅速，在全球文化市场中占有重要份额。

日本是亚洲文化产业发展的领头羊。早在1993年，日本文化产业的年产值就超过了汽车工业的年产值。日本游戏业号称“一兆日元产业”，是世界游戏业的先锋；游戏软件的销售额排世界第一。2010年，日本文化产业的规模超过11070亿美元，约占GDP总量的15%，对日本的就业贡献非常大。其中，动漫产业是日本文化产业的主要构成部分。日本有“动漫王国”之称，是世界上最大的动漫制作和输出国。目前全球播放的动漫作品中有60%以上出自日本。根据日本动画协会发布的《日本动画业界及动画市场动向（2011年版）》中的数据显示，日本2010年实际上映的电视动画总数为195部，总制作时长为89586分钟；影像制品的总销售额为93414万美元；上映的动画电影数量为55部，总票房收入为41390万美元，超过了2007年的51部，达到了过去10年的最高点。而年度总票房连续3年都保持在3.69亿美元左右，也显示了日本动画电影市场的稳定性。日本的动漫形象已经被全世界的人们所认识，提升了日本的整体形象。

韩国的文化产业主要分为17个类别，包括影视、广播、音像、游戏、动漫、卡通形象、演出、文物美术等。在政府的重视和大力支持下，韩国文化产业迅速发展，2010年产值超过650亿美元，占全国GDP比例超过6.5%。游戏、电影、出版、动漫、音乐等主要产业部门保持着相当高的增长率，构成了韩国的核心文化产业，其产值占整个文化产业的60%以上。

韩国的游戏产业在全球占有很高的市场份额，是韩国文化产业输出的主要组成部分。据韩国官方发布的《2011年韩国游戏白皮书》显示，2010年韩国游戏市场的规模为67亿美元，相比前一年（60亿美元）增加12.9%。其中，网络游戏的市场规模为42.9亿美元，占整个游戏市场的64.2%。2010年，韩国游戏作品的对外出口额为16亿美元，相比前一年增长29.4%（进口相比前一年减少27%，为2.4亿美元）。

改革开放30年以来，我国文化产业的经济总量、机构数量、竞争实力、人力资源等，都有了前所未有的蓬勃发展，文化产业对国民经济增长的贡献率不断上升。截至2007年年底，我国文化系统登记注册的经营性文化产业机构已达27.2万家。其中，文化娱乐场所82174家，文艺表演团体4512个，演出经纪机构1024个，艺术表演场所2070个，艺术品经营机构1112家，音像制品批发零售出租机构87137家，网吧13万多家，其他文化经营单位11783家。① 根据国家统计局公布的相关数据，在2007～2008年宏观经济形势大动荡的背景下，文化产业所受影响甚微，如2007年我国文化产业增加值大约是6412亿元，比上年增长18.4%，占GDP的比重为2.6%，比上年提高了0.15个百分点。2008年的发展也维持了以往3年的增速。② 2010年，我国文化产业增加值突破1.1万亿元，比上年增长了25.8%，占GDP的比重达到2.75%。“十一五”时期，我国核心文化产品出口总额为560.9亿美元，比“十五”时期增长100%；文化服务出口总额为11.8亿美元，比“十五”时期增长255.6%。

回顾总结近十年中国文化产业发展之路，可以发现，这是理论创新地位、作用显著提升之路；是文化事业和文化产业协调发展之路；是制度创新、深化改革、促进发展之路；是"两手"协同，充分发挥市场机制作用和政府宏观调控有机结合的发展之路；也是一条目标、任务、路径、方法日益清晰，越走越宽广的战略发展之路。③

虽然如此，从整体上看，我国的文化产业仍处于起步、探索的初级阶段，规模比较小，支持文化产业的经济实力不足，与发达国家的差距很大。以全球视野看我国的文化产业，可以从国内和国际两个层面来分析。从国内层面看，我国是一个有后发优势的发展中大国，可以在短期内完成发达国家需要上百年以至几百年才能完成的发展过程，但目前也面临着严重的发展不平衡局面。从国际层面看，我国已经成为全球文化产业的制造业大国，但仍是内容原创的小国，目前正处在从“中国制造”走向“中国创造”新一轮发展的转折期。④

三、文化产业的发展趋势

文化产业的兴起，文化的经济化，经济的文化化，使得经济一体化的发展趋势愈来愈凸显，文化智力优势正在取代自然资源优势，文化产业的发展程度，直接体现着一个国家的文化国力。日本学者日下公人在《新文化产业论》一书中断言，“21世纪的经济学将由文化与产业两部分构成”，

---

① 王一川：《我国文化产业发展契机与发展趋势研究》，《生产力研究》，2011（10）。
② 张晓明：《从全球化视野看文化产业发展的机遇与挑战》，《城市观察》，2009（3）。
③ 韩永进：《中国文化产业近十年发展之路回眸》，《华中师范大学学报》，2011（1）。
④ 张晓明：《从全球化视野看文化产业发展的机遇与挑战》，《城市观察》，2009（3）。

“文化必将成为经济进步的新形象”。[①] 中投顾问文化行业研究中心于2011年3月完成的《中国文化产业投资报告》中认为，在我国，近两年来，资本跨地区、跨行业、跨所有制的自由流动正成为文化产业发展的主要趋势。[②] 到境外上市，是近两年间国内文化企业融资的一大特点。虽然金融危机导致国际新股发行市场陷入低谷，但我国仍有A8电媒音乐控股有限公司、中视金桥国际传媒控股有限公司、广而告之合众国际广告有限公司、畅游有限公司、盛大游戏有限公司及中国房产信息集团等中国文化企业先后登陆国际资本市场。“上市目的不仅仅在于融资，其深层次价值在于推动企业优化治理结构，规范运营管理，实现企业的升级蜕变。”但同时应注意到，文化企业上市呈现非均衡状态：意识形态属性相对弱的行业更为活跃，新兴文化产业活跃于传统文化产业，民营文化企业活跃于国有文化企业，境外上市活跃于境内上市。[③]

研究人员认为，当前全球文化产业发展趋势表现在以下几个方面：[④]

（1）产业内容不断扩张。传统的文化产业如广播、报业、出版、音乐制作、图书、广告等不断向纵深方向发展的同时，文化创意产业、信息产业也正在以超乎想像的速度发展着，丰富了文化产业的内容。20世纪90年代中期，信息产业已超过了汽车、钢铁等产业部门，成为世界第一大产业。

（2）产业集中度加剧，垄断趋势明显。在经济全球化的背景下，世界上许多文化产业集团正在不断打破行业与地区之间的分工界限，通过大公司之间在资金、技术、经营组织方式等方面的重新组合和集中，进行产业结构上的调整，形成了传媒业、娱乐业、旅游业与电信业、电脑业、出版业相互融合、相互渗透的新格局，涌现出一批大型和超大型的跨行业、跨国界的强势文化产业集团。目前，这些通过兼并融合组成的超大型文化产业集团控制着全世界文化产业市场的大部分份额。世界传媒界的几大巨头已经实现了广播、电影、电视、图书报刊、音像制品、有线卫星网络、音乐、娱乐、体育、网上服务等商贸一体化的多媒体经营，并基本控制和垄

① 赵红英：《区域经济发展中的文化因子研究》，《经济月刊》，2007（3）。

② 《资本力量打破体制壁垒　文化企业并购重组热潮不断》，http://www.ce.cn/cysc/newmain/jdpd/zjxw/201006/23/t20100623_20418779.shtml。

③ 《资本力量打破体制壁垒　文化企业并购重组热潮不断》，http://www.ce.cn/cysc/newmain/jdpd/zjxw/201006/23/t20100623_20418779.shtml。

④ 李运祥：《文化产业的发展趋势及路径选择》，《当代经济》，2010（6）。

断了当今世界的传媒市场。

（3）新的业态不断涌现。20 世纪 90 年代以后，文化产业的发展触角逐渐延伸到旅游业、体育业等行业，并带动了相关行业的发展。如以历史文化资源以及自然人文景观为内容的旅游业，正日益发展成为世界上最大的新兴产业。据世界旅游组织预测，每年国际旅游业的交易额已超过 3000 亿美元，2011 年国际旅游人数同比增长 4.4%，达到 9.8 亿人次，到 2012 年，国际旅游人数可望达到 10 亿，相当于世界总人口的七分之一，旅游收入将增至 10000 亿美元。旅游业将取代石油工业、汽车工业，成为世界上最大的创汇产业。而体育产业已经成为西方主要发达国家国民经济的重要增长点，并有发展成为支柱产业的趋势。

（4）资金和技术将成为利器。文化产业的发展主要靠资金的推动和技术的创新，谁掌握了资金和技术，谁就掌握文化产业的控制权。20 世纪至 21 世纪，随着技术沿着硬件—软件—互联网—文化（内容产业）的方向发展，产业链的核心价值也沿着制造—信息—知识—内容•文化的链条转移。信息技术带动内部结构调整，就有可能通过数字化、多媒体的技术优势，超越传统文化企业，迅速提升整个产业的水平。

展望未来，在经济持续发展和技术迅速进步的推动下，我国的文化产业必将与国民经济各个部门发生越来越深刻的关联，渗透到我们日常生活的各个方面，并在全球文化市场上产生越来越大的影响。文化产业不仅将在繁荣社会主义文化、满足人民精神文化需求方面发挥重要作用，在推动经济发展方式转变、优化产业结构、创造就业机会、带动现代服务业和服务贸易、增强国家文化软实力等方面的作用也将日益凸显。

第二节　知识产权概述

一、产权的概念和特征

理解知识产权，首先要从产权入手。产权是指人们（主体）围绕或通过财产（客体）而建立和形成的经济权利关系。在经济学上，这些经济权利关系不仅包括对财产的所有权，还包括对财产的占有权、支配权和使用权。从一般意义上看，财产主要是指有形的财产，比如房屋、机器设备、日用消费品、货币等等，这些都是看得见、摸得着的。对这些有形的财产所拥有的权利，通常称之为物权。除了有形的财产外，还包括无形的财产，比如债券、股票、专利权、版权、商标等。对这些无形的财产所拥有的权利，被分别称之为债权、股权和知识产权。物权、债权、股权和知识产权都属于产权的范畴。由此可见，知识产权是一种特殊的产权，具有产权的基本性质和特征。

从表面上看，产权表现为人对物的关系，即一定的主体对某种财产的所有、占有、支配或使用关系。但是，更深一点理解，人们只有结成一定的社会关系才能进行生产和生活。因此，人们对物质资料履行一定的职能时，必然要以一定的社会关系为前提，围绕它同周围有关的人发生一定的关系。因此，产权实质上反映了与财产有关的各社会主体之间的关系。例如，当人们使用某一生产资料时，需要事先取得该生产资料的所有者或占有者的同意，以一定的代价与后者建立生产资料的租赁或承包关系。[①] 这种租赁或承包关系实际上就是一种产权关系。即使是个人占有、使用属于自己所有的财产时，也同样存在一定的经济关系。他至少要排斥别人对其生产资料的侵犯，维护自己对生产资料的各种权利。可见，无论如何，所有者和非所有者之间总会存在一定的关系。

产权的主体不一定都是个体，有时是由许多人共同组成的。他们必须先结成一定的关系，然后才能对其共同所有的生产资料行使权能。这时候，产权的所有者和使用者内部都会形成一定的关系，产权关系就会更加复杂。一般来说，产权具有以下特征：

首先，产权是一项排他性的权利。虽然产权的主体可以由很多人组成，但是这些人只能属于一个权利主体，即共同组成一个权利所有者，也就是说，产权的主体必须是单一的。产权的排他性意味着特定的权利主体只能是一个，是 A，就不能是 B，即排除任何非权利主体对产权的占有和使用。并且，产权的排他对象是多元的，即一个主体可以有多项产权，但一项产权只能归属于一个主体。这是产权的第一个特征。

其次，产权是能够流动或可让渡的权利。在产权拥有者认为不再需要拥有或非拥有者认为需要拥有时，产权应当能够流动并在他们之间互相让渡，从而实现资源的高效率配置。

再次，产权具有可分性。它可以从不同侧面分割为很多不同的子权利。如企业产权可以横向分解为使用权、收益权、处置权和让渡权，也可以纵向分解为出资权、经营权和管理权；从其存在方式上，还可分为价值

① 周茂清：《产权定义探析》，《产权导刊》，2004（6），9页。

形态的产权和实物形态的产权。

最后，产权是有边界、可计量的权利。任何产权，都必须是有边界、可计量的权利，否则，就不可能把特定产权从其他产权中分离开来用于交易，也不可能在交易过程中对产权进行有效计量。没有有效的计量方式，任何交易都是不会成功的。

产权的以上四个特征，对于理解和把握产权的交易非常重要，因为产权能够交易是由产权的内在属性决定的。首先，产权的排他性是产权交易的前提，没有明确的权利主体的产权是不可能拿去交易的；其次，产权能够流动和可让渡，使产权交易实际上成为可能；再次，正因为产权是可分的，所以人们不仅可以将产权作为整体来出让，也可以将其分割为部分，甚至一个个单元地来出让；最后，由于产权是有边界、可计量的对象，使得它在交易过程中具有实际可操作性。① 同样，知识产权也是可以被交易的，而且正是由于这种交易，使得知识产权的经济作用得以发挥。

二、知识产权的概念

知识产权一词是外来语，英文为 intellectual property。关于它的产生主要有两种观点，一种观点认为是 17 世纪中叶由法国的卡普佐夫等人首先提出；另一种观点认为最早出现于 18 世纪中叶的德国。20 世纪 70 年代至 80 年代，我国民法理论曾称之为“智力成果权”。在我国台湾地区，称之为“智慧财产权”。在日本曾称之为“无体财产权”，现称之为“知的所有权”。在我国，知识产权被正式作为法律用语始于 1986 年 4 月 12 日通过的《中华人民共和国民法通则》（以下简称《民法通则》）。在《民法通则》中规定，知识产权属于民事权利，是基于创造性智力成果和工商业标记依法产生的权利的统称。②

对知识产权下一个确切的定义是很困难的事情。目前对于知识产权的定义方式有两种，一种是界定知识产权的外延，一种是采取概念的形式。到目前为止，所有的国际公约都是从界定知识产权的外延，即从划定知识产权所包括的权利的范围，来对知识产权加以定义的。

《建立世界知识产权组织公约》对知识产权的范围作了如下定义：与文学、艺术及科学作品有关的权利（指版权或者著作权）；与表演艺术家

① 周茂清：《产权定义探析》，《产权导刊》，2004（6），11 页。

② 刘春田：《知识产权法》（第二版），4 页，北京，中国人民大学出版社，2002。

的表演活动、录音制品和广播有关的权利（指版权的邻接权）；与人类一切领域创造性活动产生的发明有关的权利（指专利权）；与科学发现有关的权利；与工业品外观设计有关的权利；与商品商标、服务商标、商号及其他商业标记有关的权利；与防止不正当竞争有关的权利；一切来自工业、科学及文学艺术领域的智力创作活动所产生的权利。

《与贸易有关的知识产权协议》这样定义了知识产权的保护范围：著作权及相关权利（指邻接权）；商标权；地理标记权；工业品外观设计权；专利权；集成电路布图设计权；对未公开信息的保护权；对许可合同中限制竞争行为的控制。

这两个公约对知识产权外延的列举基本上是一致的。前者的定义要宽泛一些，而后者强调与贸易有关的知识产权，并增加了一些新的知识产权保护客体，如集成电路布图设计、未公开信息等。

在国内外有关知识产权的教科书和论著中，也有很多对知识产权的定义采取概念形式。在世界知识产权组织编写的《知识产权法教程》中，是这样定义知识产权的：知识产权的对象是人的心智，人的智力创造。这就是这类财产叫做知识产权的原因。在我国20世纪90年代编写的教材一般将知识产权定义为“人们就其智力创造的成果依法享有的专有权利”①。李顺德在《知识产权法律基础》中这样定义：“知识产权是指自然人或法人对自然人通过智力劳动所创造的智力成果，依法确认并享有的权利。”② 刘春田主编的《知识产权法教程》中的定义为：“知识产权是智力成果的创造人或工商业标记的所有人依法享有的权利的统称。”③

三、知识产权的特征

（一）无形性

知识产权是一种无形财产，这是它区别于有形财产的根本所在。对于知识产权的无形性，可以与有形财产权相对比来理解，具体有以下五个方面：

有形财产权的一般特性为对某种有形物的占有，而知识产权一般表现为对某项权利的占有。两者的表现形式不同。

---

① 郑成思：《知识产权法教程》，1页，北京，法律出版社，1993。

② 李顺德：《知识产权法律基础》，9页，北京，知识产权出版社，2005。

③ 刘春田：《知识产权法教程》，1页，北京，中国人民大学出版社，1995。

有形财产权的标的是有形物本身，是有形的，而知识产权的标的是某种权利，是无形的。

有形财产权的利用和转移一般表现为有形物的消耗和转移，而知识产权的利用和转移一般并不引起相关有形物的消耗和转移。

知识产权的标的具有可分别利用性(有人称之为“使用价值无限性”)，即在同一时间、不同地点可以由多人分别按各自的方式加以利用；对于有形财产的标的而言，则不具有可分别利用性。

对有形财产权的侵害行为直观、明显易辨，而对于知识产权的侵害行为则未必那么直观、明显，既有直接的，也有间接的，情况多种多样，比较复杂，给侵权的判定增加了难度。

“无形性”这一属性意味着对知识产品的使用不发生有形损耗，所以，知识产品一旦公开，就可以同时为许多人所利用，这使得知识产权比有形财产权更容易被他人侵害，故而知识产权的核心在于对权利人控制他人利用其成果的保护。

重视知识产权的无形性并不意味着我们不涉及有形物。实际上，知识产品尽管是无形的，但它总要通过一定的客观形式表现出来，即体现为一定的物化载体。如果它没有赖以固定或向人们展示其存在的客观形式，就不会获得法律的承认和保护。① 知识产权作为一种财产，也正是通过人们对其客观表现形式的利用而体现出来的。应当注意的是，物化载体本身是有形财产，而不是知识产权，物化载体的转让不应视为知识产权的转让，反之亦然。

(二）专有性

知识产权的专有性，又可称为独占性、排他性、垄断性，即知识产权专为权利人所享有，非经法律特别规定或权利人同意，任何人不得占有、使用和处分。

知识产权的专有性包括两层含义：

知识产权具有排他性，在权利的有效期内，未经知识产权所有者的许可，在规定的地域内，任何人不得利用此项权利。

对于一项智力成果，国家所授予的某一类型知识产权应是唯一的，不能再对同一智力成果授予与他人同一类型的知识产权。

上述第一层含义限定了知识产权所保护的客体，即符合知识产权法定

① 冯晓青：《对知识产权理论几个问题的探讨》，《吉首大学学报》，2004 (3)，105 页。

条件的智力成果，与公有领域的智力成果加以区分。这就是说，知识产权的客体必须处于“专有领域”，具有“专有性”，如果进入“公有领域”就不能再受到知识产权保护。

上述第二层含义，也体现出知识产权与有形财产权的区别。有形财产权的所有者，例如一张桌子的物权人，其权利范围仅限于对那张桌子的使用、处分权，对其他同样的桌子则无权使用、处分，更无权禁止他人制造、销售同样的桌子。而对于取得这张桌子的产品专利权的专利权人而言，不仅具有禁止他人制造、销售同样桌子的权利，而且可以阻止他人再就同样的桌子取得专利权。可见，对于某一类有形物而言，有形财产权的“专有”是针对具体个别物的，是相对的、有限的“专有”，而相对应的知识产权的“专有”，才是真正的“专有”。

（三）地域性

知识产权的地域性即根据一国（地区）法律取得的知识产权，原则上只在该国（地区）范围内发生法律效力。知识产权的地域性，主要表现在以下五个方面：

一项智力成果能否取得知识产权保护，或者说一项知识产权能否产生，依各国相关法律的不同而不同，在一个国家取得知识产权法律保护的智力成果，在另外一个国家未必能够取得。

对于同一项智力成果的知识产权保护水平、保护内容因国家不同而异。

任何一项智力成果的知识产权，仅在它依法产生的地域内有效。

一项智力成果的知识产权在某一个国家的失效，即该项智力成果在该国内由“专有领域”进入“公有领域”，并不意味着该项知识产权在另外一个国家也已失效。

对于侵犯知识产权行为的判定，依各国法律的不同而异，在一个国家被认为侵权的行为，在另外一个国家未必也被认定为侵权。

知识产权地域性的特点首先是由国家主权原则决定的。一般情况下，任何国家都不会承认根据别国法律取得的知识产权，即不承认外国知识产权法在本国的适用。其次，是由知识产权极易传播，利用它可以获得巨大经济效益的特殊性，以及知识产权需要由法律直接确认的特点所决定的。

也正是由于知识产权具有地域性，为了减少地域性带来的不便，才需要缔结有关知识产权的国际公约或地区性公约，用以协调有关国家对知识产权保护的水平，以便求同存异。

知识产权具有地域性，也是与有形财产权的重要区别之一。有形财产权适用财产取得地法律或物之所在地法律；而知识产权适用权利登记地法律或权利主张地法律。比如说某一项专利权，在中国是属于专利，但是在其他的没有取得专利的国家是得不到承认和保护的，被视为公有技术，人人皆可无偿地利用，但是作为有形物权则不一样，某个人的所有物，无论他走到哪里，始终归他所有，不会被视为公共财产。

（四）时间性

知识产权的时间性，即知识产权只在法定的期限内受法律保护，权利人享有的专有权利有时间限制。知识产权有法定的保护期限，在法定的保护期限内权利有效，超过了保护期限，权利终止。这也是知识产权与有形财产的区别之一，有形财产的有效期限，以其标的物的存在为前提，法律一般无法规定其有效期限。知识产权的有效期限则是法定的。

知识产权的终止和失效，不是作为其客体的智力成果的消失，只是其法律标的（权利）的消失，知识产权终止后，智力成果依旧存在，但由“专有领域”进入“公共领域”。知识产权失效，但是原本受保护的智力成果依然具有使用价值。由于各类智力成果的性质、特征及权利使用方式不同，知识产权中专利权、商标权、著作权的法定保护期限也不相同。专利保护期侧重于发明创造的技术寿命，著作权则涉及人身权和财产权双重性质，人身权的保护一般无期限限制，财产权的保护期则有一定期限，但比专利保护期明显要长。商标权保护期一般在期满后可以续展，目的是维护产业秩序的稳定。

知识产权的时间性，体现了法律的公平精神。一方面，知识产权所有人对其知识产品享有一定时间内的专有权，体现了所有人的利益需求；另一方面，精神成果又不宜长期为某个人独占，社会对知识产品也有合法的需求，对知识产权进行时间限制反映了社会的需要。对知识产权规定法定保护期限是各国知识产权立法的通例，目的是为了更有效地推动科学技术、文学艺术的发展，兼顾和平衡知识产权权利所有人的利益与社会公共利益。

（五）可复制性

可复制性，又称为工业再现性，是指知识产权保护的客体可以固定在有形物上，并可以重复利用的特性。换言之，通过对知识产权的利用，可以将其客体或其本身体现在某种产品、作品，及其复制品或其他物品等物质载体上。

知识产权具有可复制性，是知识产权可以被视为一种财产权的根本原因之一。从经济学的角度看，知识产权是一种资产，是一种特殊的无形商品，具有价值和使用价值，这是知识产权价值评估的理论基础。知识产权的使用价值在于它是专有的，而且通过使用可以为其拥有者带来持续的经济效益。由于知识产权具有可复制性，所以知识产权的价值可以向其物质载体转移。如果没有这些可复制的物质载体，知识产权的价值和使用价值将失去意义。可复制性是知识产权价值实现的基础，是其被视为财产权的内在因素。

四、知识产权的分类

目前关于知识产权的分类主要有三种：一种是把知识产权分为版权（著作权）和工业产权；一种是把知识产权分为创造性智力成果权和工商业标记权；还有一种是把知识产权分为工业产权、版权以及对“边缘保护对象”的保护权。

（一）版权和工业产权

这种分法是以对知识产品的消费方式为划分标准的。[①] 版权分为作品创作者权和作品传播者权，实际上就是我们平常说的版权和邻接权，他们的保护对象是以精神消费为目的的知识产品，包括文学作品、艺术作品、演出、录音制品和广播电视节目等。

工业产权是指著作权以外的知识产权。工业产权可以分为三类：创造性成果权（包括发明专利权、实用新型权、外观设计权），识别性标记权（包括商标权、服务标记权、商号权、货源标记权和原产地名称权），制止不正当竞争权。[②] 他们的保护内容主要是以物质消费为目的的知识产品，但是随着知识经济的发展和文化产业的兴起，在精神消费领域也越来越多地涉及工业产权。

（二）工业产权、版权及对“边缘保护对象”的保护权

这种划分实际上是基于第一种划分方法的，这里的“边缘保护对象”是指由于科学技术的发展而出现的介于工业产权和版权保护之间的人类的智力劳动成果新形式，如外观设计、计算机软件、集成电路布图设计、印刷字体、卫星节目信号等。这种对“边缘保护对象”的保护权，对于传统

---

① 刘春田：《知识产权法》（第二版），14 页，北京，中国人民大学出版社，2002。

② 李顺德：《知识产权法律基础》，16 页，北京，知识产权出版社，2005。

的知识产权是一种发展和丰富。我们可以称之为广义的知识产权，而把按第一种方式划分的知识产权称为狭义的知识产权。

（三）创造性智力成果权和工商业标记权

这种划分方法一般认为出现在国际保护工业产权协会（AIPPI）1992年的东京大会上，也有观点认为早在六七十年代的日本著作中就提出过，在80年代末的中国学术界这种划分方法也已开始流行。

创造性智力成果权主要包括发明专利、集成电路布图设计、植物新品种、商业秘密、工业品外观设计、版权、计算机软件权等。工商业标记权包括商标权、商号权、其他与制止不正当竞争有关的识别性标记权等。①

将知识产权划分为创造性智力成果权和工商业标记权实际上是以知识产权的价值来源作为标准的。② 创造性智力成果权的价值直接来自对该成果的商业性利用，工商业标记则是一种价值符号，而非价值来源。它的价值来源是其所标记的商品或服务，是其所代表的工商业主体的信誉。例如，一项专利，它的权利人可以通过对技术的实施或产品制造取得经济收益；一项版权，它的权利人可以通过文学或艺术作品的复制和发行取得经济收益；而一项商标权，像茅台酒，它的价值来源还是酒本身，对商标的保护所带来的利益依然是附于酒之上的，离开了酒本身，这个商标的保护就没有实际意义。

五、知识产权的法律性质

知识产权是一种民事权利，这是知识产权的基本属性，因为知识产权所反映和调整的社会关系是平等主体的公民、法人之间的财产关系，符合民事权利的本质特征。

民事权利是民事主体依据民事法律取得的，可以实施一定行为或获取一定利益的法律资格。民事权利的内容可以概括为三个方面，即享有权利的人可以在法定范围内直接享有某种利益，或实施一定的行为；享有权利的人可以要求负有义务的人实施一定的行为或是不实施一定的行为；享有权利的人在其权利受到侵犯时，有权请求法律予以保护。

民事权利是与公民日常生活联系最为密切的一项权利。从权利的具体内容来分，民事权利主要包括财产权和人身权。财产权是指以财产为客体、以

---

① 李顺德：《知识产权法律基础》，17页，北京，知识产权出版社，2005。

② 刘春田：《知识产权法》（第二版），16页，北京，中国人民大学出版社，2002。

财产利益为内容的民事权利，如物权、债权等；人身权是指以特定的人身利益为客体，并不体现财产内容的民事权利，包括人格权和身份权。有些民事权利既有财产权性质，又有人身权性质，如知识产权、继承权等。

我国的《民法通则》中，集中规定了以下几类民事权利：

财产所有权和与所有权有关的财产权，包括所有权、承包权、经营权、采矿权、相邻权、继承权等。

债权，包括合同债权、不当得利债权、无因管理债权等。

知识产权，包括著作权、专利权、注册商标专用权、发现权、发明权等。

人身权，包括生命健康权、姓名权、肖像权、名誉权、荣誉权、婚姻自主权等。

知识产权被单列在民事权利中，它兼具了财产权和人身权两种权利。以著作权为例，著作权包括人身权和财产权两类民事权利，人身权主要表现为作者对作品的发表权、署名权、修改权和保护作品完整权，因此又称精神权利。财产权是指作者及其他著作权人依法对其作品享有的使用和获得报酬的权利，表现为以复制、表演、播放、展览、翻译、注释、编辑等方式使用作品的权利，以及许可他人以上述方式使用作品，并由此获得报酬的权利。但在大多数情况下，知识产权主要还是一种财产权。在西方的表达中，无论是英语的 property，还是德语的 eigentum，其含义都是“财产”或“财产权”。只是这种财产权是一种特殊的无形财产权，它所保护的是一种以智力成果和标记等形式存在的无形财产。

知识产权是否应包括在民法中，曾经争议很大。有些学者认为知识产权有其特殊性，并不完全适用民法的基本原则，因而应成为一独立的法律部门。大多学者认为，知识产权是民法的重要组成部分，因为知识产权在本质上是民事权利，其调整手段和适用原则主要是民法的手段和原则。我国《民法通则》在民事权利一节专门规定了知识产权，并且现行的合同法律制度也对知识产权的转让和利用作了专门规定，这说明现行立法将知识产权法作为民法的一部分。①

六、知识产权法律制度

（一）知识产权制度的历史和现状

世界上最早对发明创造授予专利保护的法规出现在 1474 年的威尼斯。

① 章礼强：《知识产权特征新议》，《西南政法大学学报》，2004（6），4 页。

威尼斯是欧洲文艺复兴的中心，也是近代科学技术的发祥地，还有着古罗马法律的深厚底蕴，这些综合因素促成了最早的知识产权法规的产生。然后就是英国的垄断法，这是一部较系统的专利制度法律，确立了知识产权制度的基本原则和框架，对专利制度的建立产生了深远的影响。后来到18世纪末19世纪初，欧洲各国和美国等都相继建立了专利制度，并推广实行。

有关著作权的法律制度的出现要远远晚于专利制度。虽然早些时候随着书籍等作品的发行，在欧洲各国出现过一些类似的保护措施，但无法产生有效的行为规范作用。直到1709年，第一部保护作者权利的法律《安娜女王法》才在英国出现，这是世界上最早的著作权法。其后，美国和欧洲各国也相继出现了著作权保护制度。

对于商标的法律保护是随着工业革命的发展和商品经济的繁荣而出现的。1803年，法国颁布了《关于工厂、制造场和作坊的法律》，确认了对于商标的法律保护，1857年又颁布了《关于以使用原则和不审查原则为内容的制造标记和商标的法律》。随后，美国和欧洲各国相继制定了商标法。

从以上回顾我们可以看出，知识产权制度的建立先是每一组成部分的单独产生，后来随着各自的发展和现实的需要，才综合起来，并出现了“知识产权”这个名词。而且，最初的知识产权也体现了它的地域性特征，无论是专利法、著作权法还是商标法都是首先在某一个国家产生的，而且其后知识产权制度也是以国家为单位相继完备的，没有国际性。随着国际贸易的发展和各国之间文化经济交流的扩大，著作权和专利权等逐渐成为国际贸易中的交易对象，于是便产生了缔结国际公约的要求。为了更好地保护知识产权，1883年，比利时、法国和瑞士等十多个国家签订了《保护工业产权巴黎公约》，该公约成为国际间保护工业产权的基本公约，100多年来经过多次的修改和完善，成员国已发展到100多个。1886年，《保护文学艺术作品伯尔尼公约》诞生，这是一个国际间相互保护著作权的多边条约。继此公约之后，于1952年，又出现了另一个著作权多边条约——《世界版权公约》，后来又相继出现了一些对著作权的邻接权进行保护的专门条约。现在，这些条约所体现的原则，已经成为国际间保护知识产权的基本原则。

在现在的国际知识产权保护领域，最重要的一个公约是1993年12月15日通过的《与贸易有关的知识产权协议》（*Agreement on Trade-Related Aspects of Intellectual Property Rights*，缩写 *TRIPS*），简称《知识产权协定》。[①] 这是世界贸易组织的一项多边贸易协定，分7个部分，共73条。协议保护的范围包括版权及相关权、商标、地域标识、工业品外观设计、专利、集成电路布图设计、未公开的信息包括商业秘密等七种知识产权，规定了最低保护要求，并涉及对限制竞争行为的控制问题，规定和强化了知识产权执法程序，有条件地将不同类型的成员加以区别对待。该协定的宗旨是促进对知识产权在国际贸易范围内更充分、有效的保护，以使权利人能够从他的创造发明中获益，受到激励，继续这方面的努力；减少知识产权保护对国际贸易的扭曲与阻碍，确保知识产权协定的实施及程序不对合法贸易构成壁垒。它的缔结对于世界各国的知识产权制度的完善和国际间知识产权的保护产生了重大的影响。

我国的知识产权制度，始建于清朝末年。清政府在民族危机和商业发展的背景下，着手建立近代法制。分别于1898年、1904年和1910年颁布了保护发明创造的专利法规、商标法规和著作权法。这些法律制度在后来的中华民国临时政府、北洋政府和国民政府时期，都被继承下来，并且日益完善。

新中国成立之后，由于某些历史原因，直到中共十一届三中全会后，于1983年才着手建立知识产权制度，但发展迅速，保护知识产权的法律体系现在已经基本形成。我国先后颁布和实施了《中华人民共和国商标法》（以下简称《商标法》）、《中华人民共和国专利法》（以下简称《专利法》）、《中华人民共和国著作权法》（以下简称《著作权法》）和《中华人民共和国反不正当竞争法》（以下简称《反不正当竞争法》），并且参加了《巴黎公约》、《伯尔尼公约》和《世界版权公约》等一系列国际公约。我国的知识产权制度，一直在不断地完善和发展，对我国的文化艺术和科学技术的发展以及对外贸易发挥了很大的作用。

（二）知识产权法的概念及分类

知识产权法是调整人类因智力创造活动而产生的各种社会关系的法律规范的总称。所谓各种社会关系也就是在知识产权的产生、获得和使用等过程中的各种利益关系。

按保护对象来划分，知识产权法包括《专利法》、《著作权法》、《商标权》和《反不正当竞争法》等一系列法律规范。按其所属范围，知识产权

① TRIPS协议是乌拉圭回合多边贸易谈判的最终法律文件之一，是WTO协议的重要组成部分。

法可以分为两类：一类属于国内法，由各国自行制定，在各国国内拥有法律效力；一类属于国际法，主要包括参与国承认的国际公约、国际惯例以及双边或多边签署的协议等。由此，知识产权的法律保护也可以分为三类：国内保护、涉外保护、国际保护。

（三）知识产权保护的范畴

知识产权保护分为国内保护、涉外保护和国际保护三种。

知识产权的国内保护：主要针对本国公民和法人所创造的智力成果，而这些智力成果能否取得法律保护和如何保护的依据是本国的知识产权法。

知识产权的涉外保护：知识产权的涉外保护主要包括两种，一种是本国公民和法人所创造的智力成果在境外所面临的知识产权保护问题；另一种是外国公民和法人所创造的智力成果在本国所面临的知识产权保护问题。

知识产权的国际保护：主要是通过缔结、修改、履行有关知识产权的国际条约，建立知识产权保护制度实现的。

以上这三种保护是相辅相成、不可分割的，任何一方面保护工作的失误，都会影响到整体。一个国家或地区，如果想做好知识产权保护工作，就要协调好以上三种保护之间的关系，从三个方面全方位地完善立法、强化执法。

第三节　文化产业发展与知识产权保护

一、创意是文化产业发展的核心[①]

在文化产业的发展过程中，有两个主要的要素，一个是文化，一个是创意，其中文化是基础，创意是核心。文化产业要真正地良性发展，离不开创意，创意是文化产生财富的关键，也是文化产业产生效益的关键。创意是一种创新，需要保护，缺少保护的创意是没有活力的创意，也只有对创意加以

① 这里我们指的是狭义的创意。联合国《2008年创意经济报告》中指出："一种新的发展范式正在全球兴起，它连接了经济和文化，在宏观与微观层面上涵盖了经济、文化、科技和社会的发展。这一新发展范式的核心就是——创意、知识与信息逐渐被人们认为是全球经济增长和发展的强大推动力。当我们谈'创意经济'时，已经超越了文化产业，扩展到整个经济领域。"报告还指出："创意经济表现出创意、文化、经济与技术之间的复杂的交互作用，拥有创造收入、扩大就业和增加出口收益的潜力，同时也促进社会包容、文化多元性和人类社会的发展。新兴的创意经济不仅成为最发达经济体中推动经济增长、就业、贸易、技术革新与社会凝聚力的最重要的经济部门，同时也为发展中国家一跃成为世界经济中的新兴快速经济成长地区提供了新的机会。"

保护，才能促使创意层出不穷地出现，从而促进文化产业的持续发展。

（一）关于创意的理解

通俗一点理解，创意就是新思想、新点子的出现。但是，对文化产业领域内的创意进行具体分析的话，创意应该包括两种形式，一是新思想和新知识的产生与产业化过程，二是创意的发现、寻找和规划。

“精神内容的生产，一般包括两个过程，一个是新思想和新知识的产生过程，这是一个创新的过程，这个创新过程的结果，我们可以统称为创意。另一个是创意的扩散、移植和物化的过程，即创意的产业化过程。”① 这可以看作是创意的第一种形式，即新思想和新知识的产生与产业化过程。这种形式的创意具有基础性的作用，是新的精神内容和文化艺术作品产生的过程，是文化的积累和创造的过程。

但是仅仅有创意的第一种形式是远远不够的，因为在文化产业的发展过程中，通常并不是要创造全新的文化内容，而是要发现文化现象中所具有的商业价值，设计一种合适的形式，使这种商业价值最大化，同时设计一整套生产流程和营销方案以实现其商业价值。② 这就是创意的第二种形式，即发现、寻找和规划。首先，文化产业中的创意是要发现文化现象中所包含的独特的、有价值的东西。就文化产业而言，这种价值应该体现为一种被普遍消费的可能性。其次，要寻找文化现象与资本连接的可能性，寻找从文化到达财富的最便捷的路径。文化现象纷繁复杂，并不是所有现象都可能带来财富，唯有那些能够引起普遍关注的、能够带来普遍性的意义和快感的现象，才有产业化的价值。文化又是随意的、多变的，这种随意和多变既不利于复制，也不利于传播，文化创意的过程就是通过筛选、简化、标准化等一系列手段，创造一条从文化到达财富的捷径。最后，创意还是规划和设计。文化产业所界定的创意不仅仅是一个别出心裁的想法，而应该是在寻找到文化现象当中潜在的商业卖点之后，给文化一个符合现代消费习惯的包装，规划一个合理的生产流程，制订一个切实可行的生产资料和人力资源分配方案，设计一套营销和推广方案。

在文化产业的发展过程中，这两种形式的创意同时存在，各自发挥作用。第一种创意更多的是文化意义上的创意，第二种创意则更符合产业的

① 李向民、王晨：《创意、文化产业与精神经济》，《2006 年：中国文化产业发展报告》，89—95 页，北京，社会科学文献出版社，2006。

② 唐锡光：《论文化、创意、财富三者间的关系》，《东岳论丛》，2006 (3)，72 页。

概念，是产业意义上的创意。两种创意共同促进了文化产业的发展，发挥了核心的作用，都需要加以保护。两者也只有与合理的保护相结合，才能真正地起到应有的作用，推动文化产业的发展。

（二）创意是文化资源优势转化为产业优势的关键

文化资源优势并不能天然地转化为产业发展的优势，要变资源优势为产业优势，形成具有知识产权的文化产品，关键是创意。创意在文化产业中犹如“转换器”，将资源转换为生产力。

中国不缺文化资源，五千年的文明古国，给我们留下了丰厚的文化资源，但我们今天仍是文化产业小国。相反，美国是一个只有200多年历史的国家，缺少悠久的历史和灿烂的文化，缺少文化产业的传统资源，但它却能在文化生产和传播上拥有巨大的能量和影响，成为一个文化产品的输出大国。这里的关键因素，就是文化创意开发能力的强弱。只要有创意，在不涉及产权保护的前提下，全世界的文化资源都可以为我所用。如中国古老的《木兰辞》，就被美国人“创意”为卡通巨片《花木兰》，在全球获得了3亿美元以上的票房收入。电影《泰坦尼克号》取材于世人尽知的海难悲剧，但在全新的“创意”和市场运作后，这个故事被演绎为一个凄美的爱情故事，不仅赚到了观众大把的眼泪，而且从全球直接拿走了18亿美元的票房收入，间接地还从副产品中收入了53亿美元。2012年，以新的技术手段包装后，《泰坦尼克号》3D版卷土重来，又赚了一笔。

创意是文化竞争力中最活跃的因子。判断一个国家、一个地区文化竞争力的高低，决定性的指标就是有无自主创意的文化产业品牌。如果没有自主创意的产品，其文化竞争力必然处于弱势，甚至成为强势者倾销其产品的低端市场。好莱坞大片在中国的热播，就属于这种情况。又如女子十二乐坊，这个依托中国传统民乐自主创意的音乐品牌，在日本赚到了近7个亿的人民币。但是，此类创意目前还很少。“中国创造”仍是一个口号，我们有自己的动漫作品，如《黑猫警长》、《哪吒闹海》等，但无法与日本和美国的动漫作品竞争；我们有自己的电影，但是没有一部能赶上好莱坞大片的票房收入。我们在文化交流、国际竞争和文化贸易中仍处于被动地位，这不是因为我们的文化资源不够丰厚，而是由于我们的自主创意能力不足，没有形成文化产业的核心竞争优势。

综上所述，创意在文化产业中占据核心地位，是文化产业发展的核心要素，而知识产权恰恰是对创造性智力成果的保护，因此，文化产业与知识产权有着天然的联系。

二、文化产业的核心财富是知识产权

前面在讲知识产权的可复制性时已经提到过知识产权的财产属性，可复制性是知识产权成为一种财产权的根本原因。知识产权的英文是 intellectual property，其中 property 是“财产”的意思。知识产权从诞生起就是一种财产权。其实，“产权”一词本身就具有财产的属性，只是知识产权具有无形性，是一种无形财产权，其财产属性容易被忽略。

首先，文化产业作为一种以满足人的精神需求为目的的产业，它的生产要素不再以能源、原材料等为主，而是以人的智力和文化资源为主，形成的财富也不再体现在物权的有形资产上，而是体现在知识产权这种无形资产上。在文化产业领域内，经济利益的取得主要依靠知识产权的取得、开发和成功运营。知识产权是对某种智力成果或商业标记的占有，是文化产业利润创造的前提。文化产业的收益和利润创造，大部分都来自于知识产权这种无形的财产，如果把文化产业看成一个动态的过程，那就是知识产权的生成和转化为资本与利润的过程。

其次，文化产品的价值需要知识产权来衡量和体现。文化产品的核心内涵是精神层面的，但是精神内容是抽象的，必须要以一定的方式和载体来体现。换句话说，文化商品的内涵是精神层面的，外表是物质层面的。依此类推，文化商品的这两个层面都应该有自己相对应的价值。我们可以再来看文化商品的产生过程，一般来说，文化商品的产生是一个从创意到成品、从精神到物质的过程，第一步就是创意。一个创意产生、付诸实践，并配以一定的市场运作，便是一个文化商品的出现。因此，文化产品的价值实际上可以分为创意价值和载体价值，其中，创意价值是其价值核心，是文化产业核心财富的体现。那么，创意价值如何衡量呢？知识产权给了我们很好的答案。知识产权是对创意的一种确认，与它相关的法律法规，给了创意一种价值交换和价值实现的保障。这种交换和实现过程中，创意的价值一般是以一种大致约定的契约方式来确定的。以著作权为例，2006 年，上海文艺出版社以首印 55 万册、14%版税竞标取得《易中天品三国》（第一部）书稿。由此可见，文化产品的核心价值是通过知识产权来体现的。文化产品的生产和流通，实际上就是知识产权的生产和流通，我们购买文化产品，得到的也就是使用知识产权的许可权。所以，文化产业的核心财富就体现在知识产权上，并通过知识产权得以实现。

三、文化产业发展需要知识产权的保护

创意产业的兴起是经济和科技发展的必然。早在1986年，著名经济学家罗默（P. Romer）就撰文指出，新创意会衍生出无穷的新产品、新市场和财富创造的新机会，所以新创意才是推动一国经济成长的原动力。但作为一种国家产业政策和战略的创意产业理念，明确提出者是英国创意产业特别工作小组。英国政府于1997年6月由文化、媒体和体育部（Department for Culture，Media and Sport）领导成立专责小组，启动有关创意工业（creative industries）的研究，2001年3月公布《文化及创意：未来十年》（*Culture and Creativity*：*The Next Ten Years*）绿皮书。这份文件把创意产业定义为“源于个体创造力、技能和才华的活动，而通过知识产权的生成和取用，这些活动可以发挥创造财富和就业的潜力”。

从创意产业的定义可以看出，创意产业和知识产权有着天然的联系，如果没有知识产权的开发和运用，也就形不成创意产业。创意产业必然带有强烈的知识经济特点，比如重视科研、技术创新等；但同时作为一个产业，必须创建完整的法律保护体系予以规范，这样才有利于其持续健康地发展。迪士尼是一个非常典型的依靠知识产权的保护维系发展的案例。迪士尼手中握有极具市场与版权价值的众多经典影片与卡通形象，尤其是为迪士尼打开天地的米老鼠，被业界一致公认为影片价值链延伸的鼻祖与经典之作，是为迪士尼带来源源不断收益的聚宝盆。迪士尼对知识产权的保护可谓千方百计，每生产一部影片，不仅马上将影片中的全部形象和场景申请版权，而且同步动画形象等申请音像制品、图书、主题公园造型、特许经营等一系列领域的版权。此外，还不惜血本，以法律对所有试图侵犯自己知识产权的公司进行反击。迪士尼在世界各地积极维权，投入巨大财力物力，打了多场维权官司，其中不乏里程碑式的案例。以米老鼠为代表的价值链条受到严格保护，甚至唤醒了整个美国的版权保护意识。[①]

---

① 根据美国1998年以前的版权法，个人拥有的著作权保护期是著作权人去世后的50年，法人和团体拥有著作权的保护期是作品问世后的75年。根据该法律，1928年在《汽船威利》中首次露面的米老鼠，将于2003年失去版权保护。那时，公众就可以不受限制地使用米老鼠的形象，包括商业使用。但是1998年国会通过法案，将个人版权期限和法人版权期限分别延长20年。这个法案的依据是美国宪法第八章第一条的版权条款对国会在版权事务上的授权。由于延长了1928年的动画片《汽船威利》的版权，因而也就延长了迪斯尼对米老鼠的专有权，1998年的《版权条款延长法案》（*Copyright Term Extension Act*）也因此被戏称为“米老鼠保护案（Mickey Mouse Preservation Act）”。

四、文化产业的发展依赖于知识产权的保护

文化产业以满足人的精神需求为主要目的，其产品主要以精神内容为主。精神内容的生产具有两个特点：第一个特点是精神内容的产生一般需要付出相当大的物质消耗和智力消耗，尤其是智力消耗，需要投入大量的经费、时间和以脑力劳动为主的高质量的智力劳动，而且往往是一种创造性的劳动；另一个特点是精神产品一旦进入市场，其包含的精神内容很容易被无边无际地扩散开去，甚至被无偿占有和使用，特别是那些能够带来可观经济利益的新技术、新知识和新创意。正是基于这两个特点，要使精神产品源源不断地出现和盈利，要使文化产业健康良好地发展，必须有一种保护机制，能够鼓励创新，鼓励从业者的积极性，确保经济利益的合理占有和分配。这种保护机制就是知识产权制度，也就是说，文化产业的发展依赖于知识产权的保护。

文化产业领域内知识产权的作用，主要体现在以下几个方面：

1. 知识产权具有激励作用，能够促进创意的产生

实物形态的物质财富的生产需要激励，而作为复杂的智力劳动产品即精神产品的创造更加需要激励，因而需要有效的激励机制。知识产权制度依法授予知识产品的创造者或拥有者以一定期限内的排他独占权，并保护这种排他独占权不受侵犯。精神产品无疑是知识产品的一部分，而且是相当重要的一部分，因此知识产权也就授予了精神产品的创意者或拥有者一定期限的独占权。一旦拥有这种排他独占权，也就拥有了这种精神产品及其物化的实物产品的市场，因而有可能实现投资回报，取得超额利润。这里应当强调的是，知识经济不仅是以知识为基础的，而且是以知识的不断创新为其持续发展的动力源泉。知识产权制度不仅是对创造性智力成果的保护和激励机制，更是创意和精神内容生产持续发展的激励机制。文化产业的发展需要的正是以文化为基础的创意不断涌现和以需求为导向的精神产品不断推陈出新。创意拥有者依法取得的排他独占权可以产生可观的经济利益，同行或竞争对手面对因该项知识成果而形成的诱人市场前景，也只能望洋兴叹，不能仿制，否则就会因侵权受到法律制裁。要想得到这一知识产权或取得使用许可，往往要付出高额代价。而且在许多情况下，知识产权的拥有者往往不会同意转让该产权或使用许可。[①] 这就会激励同行

---

① 明廷华：《知识经济与知识产权制度》，《科学学与科学技术管理》，1998 (11)，12 页。

或竞争对手，为取得市场竞争优势，在已有的文化产品和文化创意的基础上进行创新，提出新的创意并依法取得排他独占权。这种不断赶超的循环往复，能有力地激励创意的产生和创意成果的产业化。这对文化的发展和继承、对文化产业的繁荣、对社会经济的发展、对民族和对个人都是十分有利的。

2. 知识产权制度具有保障作用，保证了文化产业财富的实现

文化产业是体力劳动让位于脑力劳动、有形资产让位于无形资产的新的产业形态，创意和文化等智力资源成为推动产业发展的主要资源，具有创意能力的脑力劳动者成为创造财富的主要力量。这些无形资产虽然具有强大的生产力，但是比有形资产脆弱得多，极易流失或被侵占，必须要有强有力的制度保障。文化产业发展的制度保障就是知识产权，文化产业的财富体现在知识产权上。

美国很多企业的商标、专利、版权、商业秘密之类无形资产比例高达60%。在文化产业中，商标、专利要比设备资金更有价值。从美国的GDP来看，在过去的20年中，版权产业的增长速度平均为7%，是其他产业的两倍多。近年来，英国的创意产业平均发展速度已近两倍于经济增长率，年产值达600亿英镑，从业人员占全国总就业人数的5%。这些文化产业产值高的国家，都有相当完善的知识产权法律体系。我国近年来也一直在完善知识产权保护体系，随着知识产权的发展，文化产业的产值有了很大的提高。据有关部门统计，2002年，我国图书、期刊、报纸、音像、电子等出版产业的产值为1476.8亿元，广播电视产业为514亿元，软件产业为1100亿元，占GDP的3%。如果把影视业、娱乐业、广告业、建筑艺术等产业的产值统计进来，估计将占我国GDP的6%左右。① 从1978年到2009年，我国图书产品增加了19倍，报纸期刊产品增加了近10倍，印刷业总产值增加了100倍。与改革开放前相比，我国出版传媒市场发生了历史性变化，出版由“书荒”变成“书海”，新闻由封闭变得开放，传媒由单一变得多样，图书、报刊和电子物的出版品种逐年大幅度增长。近几年来，电子书出版、互联网出版、手机出版、动漫网游出版等新的出版业态，不仅形成了庞大的产业新集群，而且走进千家万户，给人们带来了新的阅读体验和视觉冲击，形成了新的阅读习惯和消费理念。2010年，我国

① 沈仁干：《加强知识产权保护　促进版权产业发展》，《中国出版》，2004(7)，9页。

数字出版产业总产值超过1000亿元[1]，成为产业增长的重要动力源。

可以说，新技术给行业、社会以及消费者等各个层面都带来了划时代的变革。这些文化产业所创造的社会财富得以实现，在相当程度上得益于世界范围内较完善的知识产权保护体系。

3. 知识产权可以促进文化产业资源的合理配置

市场对文化产业生产资源的合理配置作用，主要是通过知识产权制度来实现的。在知识产权制度下，智力成果在取得知识产权的同时，绝大多数都要以文献形式迅速向社会公开，让广大公众了解。知识产权制度要求创造者在申请知识产权保护的同时，向社会公开自己创造的成果，这些智力成果信息，对知识的再创造，对文化企业的运营具有极其重要的作用，是企业进行创新的信息库。企业在创新之前，可以充分利用有关信息进行检索，能准确把握国内外的发展现状，寻找有利可图的创新点，以避免重复开发，节约成本和时间，有利于资源的合理配置。而对于产权申请和拥有者来说，由于得到了法律保护，不必担心抄袭和侵权的问题。也就是说知识产权不仅提供了从经济利益上促进创意与创新所必需的专有控制，也提供了社会大面积接触和使用创意产品的法律基础，旨在鼓励知识产权的创造，并促进这些资源的商业使用。知识产权不完全是为创造性成果的创造者提供法律保障，也为创意成果建立和维持了一个经济市场和交易框架，这些框架对文化产业资源的合理配置起到了规范和引导作用。

① 柳斌杰：《加快传统出版与数字出版的融合发展》，在第二十一届全国图书交易博览会中国出版（版权）发展论坛上的讲话，http://www.gapp.gov.cn/cms/html/21/367/201105/717790.html。

第二章　文化产业与著作权保护

著作权经常被称为版权。[①] 版权的概念源于英、美等国，这些国家将作者对文字和艺术作品所享有的权利称为 copyright（中文一般译为"版权"），也就是禁止他人复制著作权人作品的权利。世界第一部著作权法，即英国的《安娜女王法》率先对版权加以保护。根据该法的规定，保护作品的目的主要在于抑制复制的不良后果，立足点是维护作者的经济权利。因而，英美国家的著作权法侧重于保护对作品的利用，对于保护作者人身权方面的规定相对较少。英国著作权法第一条规定，著作权是一种财产权。权利人可以像利用其他财产一样对著作权进行商业利用，因此，著作权法的作用是为了使权利人能够通过商业利用而享受该财产的经济潜力。

然而在大陆法系国家，如法国、德国、意大利、西班牙等则将著作权称为作者权。这个名称强调受权利保护的主体——个人的身份。这些国家认为作品是作者人格的体现。1791 年法国颁布的《表演法令》指出，著作作为思想的成果，是最能够体现人格的神圣的财产。著作权是作者人格权与财产权的统一，因而将其称为作者权。1793 年法国颁布了《复制法令》，强调作者个人的权利，提出版权法所保护的不仅是作者的经济权利，还包括作者的精神权利。与英、美等国家强调作者的经济权利不同，这些法令更加关注作者的精神权利。

清政府 1910 年援引日本在明治维新时期所创的著作权一词，是我国最早使用著作权的概念。著作权与版权是否为同一概念，在《著作权法》的立法过程中颇有争议。有人认为著作权即为版权，例如，1986 年颁布的《民法通则》第 94 条规定，公民、法人享有著作权（版权），依法有署名、发表、出版、获得报酬等权利。1990 年颁布的《著作权法》第 51 条规定，本法所称的著作权与版权系同义语。但也有人认为，著作权的概念更为精

① 著作权与版权的概念是否完全一致在我国长期以来存在争议。

确、贴切，例如，在1985年颁布的《中华人民共和国继承法》，1993年颁布的《中华人民共和国科学技术进步法》、1995年颁布的《中华人民共和国担保法》、1997年颁布的《中华人民共和国刑法》等规定中，都出现了著作权概念。

我们认为著作权与版权在概念上没有本质区别，实践中两者交替使用的情况比较多见，如国内相关著作权书籍在谈论本国制度时，一般使用“著作权”，而谈论外国制度时，使用“版权”一词较多。2010年2月26日修订的《著作权法》第57条也规定，本法所称的著作权即版权。因此，在本教材中所提及的版权与著作权是等同的。

第一节　著作权概述

一、著作权概念

著作权通常是指文学、艺术、科学作品的作者及其他著作权人依法对作品享有的一系列专有权，包括著作人身权与著作财产权。著作权人享有的作品发表、署名、修改和保护作品完整等与人身息息相关，但与财产没有直接关系的权利称为著作人身权。而与之相对应，著作权人的作品复制权、发行权、表演权、广播权、展览权、改编权等一系列与财产内容密切相关的权利则称为著作财产权。由此可见，著作权是基于文学、艺术、科学作品而产生的权利，没有作品就没有著作权，脱离作品的著作权是不存在的。

著作权作为知识产权的一部分，具有知识产权的主要特征，如无形性、地域性和时间性等：

无形性。著作权的无形性是指著作权所保护的客体是一种无形的财产，不占据一定的空间。著作权是基于文学、艺术、科学作品而产生的权利，没有作品就没有著作权，著作权所保护的客体是智力创作的作品，实际上是一种信息，一种反映作者的思想、情感的信息，它是无形的，看不见也摸不着。这种信息通常需要通过有形的载体传播，比如，纸张、石碑、光盘、磁盘等。著作权保护的是由有形载体所承载的无形的思想与情感。

地域性。著作权的地域性是指著作权的保护受到某一国家地域范围的限制。专利权、著作权、商标权等知识产权最早出现时，具有君主或国家授予个人特权或独占权的性质。在这种情况下，任何国家都只保护本国授予的、在本国注册的知识产权以及应当保护的本国的其他知识产权（主要是著作权），因此其地域性非常明显。① 在现代，著作权在大部分国家都是自动生成的，与专利权和商标权不同，作者无需通过申请授权或注册，只要其作品符合该国著作权法的规定，就能够享有该国的著作权，继而作品就能够受到该国法律的保护。除此之外，受到《伯尔尼公约》② 保护的作品在各缔约国内也受到各国法律的保护，同样享有著作权。原因是作者所属国家参加了公约，因而基于国民待遇和公约的特别规定，作者的作品受到公约的保护，在本国之外也可以享有著作权。但是这并不意味着作者在本国享有的著作权在各缔约国都获得承认而有效，作者在其本国和在各公约缔约国内享有的著作权是相互独立的。例如，根据《伯尔尼公约》第 5 条的规定，作者享有和行使这些权利不需要履行任何手续，而且与作品的起源国给予的保护是相互独立的。因此，著作权的地域性是明显的。

时间性。著作权的时间性是指对著作权财产权与著作人身权中的发表权等经济权利设有时间限制。著作权自产生始就具有时间性，例如，1709 年英国的《安娜女王法》规定，作者出版作品的期限自首次出版日起 14 年止。法国 1793 年颁布的《作者权法》规定，作者终身享有授权表演及复制其作品的权利，这些权利在作者死后还有 50 年的保护期。《伯尔尼公约》规定作者一生加死后 50 年为著作权的最低保护期限。著作权人享有独占其信息的期限届满后，该信息即进入公有领域，任何人都可以加以利用，从而平衡著作权人与社会公众的利益，促进社会文化和科学的发展。

二、著作权的主体

（一）著作权主体概述

著作权主体，又称为著作权人，是指依法对文学、艺术和科学作品享有著作权的人。③ 我国《著作权法》第 9 条规定，著作权人包括：作者、其他依照本法享有著作权的公民、法人或者其他组织。其中“其他组织”

---

① 汤宗舜：《著作权法原理》，7 页，北京，知识产权出版社，2005。

② 《保护文学和艺术作品伯尔尼公约》（*Berne Convention for the Protection of Literary and Artistic Works*）简称《伯尔尼公约》，是以保护文学和艺术作品为目的的国际性公约。1886 年 9 月 9 日在瑞士伯尔尼国际文学艺术协会第三次大会上通过。1992 年 10 月 15 日中国成为该公约成员国。

③ 宁立志：《知识产权法学》，84 页，武汉，武汉大学出版社，2006。

的法律地位一般由法律、行政法规进行界定。[①] 确定著作权主体对于明确著作权权利的归属，著作权的许可使用、转让，解决权利归属的纠纷等方面都具有重要的意义。另外，明确著作权的主体能够提高人们的维权意识，从而进一步维护著作权交易的安全。根据我国的著作权法，著作权法的主体主要包括作者和其他著作权人。

1. 作者

（1）自然人作者。

根据我国《著作权法》第 11 条第 2 款的规定，创作作品的公民是作者。创作是设计并完成文学艺术形式的行为[②]，也是作者从构思到表达的过程。其中构思是作者首先通过感受外界事物进而引发思索，最后在头脑中形成一个关于未来作品的完整的设计方案。当然我们看到的作品是作者借助客观的物质材料，比如语言、文字、色彩、声音等，将头脑中形成的成熟创作设计表达出来的产物。因而，作者是作品的创作人，在创作文学、艺术和科学作品的过程中付出了艰苦的劳动，或者说作者是从事智力创作活动的主体，是经过创作产生的作品的著作权主体。

我国《著作权法》中所称的作者须具备以下条件：首先，作者是直接参与创作的人，即借助语言、文字、色彩、声音等客观物质材料进行创作，反映自己思想或感受的人。如果公民没有参与作品的创作，只是提供咨询性意见、物质条件或者其他辅助性活动，就不能作为作者从而享有著作权。因为在作品的形成过程中，其行为不具有主导性，更不具备独创性。其次，我国《著作权法》第 11 条第 4 款规定，确认作者的方法是，如无相反证明，在作品上署名的人即为作者。第三，《著作权法》中的公民是指根据中国《国籍法》具有中国国籍的自然人。最后，作者通过创作活动，产生了《著作权法》规定的作品。对于中国公民、法人和其他组织而言，他们的作品无论是否发表，无论在哪里发表，根据《著作权法》都享有著作权。

（2）法人和其他组织作者。

我国《著作权法》第 11 条第 3 款规定，由法人或者其他组织主持，代表法人或者其他组织意志创作，并由法人或者其他组织承担责任的作品，法人或者其他组织视为作者。如无相反证明，在作品上署名的公民、

---

① 吴汉东：《知识产权法学》，44 页，北京，北京大学出版社，2005。

② 刘春田：《知识产权法》，69 页，北京，中国人民大学出版社，2000。

法人或者其他组织为作者。法人专指依据中国法律设立并登记的中国法人。其他组织包括某些不符合法人条件但经核准登记的社会组织、团体、法人内部分支机构、某些相对独立的临时机构等。

法律把一定的人和财产结合起来的组织拟定为法律上的人，比如企业法人是以营利为目的、独立从事商品生产和经营活动的经济组织。实际上法人的本质是一定的社会组织在法律上的人格化。那么在著作权领域，法律也将不具备自然人生命力和创造力的法人和其他组织拟定为作者，使他们如同自然人那样享有著作权。

法人和其他组织虽然不能直接从事作品的创作，必须借助其成员或者他人的智力，但是这些自然人是受到组织的委托，在组织主持下进行作品创作的，因此作品反映的并不是成员的主观思想，而是法人和其他组织的意志。另外，随着社会的发展、科技的进步，创作一部大型的作品仅凭单独的自然人的力量来完成比较困难，往往需要借助人力、物力、财力比较集中的组织的力量来统一管理、协调并承担相应的风险，方能使作品更顺利地完成。因此，将法人与其他组织视为作者从而享有著作权也是合情合理的。

2. 其他著作权人

其他著作权人，是指除了作为作者的公民、法人或其他组织以外，其他依照我国《著作权法》享有著作权的公民、法人或者其他组织，主要有以下三种产生的方式：

（1）因继承、遗赠取得著作权。

根据我国《继承法》的规定，公民所享有的著作财产权可以作为遗产，公民死亡后由其继承人继承。此外，公民可以立遗嘱将个人财产赠给国家、集体或者法定继承人以外的人。因此，受遗赠人可以通过接受遗赠而取得著作权。

（2）因合同取得著作权。

此类合同主要包括委托合同和转让合同两种。我国《著作权法》第17条明确规定，受委托创作的作品，著作权的归属由委托人和受托人通过合同约定。如果合同约定由委托人享有著作权，那么即便委托人没有进行作品创作，也可以成为著作权主体。此外，著作权可以通过签订转让合同，使被转让作品的财产权从原来的著作权人手中转移到受让人手中，从而使受让人成为著作权主体。

（3）国家可以成为著作权主体。

国家由于某种需要，从著作权人手中购买著作财产权，从而成为著作权人。此外，依法律规定，某一作品在保护期内，著作权由国家行使，国家也可成为著作权人。

（二）著作权的归属

1. 合作作品的著作权

我国《著作权法》第 13 条规定，两人以上合作创作的作品，著作权由合作作者共同享有。没有参加创作的人，不能成为合作作者。合作作品可以分割使用的，作者对各自创作的部分可以单独享有著作权，但行使著作权时不得侵犯合作作品整体的著作权。因此，合作作品是指两人以上共同创作的作品。合作作者通过共同的智力创作劳动产生了合作作品，从而产生了著作权的共有关系。要成为合作作者或确认作品为合作作品应该具备以下两个要件：

（1）合作作者一般应该具有创作作品的共同愿望、共同目标，对于创作过程中的合作关系以及创作后果有明确的认识，否则就缺乏合作作品产生的基础。比如，未经他人允许，擅自使用他人的歌词谱写的歌曲，就不是《著作权法》中的合作作品，因为词、曲作者在创作作品的过程中缺乏合意。

（2）合作作者必须都是参加创作的人，在创作作品的过程中共同付出了智力劳动。如果对作品没有付出创造性的劳动，只是提供咨询性意见、物质条件或者其他辅助性活动的人不能成为合作作者。

根据我国《著作权法》，合作作品分为两种类型，即可以分割和不可分割使用的作品。一般而言，合作作品是由合作作者共同创作而产生的，因此合作作品的作者共同享有著作权。对于可分割使用的作品，合作作者对于各自创作的部分享有著作权，但是在行使权力的同时不能侵犯合作作品整体的著作权。对于不可分割使用的合作作品，其著作权由各合作作者共同享有，通过协商一致行使；不能协商一致，又无正当理由的，任何一方不得阻止他方行使除转让以外的其他权利，但是所得收益应当合理分配给所有合作作者。

2. 汇编作品的著作权

汇编作品，是将作品或者作品的片段或者不构成作品的数据或其他材料通过选择或者编排，汇集成体现独创性的新作品。只要汇编人将原本分散的作品和材料按照独特的选择和编排方法编排成为具有新的组织结构和表现形式的作品，那么汇编人对这种具备新结构或新形式的作品就享有著作权。汇编作品与合作作品的主要区别体现在以下两个方面：其一，汇编作品的形成不需要各作者之间具有共同创作的愿望，而合作作品要求合作作者之间具有共同创作作品的合意。其二，汇编作品中的各作者的成果是相互独立可以区分的，而合作作品必须以全部作者的共同名义发表。

根据《著作权法》的规定，汇编作品的著作权由汇编人享有，但行使著作权时，不得侵犯原作品的著作权。如果汇编人进行汇编创作的来源涉及著作权作品，不得侵犯来源作品的著作权，在汇编过程中必须征得来源作品著作权人的同意并向其支付稿酬。

3. 职务作品的著作权

我国《著作权法》第16条明确规定，公民为完成法人或者其他组织工作任务所创作的作品是职务作品。职务作品与公民所担任的职务息息相关，因而既非公民个人的作品，也非受法人和其他组织委托而创作的作品。职务作品是雇员或者工作人员在履行职责与完成工作任务的过程中形成的作品。

构成职务作品的要件有以下三个：其一，职务作品体现作者自己的意志，而非单位的意志。如果创作过程由单位主持，体现单位的意志，并由单位承担责任的作品，属于法人或其他组织的作品，而非职务作品。其二，作者创作作品是为了完成工作或履行职责。其三，作者通常是本单位职工，为完成单位的工作任务借调和招聘的工作人员也可以作为职务作品的作者。

职务作品著作权的归属主要有以下三种情形：

(1) 在通常情况下，公民为完成法人或者其他组织工作任务所创作的作品著作权由作者享有，但法人或者其他组织有权在其业务范围内优先使用。作品完成两年内，未经单位同意，作者不得许可第三人以与单位使用的相同方式使用该作品。职务作品完成两年内，经单位同意，作者许可第三人以与单位使用的相同方式使用作品所获报酬，由作者与单位按约定的比例分配。作品完成两年的期限，自作者向单位交付作品之日起计算。

(2) 主要是利用法人或者其他组织的物质技术条件创作，并由法人或者其他组织承担责任的工程设计图、产品设计图、地图、计算机软件等职务作品，作者享有署名权，著作权的其他权利由法人或者其他组织享有，法人或者其他组织可以给予作者奖励。

(3) 法律、行政法规规定或者合同约定，著作权由法人或者其他组织享有的职务作品，作者享有署名权，著作权的其他权利由法人或者其他组织享有，法人或者其他组织可以给予作者奖励。

4. 委托作品的著作权

委托作品，是指委托人通过签订委托合同委托他人（作者）所创作的作品。[1] 委托人向作者支付稿酬，作者按照委托人的意志和要求进行作品的创作。委托作品与职务作品的主要区别在于，委托作品的作者是基于委托合同创作作品，而职务作品的作者是基于法律或者劳动合同创作作品，作品的创作与作者的本职工作密切相关。

委托作品的构成要件主要有以下三点：其一，委托作品是受托人（作者）应委托人的要求进行创造性智力劳动的成果，因而作品并非体现委托人的意志。其二，委托人承担委托作品对外的责任。其三，委托人一般要向受托人支付报酬，数额和支付方式一般在委托合同中规定。

我国《著作权法》第 17 条明确规定，受委托创作的作品，著作权的归属由委托人和受托人通过合同约定。合同未作明确约定或者没有订立合同的，著作权属于受托人。

5. 美术作品的著作权

美术作品，是指绘画、书法、雕塑等以线条、色彩或者其他方式构成的有审美意义的平面或者立体的造型艺术作品。美术作品的著作权属于作者。美术作品可以通过买卖、赠与等方式发生所有权的转移，我国《著作权法》规定，美术等作品原件所有权的转移，不视为作品著作权的转移，但展览权由原件所有人享有。

6. 匿名作品的著作权

匿名作品，是指作者隐去姓名，包括不具名或不写明作者真实姓名的作品，也可称为作者身份不明的作品。作者可以在作品中不署名或者不披露真实身份，也可以为了确定作者身份而虚构某一姓名。我国《著作权法实施条例》第 13 条规定，作者身份不明的作品，由作品原件的所有人行使除署名权以外的著作权。作者身份确定后，由作者或者其继承人行使著作权。

7. 民间文学艺术作品的著作权

在国际著作权理论当中，一般认为民间文学艺术作品属于国家或民族的文化遗产，这些文化遗产是经过世代相传、保存并发展起来的，因此作者身份大都不明确。为了加强对这类作品的保护，各国的版权法一般都设

① 宁立志：《知识产权法学》，91 页，武汉，武汉大学出版社，2006。

有保护民间文学、艺术的条款。我国《著作权法》尚未明确民间文学艺术作品的著作权归属，但是第6条规定，此类作品的著作权保护办法由国务院另行规定。

8. 计算机软件作品的著作权

用著作权法而非专利法来保护计算机软件作品，是各国著作权法立法的总趋势。我国《著作权法》将计算机软件作为受该法保护的一类作品，同时考虑到计算机软件的特殊性，制定了《计算机软件保护条例》，二者结合使用使得这类作品著作权的归属更加明确。计算机软件作品的著作权归属于软件的开发者。

9. 影视作品的著作权

影视作品又称为电影作品和以类似摄制电影的方法创作的作品或视听作品，是指摄制在一定介质上，由一系列有伴音或者无伴音的画面组成，并且借助适当装置放映或者以其他方式传播的作品。这类作品的著作权归属比较复杂，因为参与创作作品的人员众多，包括剧本作者、改编作者、导演、演员、摄影、美工、音乐人等，除了剧本和音乐外，其他参与者的创作已经融入到影视作品中，无法分割使用，因此影视作品的著作权是归属于剧本作者或是制片人还是全体合作者，是一个问题。

我国《著作权法》第15条规定，电影作品和以类似摄制电影的方法创作的作品的著作权由制片者享有，但编剧、导演、摄影、作词、作曲等作者享有署名权，并有权按照与制片者签订的合同获得报酬。电影作品和以类似摄制电影的方法创作的作品中的剧本、音乐等可以单独使用的作品的作者有权单独行使其著作权。法律之所以这样规定，主要是考虑到完成一部影视作品需要耗费大量的人力、财力、物力等，制片者投入巨资后承担的风险很大，因此法律将署名权以外的著作权归属于制片者。

10. 演绎作品的著作权

演绎作品是指改编、翻译、注释、整理已有作品而产生的作品。演绎作品的独创性体现在将已有作品作了形式上的变动。我国《著作权法》第12条规定，改编、翻译、注释、整理已有作品而产生的作品，其著作权由改编、翻译、注释、整理人享有，但行使著作权时不得侵犯原作品的著作权。

11. 外国作品在中国的著作权

1992年，我国同时加入了两项国际公约，即《伯尔尼公约》和《世界版权公约》①。同年 9 月 25 日，国务院颁布了《实施国际著作权条约的规定》，从而全面规定了外国著作权在中国的保护。

根据该规定，外国作品包括以下三种作品：其一，作者或者作者之一，其他著作权人或者著作权人之一，是国际著作权条约成员国的国民，或者在该条约的成员国有经常居所的居民。其二，作者不是国际著作权条约成员国的国民或者在该条约的成员国有经常居所的居民，但是在该条约的成员国首次或者同时发表的作品。其三，中外合资经营企业、中外合作经营企业和外资企业按照合同约定是著作权人或者著作权人之一的，其委托他人创作的作品。②

对于外国人在什么条件下可以成为我国著作权法律关系的主体，《著作权法》第 2 条有如下的规定，其一，外国人、无国籍人的作品根据其作者所属国或经常居住地国同中国签订的协议，或者共同参加的国际条约享有的著作权，受本法保护。其二，外国人、无国籍人的作品首先在中国境内出版的，依照本法享有著作权。其三，未与中国签订协议或者共同参加国际条约的国家的作者以及无国籍人的作品，首次在中国参加的国际条约的成员国出版的，或者在成员国和非成员国同时出版的，受本法保护。

同时《著作权法实施条例》第 7、8 条规定，首先在中国境内出版的外国人、无国籍人的作品，其著作权自首次出版之日起受保护。外国人、无国籍人的作品在中国境外首先出版后，30 日内在中国境内出版的，视为该作品同时在中国境内出版。

三、著作权的客体

（一）作品的概念及特征

著作权是基于文学、艺术、科学作品而产生的权利，没有作品就没有著作权，脱离作品的著作权是不能存在的。著作权的客体，即作品，是著作权主体权利和义务指向的对象。

“作品是指作者以自己的知识和技巧为基础，经过思考、判断，将文

① 《世界版权公约》（*Universal Copyright Convention*）是关于作品保护的国际性公约，于 1952 年 9 月在联合国教科文组织主持下于日内瓦签订，1955 年 9 月 16 日生效。1971 年 7 月修订，修订后的公约于 1974 年 7 月 10 日生效。公约不允许缔约国对某些条款予以保留。该公约由联合国教科文组织管理，成员国不必交纳会费。1992 年 10 月 30 日中国成为该公约成员国。该公约保护的作品版权主要包括文学、艺术和学术三个方面。

② 《实施国际著作权条约的规定》（1992 年 9 月 25 日国务院令第 105 号发布）第 4 条。

字、数据、乐符、色彩、声音图形等加以选择、组合，或者将资料、数据加以选择、编排而形成的智力成果。”① 我国《著作权法实施条例》规定，著作权法所称作品，是指文学、艺术和科学领域内具有独创性，并能以某种有形形式复制的智力成果，是作者思想和感情的表现形式。在此，需要特别说明的是，法律只保护体现思想和感情的表现形式——作品，而非思想和感情本身。作为著作权客体的作品一般具有以下两个特征：

1. 独创性或原创性

所谓作品的独创性是指作品的创作过程是由作者独立构思完成的，作品的内容与表现形式与他人已经发表的作品完全不同或者基本不同，否则就是抄袭、剽窃或者篡改他人的作品了。

作品的独创性仅指作品表现形式的独创性，而非作品所蕴含的思想的独创性。比如，作者运用独特的表述传达古老的、世人皆知的思想观念，可以构成作品的独创性从而受到法律的保护。根据我国相关司法解释，不同的作者就同一题材创作的作品，如果作品的表达是独立完成的并且具有独创性，应该认定各作者均享有著作权。② 此外，《伯尔尼公约》第2条第5项规定，文字或艺术作品的汇集本，诸如百科全书和选集，由于对其内容的选择和整理而成为智力创作品，应得到与此类作品同等的保护，而不损害作者对这种汇集本内各件作品的权利。*TRIPS* 协议第10条第2款规定，数据或者其他材料的汇编构成智力创作，应受法律保护。

2. 可复制性

所谓作品的可复制性是指作品可以某种法律承认的方式复制或者表现出来，否则就不能受到著作权法的保护。复制的形式包括印刷、绘画、摄影、录制、书写、雕塑、雕刻、建筑制图等。对此，我国《著作权法实施条例》也有相关的规定。

（二）我国《著作权法》保护的作品

我国《著作权法》所保护的作品包括以下列形式创作的文学、艺术和自然科学、社会科学、工程技术等作品：

1. 文字作品

文字作品，是指运用文字、数字、符号等来表达思想和感情的表现形

① 宁立志：《知识产权法学》，71页，武汉，武汉大学出版社，2006。

② 最高人民法院《关于著作权民事纠纷案件适用法律若干问题的解释》(2002年)第15条。

式，包括小说、诗词、散文、论文、日记、科学专著、以符号表示的盲文读物和以数字表现的某时期工农业生产发展及国民收入比较表、统计报表等。各国著作权法都将文字作品作为首要的、最基本的作品进行保护，是因为文字作品相对于其他作品来说，数量最多、运用领域最广泛。

2. 口述作品

口述作品，是指即兴的以口头语言形式表现，但未经任何物质载体固定的作品。主要包括即兴演讲、教师授课、律师在法庭上的辩论、祝辞等。目前大多数国家都没有对口述作品进行法律保护，因为在发生著作权纠纷的时候，确认口述作品的取证工作相当困难，很难做出司法裁决。但是包括我国在内的一些国家为了防止口述作品的滥用，坚持将其作为著作权法的保护对象，以期更好地保护文学、艺术作品。

3. 音乐、戏剧、曲艺、舞蹈、杂技艺术作品

音乐作品，是指歌曲、交响乐等能够演唱或者演奏的带词或者不带词的作品，音乐作品通常以乐谱的形式表现出来。

戏剧作品，是指话剧、歌剧、地方戏等供舞台演出的作品，也就是将人类的动作与说唱念白结合起来，通过舞台表演的形式向公众展示的过程。

曲艺作品，是指以说唱为主要形式进行表演的作品。目前我国的曲艺种类大概有 400 多种，主要有相声、快书、快板、数来宝、评书、弹词、大鼓等，著作权法保护曲艺作品体现了国家对传统艺术形式的尊重。

舞蹈作品，是指通过连续的动作、姿势、表情等表现思想情感的作品，通常采用舞谱的形式加以表现。在我国，舞蹈作品的创作可以是书面的，也可以是口头的，或者采用录像等其他方式将其固定下来。

杂技艺术作品，是指通过连续的动作、姿势、表情等表现思想情感的作品。我国《著作权法》所保护的是杂技的编排，而非动作技巧，技巧是可以模仿的。

4. 美术、建筑作品

美术作品，是指绘画、书法、雕塑等以线条、色彩或者其他方式构成的有审美意义的平面或者立体的造型艺术作品。

建筑作品，是指以建筑物或者构筑物形式表现的有审美意义的作品。需要注意的是只有具备审美意义的作品才构成法律保护的作品，普通的大众性建筑物不受到著作权法的保护。

5. 摄影作品

摄影作品，是指借助器械在感光材料或者其他介质上记录客观物体形象的艺术作品，比如人物和风景照片等。纯粹复制性而没有独创性的摄影作品，比如翻拍文件、书刊等，不属于著作权法保护的对象。

6. 电影作品和以类似摄制电影的方法创作的作品

电影作品和以类似摄制电影的方法创作的作品，是指摄制在一定介质上，由一系列有伴音或者无伴音的画面组成，并且借助适当装置放映或者以其他方式传播的作品。主要包括故事片、科教片、美术片、电视单本剧、电视连续剧和对戏剧、曲艺、舞蹈、电影及电视等艺术作品进行复制，并通过电视播放的录像作品等。

7. 工程设计图、产品设计图、地图、示意图等图形作品和模型作品

图形作品，是指为施工、生产绘制的工程设计图、产品设计图，以及反映地理现象、说明事物原理或者结构的地图、示意图等作品。其中工程设计图、产品设计图是指为进行施工和生产而绘制的图样和文字说明。我国《著作权法》仅保护以各种形式复制图纸和说明的行为，并非按图纸和说明进行施工和生产的行为。地图是运用制图原理和符号来表示地面自然现象和社会现象的图形，包括地理、地形、地质、气象行政区等图。示意图是指为了说明较复杂的事物和科学原理，运用简单的线条和符号绘成的略图。

模型作品，是指为展示、试验或者观测等用途，根据物体的形状和结构，按照一定比例制成的立体作品。

另外，计算机软件、民间文学艺术作品和法律、行政法规规定的其他作品也属于我国《著作权法》保护的对象。

（三）不受著作权法保护的作品

1. 违反宪法和法律、损害公共利益的作品

我国《著作权法》第 4 条规定，著作权人行使著作权，不得违反宪法和法律，不得损害公共利益。我国《著作权法》第 1 条明确立法宗旨为，鼓励有益于社会主义精神文明、物质文明建设的作品的创作和传播，促进社会主义文化和科学事业的发展与繁荣。此外，《伯尔尼公约》第 17 条规定，本公约的规定绝不妨碍本联盟每一成员国政府以立法或行政程序行使允许、监督或禁止任何作品或其制品的发行、演出或展出的权利，如果有关当局认为有必要对这些作品行使这种权利的话。因此，与我国的《著作权法》及国际公约的精神一致，一部作品要受到法律的保护必须不违背一般的法律原则、不违背社会公德和社会伦理、不故意妨害公共秩序。

2. 不适宜用著作权法保护的作品

我国《著作权法》规定有以下三种作品不能受到保护：

法律、法规，国家机关的决议、决定、命令和其他具有立法、行政、司法性质的文件，及其官方正式译文。

时事新闻。主要包括报纸、期刊、广播电台、电视台等媒体报道的，未经过文学艺术加工和评论分析的单纯事实消息。时事新闻具有纪实性和即时性，但缺乏独创性。

历法、通用数表、通用表格和公式。其形式具有对客观规律唯一表达的特点从而缺乏独创性。

四、著作权的内容

著作权的内容是指著作权人根据法律的规定对其作品进行创作、传播、利用和支配的权利。一般认为著作权的内容包括著作人身权和著作财产权。

(一) 著作人身权

著作人身权又称为著作精神权利，是指作者基于其作品依法享有的各种与人身利益密切相关但又无直接财产内容的权利，属于人身非财产权。作者行使著作人身权不会带来直接的经济效益。著作人身权是他人无法替代的，一般认为它不能转让、剥夺或继承。作者终生享有著作人身权，作者死后著作人身权由其继承人、受遗赠人或者国家著作权保护机关予以保护。我国《著作权法》规定著作人身权主要包括发表权、署名权、修改权和保护作品完整权。

1. 发表权

发表权，即决定作品是否公之于众的权利。根据最高人民法院的司法解释，所谓“公之于众”，是指作者自行或者经著作权人的许可将作品向不特定的人公开，但不以公众知晓为构成要件。作者可以自由选择在何时、何地、以何种方式将作品公之于众，至于公众是否知晓被发表的作品则是不重要的。另外，将作品公之于众并不是指作者将作品提供给其亲属、朋友等观赏，以及提供给专家借以请教的过程。

发表权具有以下主要特征：(1)发表权的主体是作者以及经其许可的组织或个人。(2)作品“公之于众”的对象是不特定的人。(3)发表权只能行使一次。(4)发表权专属于作者，不能转移。(5)发表权有保护期限。我国《著作权法》规定，发表权的保护期为作者终生及其死亡后50年，截止于作者死亡后第50年的12月31日。如果是合作作品，截止于最后死亡的作者死亡后第50年的12月31日。

2. 署名权

署名权，即表明作者身份，在作品上署名的权利。我国《著作权法》第11条规定，如无相反证明，在作品上署名的公民、法人或者其他组织为作者。作者有权在完成的作品上署真名、笔名、艺名、别名、化名或不署名，以及禁止他人在自己作品上署名。独立作品的作者有权独立署名，合作作品的署名顺序一般按照以下原则处理：按约定次序署名；没有约定的，按照作者姓氏笔画或者创作作品付出劳动的比例署名。署名权不得转让、继承、放弃，其保护期限不受限制，具有永久性的特点。

3. 修改权

修改权，即作者修改或者授权他人修改作品的权利。作品是经过作者智力创作过程后形成的表现其思想与感情的特定形式。因此，作者有权对体现自己意志的作品进行改写、删节或充实等修改活动。作者修改作品的过程就是进行智力再创作的过程，因此修改后的作品的权利仍然属于作者。

根据法律的规定，在某些情况下，作者可以授权他人对自己的作品进行修改。比如，我国《著作权法》第34条规定，图书出版者经作者许可，可以对作品进行修改、删节。报社、期刊社可以对作品作文字性修改、删节，无需征得作者得同意，但是仅限于出版者对作品进行惯常性的修订、更改、纠正错误等，对内容的修改，应当经作者许可。

此外，在某些情况下，作者的修改权也会受到某些限制。美术作品售出后，如果作者想对其进行修改，必须征得美术作品所有人的同意。同样，建筑作品竣工后，作者欲对其进行修改也必须征得建筑物所有人的同意。但美术作品与建筑作品的所有人在不经过作者或著作权人同意的情况下，也不能对作品的造型进行修改，除非因修缮的需要进行的工程允许的改动。

4. 保护作品完整权

保护作品完整权，即保护作品不受歪曲、篡改的权利。作者有权保持作品的完整性，有权制止他人故意改变作品所反映的真相和内容的行为，以及制止他人对作品进行曲解，以维护作品的纯洁性和作者的名誉、声望。正如《伯尔尼公约》所规定的那样，作者享有反对对作品进行任何歪曲或割裂或有损于作者声誉的其他损害的权利。

保护作品完整权的保护期不受限制。作者死后由其继承者或者受遗赠人行使保护作品完整的权利，无继承人和受遗赠人的，由国家著作权行政管理部门负责。

此外，在德国、法国等少数国家，还规定了作品回收权，即作品发表后，由于作者思想和情感的变化，在具备正当理由、不违反社会公共利益的情况下，作者可以将作品收回，但是要向出版者赔偿一定的经济损失。我国《著作权法》没有此项规定。

（二）著作财产权

著作财产权是指作者基于对作品的利用而获得经济收益的权利。不同于著作人身权，著作财产权可以许可他人使用，也可以转让、继承，保护期也有限制。我国《著作权法》规定，著作财产权包括：复制权、发行权、出租权、展览权、表演权、放映权、广播权、信息网络传播权、摄制权、改编权、翻译权、汇编权等。

1. 复制权

复制权，即以印刷、复印、拓印、录音、录像、翻录、翻拍等方式将作品制作一份或者多份的权利。复制是作者基于作品获得经济收益的主要手段之一。正是由于作者享有复制权才能够使其作品在社会上广泛地传播和利用，因此复制权是著作财产权首要的基本权能。应该注意的是复制作品可以采取多种不同的方式来实现，并且作品经复制形成一份或者多份。

根据各国著作权法对复制权的定义的不同，复制权可以分为狭义复制权和广义复制权。狭义的复制权是严格意义上的复制权，是指作品体现方式未改变的复制，一般仅指以同样形式制作成品的权利，如手抄、印刷、复印、翻拍等。广义的复制权除狭义复制权之外，还包括以不同于作品的原来形式表现该作品的权利，如根据建筑作品的图纸进行施工、将产品设计等平面图形作品制作成立体方式的产品等。这种将作品由二维图形变为三维图形或者由三维图形变为二维图形的复制，在日本和我国台湾地区也称为“重制”或“异种复制”。我国《著作权法》对此不给予保护。换言之，我国《著作权法》中规定的复制权属于狭义，即严格意义上的复制权，对体现方式改变的“重制”或“异种复制”行为不予保护。

2. 发行权

发行权，即以出售或者赠与方式向公众提供作品的原件或者复制件的权利。发行权是一项重要的财产权。著作权人有权决定作品的发行者、发行方式与范围。发行的方式具有多样性，比如散发、出售、出借、赠与等都可以构成发行。发行权可以由著作权人自己行使，也可以经著作权人授权他人行使。在实践中，由于受到诸多条件的限制，特别是物质技术条件的限制，公民个人行使发行权比较困难，因此除了著作权人是法人或其他组织的情况外，一般授予他人（多为出版社）行使发行权。

发行权的显著特点是，权利使用一次即告用尽。也就是说，发行权一经行使，著作权人就不能对复制品作进一步发行，比如转卖、转借、再销售等。作品的原件或复印件发行后，他人可以自由传播作品而不受著作权人的限制，否则就会阻碍商品的流通，不利于经济的发展。我国《著作权法》没有类似的规定，但实际上也是承认这个原则的。

此外，发行权的行使必须依法进行。非法发行淫秽、反动作品，或非法经营商发售书刊、音像制品的，应依法追究行为人的法律责任。

3. 出租权

出租权，即有偿许可他人临时使用电影作品、以类似摄制电影的方法创作的作品、计算机软件的权利，计算机软件不是出租的主要标的的除外。临时出租是指承租人在租期或者借期内使用作者出租或者出借的作品原件或者复制件。鉴于电影作品和以类似摄制电影的方法创作的作品、计算机软件等的创作成本较高，复制成本较低，因此极易出现此类作品的著作权被侵犯的情况，因此，为了保障著作权人的合法权益，赋予著作权人出租权，可以有效防止侵权行为的发生。著作权人可以与作品使用者签订有偿许可使用合同，将作品的使用权出租给使用人，并在合同中标明租金和承租期限等事项。

此外，根据我国《著作权法》的规定，如果出租的是一台装有软件的计算机，由于装载的软件不是出租的主要标的，因此不视为对计算机软件的租用。

4. 展览权

展览权，即公开陈列美术作品、摄影作品的原件或者复制件的权利。展览权的设置目的是向不特定的多数人展示作品以获得经济收益。展览权不受时间、地点和场所的限制，但仅向家庭成员或者单位少数人展示作品不构成展览。据我国《著作权法》的规定，展览的标的仅限于美术作品或者摄影作品，至于作品是否发表不是至关重要的。许可他人展览未发表的作品，应推定展览人同时获得了作品发表权。但展览权与发表权不同的是展览权可以多次行使、反复行使。

5. 表演权

表演权，即公开表演作品，以及用各种手段公开播送对作品的表演的权利。所谓表演，主要包括两种方式：一种是“活表演”或称为“现场表演”，即表演者以动作、声音、表情等向现场观众表现作品，如，演唱、朗诵、戏剧、曲艺、口技、哑剧、演奏等，这种方式具有声情并茂、生动形象的特点。另一种是“机械表演”，即通过录制品，比如唱片、磁带、录像制品进行的表演。一般由卡拉OK、饭店、商场等经授权后使用。

表演权主要包括以下内容：其一，授权他人公开表演其作品的权利。其二，授权他人通过使用录制品的方式表演其作品的权利。其三，授权他人表演其作品并通过电台和电视台进行传播的权利。其四，授权他人表演其作品并将表演制作成录音、录像作品予以复制发行的权利。

表演权可由著作权人自己行使，也可以授权他人行使。表演著作权人的作品必须经过其同意。但是，无偿表演已经发表过的作品可以不征得著作权人的同意，但不得侵犯著作权人的其他权利，如署名权等。

6. 放映权

放映权，即通过放映机、幻灯机等技术设备公开再现美术、摄影、电影和以类似摄制电影的方法创作的作品等的权利。放映权的核心是作品的公开再现，即只有向公众公开的权利才属于放映权。电影的放映权一般由制片人享有。

7. 广播权

广播权，即以无线方式公开广播或者传播作品，以有线传播或者转播的方式向公众传播广播作品，以及通过扩音器或者其他传送声音、图像的类似工具向公众传播广播作品的权利。广播权主要适用于文字作品，口述作品，戏剧、曲艺、舞蹈、音乐作品，以及电影、电视、录像作品等。

广播权主要包括以下三方面内容：其一，无线广播权，如电台广播作品权。其二，有线传播权，如有线电视台放映作品权。其三，以扩音器或者其他类似工具向大众传播作品的权利。

8. 信息网络传播权

信息网络传播权，即以有线或者无线方式向公众提供作品，使公众可以在其个人选定的时间和地点获得作品的权利。信息网络传播权是2001年《著作权法》修订时所增设的著作权人的主要权利之一，目的是为了顺应时代发展和互联网日趋普及的要求，保护著作权人将其作品在网络上进行传播和利用的权利。

9. 摄制权

摄制权，称为制片权，即以摄制电影或者以类似摄制电影的方法将作品固定在载体上的权利。摄制权可以由著作权人行使，也可以授权他人行使。摄制电影和电视等需要具备一定的人力、财力、物力及其他物质技术条件，作者本人行使摄制权比较困难，因此作者一般授权给制片人行使。对此，《著作权法实施条例》第10条规定，著作权人许可他人将其作品摄制成电影作品和以类似摄制电影的方法创作的作品的，视为已同意对其作品进行必要的改动，但是这种改动不得歪曲篡改原作品。

此外，我国《著作权法》第15条规定，电影作品和以类似摄制电影的方法创作的作品的著作权由制片者享有，但编剧、导演、摄影、作词、作曲等作者享有署名权，并有权按照与制片者签订的合同获得报酬。电影作品和以类似摄制电影的方法创作的作品中的剧本、音乐等可以单独使用的作品的作者，有权单独行使其著作权。

10. 改编权

改编权，即改变作品，创作出具有独创性的新作品的权利。作品的改编是在原作品的基础上对其作具有创新性的再创作。改编后的作品应与原作品的主要人物、主要情节以及主要对话基本一致。改编权主要有两种行使方式：其一，改变作品的表现形式，比如将小说改编为电影、电视剧本或者将小说改编为漫画等。其二，不改变作品类型的改写，比如将一部比较难懂的作品改编为通俗读物等。改编权可由作者本人行使，也可以授权他人行使；他人若想改编现有作品，必须经过著作权人的同意。根据改编作品进行第二次改编，不仅要征得原作品作者的同意，还要征得第一次改编作者的同意，因为改编是二次创作的过程，改编者对改编原作品后产生的新作品享有著作权。

11. 翻译权

翻译权，即将作品从一种语言文字转换成另一种语言文字的权利。译者在忠于原文的基础上，对其进行选择、取舍、组合、设计和安排，从而形成具有独创性的翻译作品，因此，译者享有翻译作品的著作权。根据我国《著作权法》第12条的规定，改编、翻译、注释、整理已有作品而产生的作品，其著作权由改编、翻译、注释、整理人享有，但行使著作权时不得侵犯原作品的著作权。

12. 汇编权

汇编权，即将作品或者作品的片段通过选择或者编排，汇集成新作品的权利。由于选择、整理与编排作品、作品片断、作品相关数据是汇编者的创造性劳动，因此汇编者对汇编作品享有著作权，但是汇编者在行使其权利时，不得损害原作品著作权人的权利。

13. 应由著作权人享有的其他权利

我国《著作权法》采用列举的方式规定了著作权人的权利，但是只要出现作品的新的使用方式，著作权人就应享有相应的权利，因此，《著作权法》第10条第17款补充规定了应当由著作权人享有的其他权利。现就其中两种权利进行简要说明：

其一，注释权，即“著作权人自己或者授权他人对其作品进行注释的权利”。[①] 2001年修订后的《著作权法》将注释权删除，但是基于注释权的重要性，仍然可以考虑归入应由著作权人享有的其他权利当中。注释他人的有著作权的作品必须经过著作权人的同意，注释人对注释享有著作权。

其二，整理权，即“对内容零散、层次不清的已有作品或者材料进行条理化、系统化加工的权利”。[②] 整理他人有著作权的作品必须征得著作权人的同意；经整理后的作品，由整理人享有著作权。

五、著作权法

“著作权法是指保护作者和其他著作权人对其文学、艺术、科学作品所享有的专有权利的法律规范总称。”[③] 我国的著作权法有广义与狭义之分。狭义著作权法又称形式意义上的著作权法，仅指《中华人民共和国著作权法》（以下简称《著作权法》）。广义的著作权法又称实质意义上的著作权法，包括《著作权法》、《著作权法实施条例》和《宪法》、《民法通则》、《民事诉讼法》中与著作权相关的法律条文，以及最高人民检察院、最高人民法院发布的与著作权相关的解释、意见、批复，行政法规和规章、地方性法规和规章中与著作权相关的内容等。另外，我国缔结、参加的有关著作权国际保护方面的条约、协定等也属于广义的著作权法范围。

（一）我国著作权法的产生与发展

我国的著作权立法始于清朝末年，1910年颁布的《大清著作权律》是我国历史上第一部著作权法。它保护的范围涉及著作人身权与财产权。保

① 汤宗舜：《著作权法原理》，85页，北京，知识产权出版社，2005。

② 宁立志：《知识产权法学》，106页，武汉，武汉大学出版社，2006。

③ 吴汉东：《知识产权法学》，35页，北京，北京大学出版社，2005。

护对象主要包括诗词古籍、图画、照片、文艺作品、雕刻等。作者需要向民政部缴费注册以及交纳样本之后方能获得著作权的保护。

中华人民共和国成立后，国家开始重视对作者利益的保护。例如，1950年全国第一次出版工作会议通过的《关于改进和发展出版工作的决议》，以及1953年中央人民政府出版总署颁布的《关于纠正任意翻印图书现象的规定》指出，著作权及版权应当受到尊重，不得任意翻印、抄袭和篡改出版社出版的图书、图片等。然而当时对著作权的理解与现在不同，对于著作权的保护只体现在上述有关出版工作的行政性文件中，而没有被当作一项应得到法律明确保护的民事权利。这种情况一直延续到1986年，当年4月12日通过的《民法通则》第94条和第118条，明确规定公民、法人的著作权受到法律的保护，从而第一次将知识产权作为民事权利的一种，同时也为我国著作权立法奠定了坚实的基础。

1990年9月7日，第七届全国人大常委会第十一次会议表决通过了《中华人民共和国著作权法》，全面规定了作者及其他权利人的权利与义务，该法于1991年6月1日起实施。之后国务院在此基础上又颁布了《著作权法实施条例》。随着社会的发展和国际交流的拓展，1992年，我国同时加入了《伯尔尼公约》和《世界版权公约》。2001年12月11日我国加入世贸组织后，*TRIPS*协议正式对我国生效。修订后的《著作权法》与《著作权法实施条例》分别于2001年10月27日与2002年9月15日开始实施。2010年4月1日，《著作权法》经过了第二次修正后正式生效。

另外，我国于2002年1月1日起开始实施国务院颁布的《计算机软件保护条例》，2005年3月1日起开始实施《中华人民共和国著作权集体管理条例》。

至此，我国已经形成了一个保护知识产权的比较完整的法律体系。

（二）著作权法的效力

我国著作权法的效力主要体现在以下三个方面：

其一，对人的效力。根据我国《民法通则》第2条、《著作权法》第2条第1款以及《计算机软件保护条例》第5条第1款的相关规定，作为著作权主体的具有我国国籍的自然人、法人和其他组织，原则上应适用于我国的著作权法，但是我国签署的条约有特别规定的除外。这符合国际法上的“属人管辖”原则。另外，根据《民法通则》第8条第1款、《著作权法》第2条第3款的相关规定，外国自然人、法人和其他组织在我国境内实施著作权活动，均应适用我国著作权法的相关规定，但是如果外国人所属国与我国签署过双边条约或者两者均是国际公约的缔约国，那么应该优先适用该双边条约或国际公约。这符合国际法上的“属地管辖”原则。

其二，空间效力。著作权具有地域性的特点，同样，著作权法的效力仅体现在本国境内。我国的著作权法也仅在我国境内适用，不能及于外国，但国际条约另有规定的除外。需要注意的是，在我国的两个特别行政区香港和澳门以及台湾地区，我国的著作权法不能适用。

其三，时间效力。我国著作权法的时间效力遵循三项原则：“不溯及既往”原则，指的是著作权法不适用于处理其颁布之前发生的行为；“后法优于前法”原则，指出在处理同一事项的情况下，新颁布的著作权法律与之前颁布的法律相冲突时，应适用后法，即新颁布的法律；“特殊优于一般”原则，如果新颁布的著作权法律是普通法，而之前颁布的法律是特别法，那么在处理同一事项时，二者如果发生冲突，应适用特别法，即之前颁布的著作权法律。

第二节　著作权其他相关问题

一、邻接权

（一）邻接权概述

邻接权是指作品的传播者在传播作品的过程中，对其具有创造性的智力劳动成果依法享有的权利。在著作权法保护的作品类型当中，有些作品不需要通过中间人的传播，公众便可以直接欣赏，比如，绘画和雕塑等艺术作品。而有些作品，需要经过中间人的传播公众方能得以欣赏，比如，公众欣赏音乐和戏剧作品必须通过表演者的表演；欣赏各类文学作品必须依靠出版者对作品的出版和发行方能实现；录音和录像作品的制作者把表演者的表演固定下来，经过复制传播到各方；广播电视将表演者的表演从远方传播到听众和观众面前等。很多国家将艺术表演、录音制品和广播电视节目的制作过程归属于传播作品的行为，这类行为的实施者被称为作品的传播者，他们都是著作权的有力辅助者。他们在创作作品的过程中享有的权利就是邻接权。邻接权是从英文 neighbouring rights 直接翻译过来的术语，不是著作权，但与著作权有密切的联系。根据我国著作权相关法律的规定，邻接权是与著作权有关的权益。

邻接权与著作权同属于知识产权，著作权是邻接权产生的依据，而邻接权是著作权保护的补充。两者的区别主要体现在以下几个方面：

（1）权利的主体不同。著作权的主体大多是自然人，还包括法人和其他组织。作为作品传播者的邻接权的主体主要是法人。

（2）权利保护的范围不同。著作权保护的范围比邻接权保护范围广泛。著作权包括发表权、修改权和保护作品完整权等著作人身权，以及作品的利用与转让等著作财产权。邻接权主要保护复制权、传播权、广播权等，因而其涉及的范围比较狭窄。

（3）权利保护的客体不同。著作权主要保护的对象是创作者经过智力创作劳动后产生的文学、艺术和科学作品。邻接权主要保护的是经过传播者的创造性艺术加工后而产生的作品。

（4）保护强度的不同。法律对著作权的行使限制较少，保护力度比较大。作品只要符合法定的条件，一经产生就受到著作权的保护。法律对邻接权的行使限制比较多，保护力度相对较弱。作品的传播者若想获得邻接权必须要得到作者的许可并向其支付报酬。在行使邻接权的过程中，不得侵犯原有作品的著作权。

（二）邻接权的种类

1. 表演者权

表演者的权利，是指表演者依法对其表演所享有的权利。根据《罗马公约》[①] 第 3 条第 1 款的规定，表演者是指演员、歌唱家、演奏家、舞蹈家，及以表演、歌唱、演说、朗诵、演奏或其他方式表演文字或艺术作品的人员。根据我国《著作权法实施条例》，表演者不仅包括上述《罗马公约》中规定的自然人，还包括演出单位，但是一些技术设备，如录音机、录像机及音响设备等不属于表演者的范畴。此外，表演者权不同于表演权，著作权人通过授予表演者表演其作品的权利从而使表演者享有表演者权，但作品的表演权仍然归属于著作权人所有。即便表演者表演的是自己创作的作品，也不能将表演者权与表演权混为一谈，只不过在这种情况下，二者同为一个主体所享有。

表演是在原有艺术作品的基础上通过表演者的形象、动作、声音等组

---

① 《罗马公约》，即《保护表演者、音像制品制作者和广播组织的国际公约》（*Rome International Convention for the Protection of Performers, Producers of Phonograms and Broadcasting Organizations*），是有关版权邻接权的国际公约。1993 年 4 月 30 日中国成为该公约成员国。

合形式对作品进行再创作的行为。不同的表演者对相同的作品的表现形式和表演风格是不同的，因此这些风格迥异的表演成为每个表演者应享有的创造性艺术成果，据此，著作权法将表演作为与作品著作权相关联和邻接的权利加以保护。根据我国著作权相关规定，邻接权保护的客体涉及音乐、戏剧、曲艺、舞蹈、杂技等艺术作品，但不包括体育项目的表演。

具体来说，表演者对其表演应该享有下列权利：

（1）表明表演者身份的权利，是指向公众表明表演者的姓名或者表演单位名称的权利。此权利与著作权中的署名权相似，是与表演者不可分割的人身权利之一。表明表演者身份的方式有多种，比如在节目单上标明、在电视屏幕上显示或者由节目主持人播报等。表演者也可以选择不署名。

（2）保护表演形象不受歪曲的权利，是指表演者有维护其塑造的艺术形象，反对其表演形象被歪曲的权利。表演者塑造艺术形象的过程即是其创造作品的过程，关乎其艺术成就、名誉和声望，因此保护表演形象不被歪曲的权利也是与表演者密切相关的人身权利之一。

（3）许可他人从现场直播和公开传送其现场表演，并获得报酬的权利。现场直播是指通过现代通讯设备将表演者的现场表演向不特定的公众播放的过程。这种播放针对尚未录制的现场表演，是一次性的。现场直播必须征得表演者的同意并向其支付一定的报酬。

（4）许可他人录音录像并获得报酬的权利。表演者对其尚未录制过或者播放过的作品享有许可他人录音录像并取得报酬的权利。未经表演者的许可，任何人不得制作其表演的作品。

（5）许可他人复制、发行录有其表演的录音录像制品，并获得报酬的权利。复制和发行表演者的作品可以给复制者和发行者带来经济收益，同时可能减少表演者获取经济收益的机会。因此，对录音录像进行复制和发行必须经过表演者的同意并向其支付报酬。经常使用录音录像制品的行业，比如广播电台、电视台、饭店、酒吧、餐厅、茶馆以及卡拉 OK 等，均应向表演者支付一定的报酬。

（6）许可他人通过信息网络向公众传播其表演，并获得报酬的权利。未经表演者的同意，不得在网络中传播其作品。

表明表演者身份的权利和保护表演形象的权利属于表演者的人身权，因此其保护期限不受限制。除此之外的权利均属表演者的财产权，保护期限为 50 年，截至该表演发生后第 50 年的 12 月 31 日。外国人、无国籍人在中国的表演受我国《著作权法》保护，外国人、无国籍人根据中国参加的国际条约对其表演享有的权利，受《著作权法》保护。

此外，根据《著作权法》第37条的规定，表演者有以下两项义务：其一，使用他人作品演出，表演者（演员、演出单位）应当取得著作权人许可，并支付报酬。演出组织者组织演出，由该组织者取得著作权人许可，并支付报酬。其二，使用改编、翻译、注释、整理已有作品而产生的作品进行演出，应当取得改编、翻译、注释、整理作品的著作权人和原作品的著作权人许可，并支付报酬。

2. 出版者权

出版者的权利，是指出版者对其出版的作品依法享有的一系列专有权。出版者主要是指出版图书、期刊的出版社、期刊社等。根据我国《著作权法实施条例》的规定，出版者对其出版的图书和期刊的版式设计享有的权利属于与著作权有关的权益，是邻接权的一种。出版者权与出版权不同，后者是指经过著作权人的许可，生产和制作作品的复制品，并将其提供给公众的权利，是著作权的一种。

具体来说，出版者权有以下内容：

（1）专有出版权，即图书出版者对著作权人交付出版的作品，按照合同约定享有的专有出版权受法律保护，反对他人出版该作品的权利。在合同约定的地区和期限范围内，出版者享有以同种文字的原版、修订版和缩编本的方式出版该图书的独有权利。① 出版者与著作权人签订的出版合同是出版者利益的保障书，同时也是出版者复制、发行著作权人作品的许可证书。

（2）修改权，图书出版者经作者许可，可以对作品修改、删节。报社、期刊社可以对作品作文字性修改、删节。对内容的修改，应当经作者许可。作品修改的相关事宜可以在出版合同中约定。

（3）版式设计权，出版者有权许可或者禁止他人使用其出版的图书、期刊的版式设计。版式设计是指对整个版面格式的设计，包括对图书、期刊版心的设计，排版的格式、字体、行距、页边空白、标题、标点符号、页码、脚注的设计等，目的在于令读者阅读时赏心悦目。② 根据我国《著作权法》的规定，版式设计权的保护期为10年，截至使用该版式设计的图书、期刊首次出版后第10年的12月31日。

---

① 吴汉东：《知识产权法学》，88页，北京，北京大学出版社，2005。

② 汤宗舜：《著作权法原理》，135页，北京，知识产权出版社，2005。

出版者除了根据出版合同可以享有上述权利以外，还应当承担如下的义务：

（1）图书出版者出版图书应当和著作权人订立出版合同，并支付报酬。

（2）图书出版者应当按照合同约定的出版质量、期限出版图书。

（3）图书出版者重印、再版作品的，应当通知著作权人，并支付报酬。

（4）出版改编、翻译、注释、整理、汇编已有作品而产生的作品，应当取得改编、翻译、注释、整理、汇编作品的著作权人和原作品的著作权人许可，并支付报酬。

（5）作品刊登后，除著作权人声明不得转载、摘编的外，其他报刊可以转载或者作为文摘、资料刊登，但应当按照规定向著作权人支付报酬。著作权人依照《著作权法》声明不得转载、摘编其作品的，应当在报纸、期刊刊登该作品时附带声明。

（6）依照《著作权法》规定，使用他人作品的，应当自使用该作品之日起2个月内向著作权人支付报酬。

3. 录音录像制作者权

录音制品，是指任何对表演的声音或其他声音的录制品。录像制品，是指电影作品和以类似摄制电影的方法创作的作品以外的，任何有伴音或者无伴音的连续相关形象、图像的录制品。录音录像制作者是指录音录像制品的首次制作人。录音录像制品所反映的对象并不一定是著作权作品的表演。非作品的表演，甚至根本就不是表演的自然界的声音（如动物的叫声，狂风、海啸声）和景物等都可以录制成音像制品，从而产生邻接权。

录音录像制作者的权利主要有以下几方面：

（1）复制权，即录音录像的制作者分别对其制作的录音录像制品享有的许可他人进行复制并获得报酬的权利。

（2）发行权，即录音录像的制作者分别对其制作的录音录像制品享有的许可他人发行并获得报酬的权利。发行的方式包括销售、赠与、交换等。

（3）出租权，即录音录像的制作者分别对其制作的录音录像制品的原件和复印件许可他人向公众进行商业性出租并获得报酬的权利。

（4）网络信息传播权，即录音录像的制作者分别对其制作的录音录像制品享有的许可他人通过网络进行传播并获得报酬的权利。

此外，被许可人复制、发行、通过信息网络向公众传播录音录像制品，还应当取得著作权人、表演者许可，并支付报酬。录音录像制作者权利的保护期为50年，截至该制品首次制作完成后第50年的12月31日。

根据我国《著作权法》的规定，录音录像制作者的义务主要有以下几方面：

(1) 录音录像制作者使用他人作品制作录音录像制品，应当取得著作权人许可，并支付报酬。而录音录像制品是否发表不是至关重要的问题。

(2) 录音录像制作者制作录音录像制品，应当同表演者订立合同，并支付报酬。

(3) 录音录像制作者使用改编、翻译、注释、整理已有作品而产生的作品，应当取得改编、翻译、注释、整理作品的著作权人和原作品著作权人许可，并支付报酬。

(4) 录音制作者使用他人已经合法录制为录音制品的音乐作品制作录音制品，可以不经著作权人许可，但应当按照规定支付报酬；著作权人声明不许使用的除外。

4.广播电台、电视台的权利

广播电台、电视台的权利，是指广播电台、电视台对其制作的节目依法享有的允许或者禁止他人进行复制、录制、转播并取得报酬的权利。

广播电台、电视台的权利主要有以下几方面：

(1) 转播其播放的广播、电视节目的权利。转播，包括有线和无线转播两种方式，是指一个广播电视组织同时播放另一个广播电视组织的节目。但是将一个广播电视组织的节目录制下来，等以后再进行播放的行为是“重播”，而不是“转播”。

(2) 录制其广播电视节目的权利。其他广播电视组织未经允许，不得将其播放的广播、电视节目录制在音像载体上，否则将会侵害到原播放者的合法权益。

(3) 复制音像载体的权利。其他广播电视组织未经允许，不得在录制广播电视节目后，又复制音像载体。比如，各电视台一般会将其播出的比较精彩的节目制作成音像制品发行，这个权利归属于各电视台。复制的目的是为了播放和发行音像制品，或者是为了与其他电台、电视台进行交换，因此保护广播电视组织的复制权，对其利益的保护非常重要。

广播电台、电视台权利的保护期为50年，截至该广播、电视首次播放后第50年的12月31日。

此外，广播电台、电视台的义务主要有以下几方面：

（1）广播电台、电视台播放他人未发表的作品，应当取得著作权人许可，并支付报酬。

（2）广播电台、电视台播放他人已发表的作品，可以不经著作权人许可，但应当支付报酬。

（3）广播电台、电视台播放已经出版的录音制品，可以不经著作权人许可，但应当支付报酬。当事人另有约定的除外。

（4）电视台播放他人的电影作品和以类似摄制电影的方法创作的作品、录像制品，应当取得制片者或者录像制作者的许可，并支付报酬；播放他人的录像制品，还应当取得著作权人许可，并支付报酬。

二、著作权的取得和期限

1. 著作权取得制度的种类

著作权的取得是指作者因创作作品而享有著作权，包括著作人身权和著作财产权。各国立法关于著作权取得的制度大概有以下三种：

（1）自动取得制度，又称为“无手续原则”和“自动保护原则”，是指作者自作品创作产生便自动取得著作权，无需办理任何手续。

（2）注册取得制度，作品产生之后作者并不必然获得著作权，必须履行登记手续方能产生著作权。

（3）其他取得制度，主要包括两种：其一，作品必须以有形物固定下来才能获得著作权。其二，加注著作权标记获得著作权。著作权标记通常有三种形式：一是加注“不许复版”或者“有著作权”的声明，或者加注copyright 的缩写(©)；二是加注著作权人的姓名或姓名简写；三是加注作品首次出版发行的日期。

2. 我国著作权取得制度

我国《著作权法》采用著作权自动取得制度。根据该法的规定，中国公民、法人或者其他组织的作品，不论是否发表，依照本法享有著作权。外国人、无国籍人的作品根据其作者所属国或者经常居住地国同中国签订的协议或者共同参加的国际条约享有的著作权，受本法保护。外国人、无国籍人的作品首先在中国境内出版的，依照本法享有著作权。此外，《著作权法实施条例》第 8 条规定，外国人、无国籍人的作品在中国境外首先出版后，30 日内在中国境内出版的，视为该作品同时在中国境内出版。因此，在我国作者自作品创作产生便自动取得著作权，无需办理任何手续，也不需要在作品上加注任何著作权标记。

我国加入《世界版权公约》之后，著作权管理机关自1995年开始办理著作权登记事项，但登记注册仍然不是作者获得作品著作权的必经程序。

3. 著作权保护期限

著作权的保护期限是指国家依法对文学、艺术和科学作品进行的保护具有法定期限。法律仅在法定期限内对著作权进行保护，法定期限届满，作品即进入“公有领域”，不再受到法律的保护。任何人可以不经过著作权人的同意，也不必向其支付稿酬，而对作品加以利用。

一般来说，对著作权保护期限的做法大致有两种：（1）死亡起算法，即著作权的保护期包括作者终生及其死后若干年。世界上大多数国家规定保护期为作者终生及死后50年。其中，死亡日期一般自死亡当年年末（12月31日）或次年年初（1月1日）起算。（2）发表起算法，即著作权的保护期为作品首次发表后若干年，自首次发表之年的年底起算。

按照各国通行的做法，法律赋予著作权中的人身权和财产权不同的保护期限。

4. 著作人身权的保护期限

根据我国著作权相关法律规定，作者的署名权、修改权、保护作品完整权的保护期不受限制，发表权除外。作者死亡后，其著作权中的署名权、修改权和保护作品完整权由作者的继承人或者受遗赠人保护。著作权无人继承又无人受遗赠的，其署名权、修改权和保护作品完整权由著作权行政管理部门保护。

发表权与作品财产权关系密切，因此有保护期限。我国《著作权法》规定，发表权的保护期为作者终生及其死亡后50年，截至作者死亡后第50年的12月31日。如果是合作作品，截至最后死亡的作者死亡后第50年的12月31日。作者生前未发表的作品，如果作者未明确表示不发表，作者死亡后50年内，其发表权可由继承人或者受遗赠人行使；没有继承人又无人受遗赠的，由作品原件的合法所有人行使。

5. 著作财产权的保护期限

著作财产权与著作人身权不同，其具有保护期限的，根据著作权主体和作品性质的不同，保护期限有所不同，主要有以下几种：

（1）公民的作品，其发表权和财产权的保护期为作者终生及其死亡后50年，截至作者死亡后第50年的12月31日；如果是合作作品，截至最后死亡的作者死亡后第50年的12月31日。

(2) 法人或者其他组织的作品、著作权(署名权除外)由法人或者其他组织享有的职务作品，其发表权、财产权的保护期为50年，截至作品首次发表后第50年的12月31日，但作品自创作完成后50年内未发表的，《著作权法》不再保护。

(3) 作者身份不明的作品，其发表权、著作财产权保护期截至作品首次发表后第50年的12月31日。作者身份确定后，适用第（1）条的规定。

(4) 电影作品和以类似摄制电影的方法创作的作品、摄影作品，其发表权、财产权的保护期为50年，截至作品首次发表后第50年的12月31日，但作品自创作完成后50年内未发表的，《著作权法》不再保护。

三、著作权的利用和限制

著作权的利用包括著作权的许可使用、转让和转移等。著作权利用的客体主要针对著作的财产权。著作权人群体主要以作者为主，他们一般缺乏利用作品的经济条件和技术手段，因此，在实践中对于作品的财产权，著作权人主要通过许可等方式由他人来行使。比如，文字作品的著作权人将作品的复制权和发行权授予出版公司行使，音乐作品的著作权人将作品的表演权许可给乐团行使等。

（一）著作权的许可使用

1. 著作权使用许可的概念和特征

著作权的使用许可也称为同意或者授权，是著作权人将自己的作品通过一定的方式、在一定的地域和期限范围内许可他人使用的权利。著作权人(许可人)与被许可人一般通过订立许可使用合同的方式确立双方当事人之间的权利义务关系，著作权人将著作权中的一项或者多项财产权转让给被许可人行使，并向其收取一定费用。这种方式一般被称为著作权许可证贸易。

著作权的许可使用主要有以下几个特征：

(1) 著作权的许可使用不会影响著作权的归属。

著作权人通过许可合同转让给被许可人的只是著作财产权的使用权，著作权仍然归属于著作权人。因此，被许可人获得的是作品的使用权，而不是作品的著作权。

(2) 被许可人的权利受制于许可合同的约定。

被许可人只能按照许可合同当中约定的时间和方式在约定的地域内行

使权利，不能擅自行使超出合同约定的权利，法律另有规定的除外。被许可人也不能擅自将许可合同中约定的权利转让给其他人行使，也不能禁止著作权人将同一权利以相同的方式、在相同的期限范围内许可给他人行使，除非被许可人享有的是专有许可。

（3）被许可人在对第三人侵犯自己权益的行为提起诉讼时受到一定的限制。

被许可人不是著作权主体，因此，当第三人侵犯其权益时，不能以自己的名义向第三人提起诉讼，除非被许可人从许可合同中获得的是专有使用权或者独占使用权。著作权专有使用许可是指著作权人授权给被许可人在约定的期限和范围之内以特定方式独占使用作品，包括著作权人在内的任何其他人都无权在同样的地域和期限内以相同的方式使用作品。此外，在著作权专有使用许可的情况下，被许可人是否有权将自己获得的专有使用权转让给他人取决于其是否享有从属许可权。

2. 著作权许可使用合同的主要条款

根据《著作权法》的规定，使用他人作品应当同著作权人订立许可使用合同，许可使用的权利是专有使用权的，应当采取书面形式，但是报社、期刊社刊登作品除外。

为保护著作权贸易的安全，双方当事人应就许可合同的主要条款作出规定。根据我国《合同法》第12条，合同的主要内容一般包括下列内容：当事人的名称和住所；标的；数量；质量；价款或者报酬；履行期限、地点和方式；违约责任；解决争议的方法。此外，《著作权法》第24条规定著作权许可使用合同还应包括以下条款：

（1）许可使用的权利种类。

许可合同中必须明确著作权人授予被许可人以何种方式使用其作品的权利。授权使用方式可以是一种，也可以是多种，包括复制、表演、发行、摄制电影、广播、汇编、改编、翻译等。比如，授权改编，应明确许可人将作品改编为何种形式；授权翻译，应明确使用何种文字进行翻译等。因此，在著作权许可使用合同中，首先应明确权利的种类。此外，《著作权法》规定，许可使用合同和转让合同中著作权人未明确许可、转让的权利，未经著作权人同意，另一方当事人不得行使。

（2）许可使用的权利的性质。

许可使用的权利是专有使用权或者非专有使用权在许可合同中应予以明确规定。在专有许可的情况下，在许可使用合同中约定的期限和地域范围内，就许可使用作品的某一项或者某几项财产权而言，著作权人不得再使用相同的权利，也不得再许可其他人使用相同的权利。而在非专有许可的情况下，著作权人可以使用相同的权利，也可以再许可他人行使相同的权利。

合同没有约定或者约定不明的，视为被许可人有权排除包括著作权人在内的任何人以同样的方式使用作品。除合同另有约定外，被许可人许可第三人行使同一权利，必须取得著作权人的许可。①

图书出版合同中约定图书出版者享有专有出版权但没有明确其具体内容的，视为图书出版者享有在合同有效期限内和在合同约定的地域范围内以同种文字的原版、修订版出版图书的专有权利。②

（3）许可使用的地域范围、期间。

许可使用的地域范围是指被许可的著作权在地域上的效力，比如作品复制发行的范围和播放范围等。在我国，著作权许可使用的地域范围一般是《著作权法》实施的地域范围。许可使用的期间是指被许可使用的著作权在时间上的限制。

（4）付酬标准和办法。

《著作权法》第28条规定，使用作品的付酬标准可以由当事人约定，也可以按照国务院著作权行政管理部门会同有关部门制定的付酬标准支付报酬。当事人约定不明确的，按照国务院著作权行政管理部门会同有关部门制定的付酬标准支付报酬。在过去，文字作品的付酬标准一般按照字数计算，每千字计价多少。现在，作者和出版社也采用版税的方式计算稿酬，即按照作品复制、发行总数市场价格的一定百分比向作者付酬。付酬办法是指支付报酬的具体方法，如选择现金支付还是支票支付、一次性支付还是分期支付，以及使用哪国货币支付等。

（5）违约责任。

合同订立后，对双方当事人均有法律约束力，双方当事人应该按照合同的约定履行义务。同时，我国《著作权法》第54条规定，当事人不履行合同义务或者履行合同义务不符合约定的，应当依照《民法通则》、《合同法》等有关法律规定承担民事责任。

（6）双方认为需要约定的其他内容，比如约定解决争议的方法等。

---

① 《著作权法实施条例》第24条。

② 《著作权法实施条例》第28条。

（二）著作权的转让

1. 著作权转让的概念和特征

著作权的转让是指著作权人将其全部或者部分著作财产权转让给他人的行为，权利转让后，出让人即丧失该权利。著作权的转让一般通过签订转让合同实现。著作权的转让主要有以下几个特征：

（1）著作权转让的对象仅限于著作的财产权。人身权与作者的人格利益密切相关，因此不能进行转让。但著作权人可以在一定的期限范围内将著作财产权的全部和一部分转让给受让人，使其成为被转让权利的新权利人。

（2）著作权的转让并非作品原件所有权的转让。著作权的转让涉及对作品原件的使用时，受让人在使用完毕后，应当将作品的原件返还给著作权人或者作品的合法持有人。比如，画家将画的复制发行权转让给他人，但是这幅画的所有权仍然保留在画家的手中。如果画家将画卖给他人，买受人取得画的原件所有权，但是不得对画进行复制发行，否则就是侵犯画家的著作权。

（3）著作权的转让导致著作权主体的变更。与著作权的许可使用不同，著作权转让后的受让人成为作品的新权利人，即新的著作权人。

（4）著作权转让的权利内容可以有多种选择。我国《著作权法》第10条规定，著作权人可以将著作财产权的全部或者部分转让给他人。比如著作权人可以将作品的翻译权、出版权、汇编权、改编权等转让给一个受让人，或者将这些权利分别转让给不同的受让人。只要著作权人不在同一时间、同一地域内将完全相同的权利转让给不同的人就不会触犯《著作权法》。

（5）受让人可以就第三人侵犯自己权益的行为提起诉讼。著作权转让中的任何受让人都有权对侵害其受让著作财产权的行为提起诉讼。

2. 著作权转让的主要内容

《著作权法》第25条规定，著作权的转让应当订立书面合同。权利转让合同包括以下主要内容：作品的名称；转让的权利种类、地域范围；转让价金；交付转让价金的日期和方式；违约责任；双方认为需要约定的其他内容。

（三）著作权的转移

1. 著作人身权的转移

著作人身权中的署名权、修改权和保护作品完整权可以发生转移。我国《著作权法实施条例》第15条规定，作者死亡后，其著作权中的署名权、修改权和保护作品完整权由作者的继承人或者受遗赠人保护。

但是著作人身权中的发表权不能发生转移，只能在某些情况下推定作者同意发表。《著作权法实施条例》第17条规定，作者生前未发表的作品，如果作者未明确表示不发表，作者死亡后50年内，其发表权可由继承人或者受遗赠人行使；没有继承人又无人受遗赠的，由作品原件的所有人行使。

2. 著作财产权的转移

《著作权法》第19条规定，著作权人死亡后，在法律规定的保护期内，其继承人可以成为著作财产权的新权利人，享有其作品的复制权、发行权、信息网络传播权等财产权利。

《著作权法实施条例》第14条规定，合作作者之一死亡后，其对合作作品享有的著作财产权无人继承又无人受遗赠的，由其他合作作者享有。

（四）著作权的限制

为了鼓励和促进人们创作作品的积极性和保护著作权人的合法权益，法律规定著作权人可以将其财产权的全部或者部分转让给他人行使，并且从中获得相应的报酬。他人未经著作权人的许可擅自使用其作品的，即构成侵权行为，应受到法律的制裁。但是，为了满足社会对知识和信息的需要，以及协调著作权人的利益与社会公共利益，在一定条件下应允许公众无偿使用作品。换言之，著作权人对其作品的控制并不是绝对的和无限制的。这是为了使著作权人的利益、利用该作品的企业的利益以及社会公众的教育、研究和获得信息的利益三者之间协调一致的必要手段。对著作权的限制主要有著作权的合理使用、法定许可使用和强制许可使用等。

1. 著作权的合理使用

著作权的合理使用是指著作权人以外的公众，在某些特殊的情况下，使用著作权人的作品，可以不必征得其同意，不向其支付报酬，但是应当指明作者姓名、作品名称，并且不得侵犯著作权人享有的其他权利。根据我国《著作权法》第22条的规定，主要有以下12种情况：

（1）为个人学习、研究或者欣赏，使用他人已经发表的作品。

（2）为介绍、评论某一作品或者说明某一问题，在作品中适当引用他人已经发表的作品。

（3）为报道时事新闻，在报纸、期刊、广播电台、电视台等媒体中不可避免地再现或者引用已经发表的作品。

（4）报纸、期刊、广播电台、电视台等媒体刊登或者播放其他报纸、期刊、广播电台、电视台等媒体已经发表的关于政治、经济、宗教问题的时事性文章，但作者声明不许其他媒体刊登、播放的除外。

（5）报纸、期刊、广播电台、电视台等媒体刊登或者播放在公众集会上发表的讲话，但作者声明不许刊登、播放的除外。

（6）为学校课堂教学或者科学研究，翻译或者少量复制已经发表的作品，供教学或者科研人员使用，但不得出版发行。

（7）国家机关为执行公务在合理范围内使用已经发表的作品。

（8）图书馆、档案馆、纪念馆、博物馆、美术馆等为陈列或者保存版本的需要，复制本馆收藏的作品。

（9）免费表演已经发表的作品，该表演未向公众收取费用，也未向表演者支付报酬。

（10）对设置或者陈列在室外公共场所的艺术作品进行临摹、绘画、摄影、录像。

（11）将中国公民、法人或者其他组织已经发表的以汉语言文字创作的作品翻译成少数民族语言文字作品在国内出版发行。

（12）将已经发表的作品改成盲文出版。

2. 著作权的法定许可使用

著作权的法定许可使用，是指著作权人以外的人在特定的情况下，使用他人已经发表的作品，可以不必征得著作权人的同意，但必须向其支付报酬，并且不得侵犯著作权人享有的其他权利。根据《著作权法》的规定，法定许可使用主要有以下几种方式：

（1）为实施九年制义务教育和国家教育规划而编写出版教科书，除作者事先声明不许使用的外，可以不经著作权人许可，在教科书中汇编已经发表的作品片段或者短小的文字作品、音乐作品或者单幅的美术作品、摄影作品，但应当按照规定支付报酬，指明作者姓名、作品名称，并且不得侵犯著作权人依照本法享有的其他权利。

（2）著作权人向报社、期刊社投稿的，作品刊登后，除著作权人声明不得转载、摘编的外，其他报刊可以转载或者作为文摘、资料刊登，但应当按照规定向著作权人支付报酬。

（3）录音制作者使用他人已经合法录制为录音制品的音乐作品制作录音制品，可以不经著作权人许可，但应当按照规定支付报酬；著作权人声明不许使用的不得使用。

(4) 广播电台、电视台播放他人未发表的作品，应当取得著作权人许可，并支付报酬。广播电台、电视台播放他人已发表的作品，可以不经著作权人许可，但应当支付报酬。

(5) 广播电台、电视台播放已经出版的录音制品，可以不经著作权人许可，但应当支付报酬。当事人另有约定的除外。

3. 著作权的强制许可使用

著作权的强制许可，是指在特定的条件下，著作权人以外的人基于某种正当的理由，经申请由著作权行政管理部门授权，可以使用已经发表的作品而无需征得著作权人的同意，但应当向其支付报酬。我国《著作权法》中尚未有此项规定，但是我国是《世界版权公约》和《伯尔尼公约》的缔约国，鉴于两项公约都对著作权的强制许可使用作出了规定，因此我国也适用公约的相关规定。

四、著作权的保护

著作权是随作品的生成而自动产生的，不需要作者的申请和政府主管部门的审批。著作权保护的客体是一种无形的财产，看不见也摸不着，可以存在于各种不同的载体当中。由于现代科学技术的发展，复制这种载体非常容易，获利又相当丰厚，因而著作权受到侵犯的情况屡见不鲜。各国为了保护著作权，对侵犯著作权的行为规定了比较严厉的法律责任。这里所说的著作权也包括著作邻接权。我国《著作权法》规定，实施侵犯著作权的行为承担相应的民事责任、行政责任和刑事责任。

(一) 侵犯著作权的法律责任

1. 应当承担民事责任的侵权行为

我国《著作权法》第 47 条规定，应当承担民事责任的侵犯著作权的行为主要有以下几种：

(1) 未经著作权人许可，发表其作品的。

(2) 未经合作作者许可，将与他人合作创作的作品当作自己单独创作的作品发表的。

(3) 没有参加创作，为谋取个人名利，在他人作品上署名的。

(4) 歪曲、篡改他人作品的。

(5) 剽窃他人作品的。

(6) 未经著作权人许可，以展览、摄制电影和以类似摄制电影的方法使用作品，或者以改编、翻译、注释等方式使用作品的。《著作权法》另有规定的除外。

(7) 使用他人作品，应当支付报酬而未支付的。

(8) 未经电影作品和以类似摄制电影的方法创作的作品、计算机软件、录音录像制品的著作权人或者与著作权有关的权利人许可，出租其作品或者录音录像制品的。《著作权法》另有规定的除外。

(9) 未经出版者许可，使用其出版的图书、期刊的版式设计的。

(10) 未经表演者许可，从现场直播或者公开传送其现场表演，或者录制其表演的。

(11) 其他侵犯著作权以及与著作权有关的权益的行为。

法律规定，侵犯著作权的行为承担民事责任的方式主要有停止侵害、消除影响、赔礼道歉、赔偿损失等。

2. 应当承担行政责任的侵权行为

“行政责任是指国家著作权行政管理机关依据法律的规定，对侵犯著作权或与著作权相关权利的行为给予的行政制裁。”① 我国《著作权法》第48条规定，应当承担行政责任与刑事责任的侵犯著作权的行为主要有以下几种：

(1) 未经著作权人许可，复制、发行、表演、放映、广播、汇编、通过信息网络向公众传播其作品的。《著作权法》另有规定的除外。

(2) 出版他人享有专有出版权的图书的。

(3) 未经表演者许可，复制、发行录有其表演的录音录像制品，或者通过信息网络向公众传播其表演的。《著作权法》另有规定的除外。

(4) 未经录音录像制作者许可，复制、发行、通过信息网络向公众传播其制作的录音录像制品的。《著作权法》另有规定的除外。

(5) 未经许可，播放或者复制广播、电视的。《著作权法》另有规定的除外。

(6) 未经著作权人或者与著作权有关的权利人许可，故意避开或者破坏权利人为其作品、录音录像制品等采取的保护著作权或者与著作权有关的权利的技术措施的，法律、行政法规另有规定的除外。

(7) 未经著作权人或者与著作权有关的权利人许可，故意删除或者改变作品、录音录像制品等的权利管理电子信息的，法律、行政法规另有规定的除外。

① 吴汉东：《知识产权法学》，121页，北京，北京大学出版社，2005。

(8) 制作、出售假冒他人署名的作品的。

侵犯著作权的行为承担行政责任的方式主要有著作权行政管理部门责令停止侵权行为；没收违法所得；没收、销毁侵权复制品；罚款；情节严重的，著作权行政管理部门还可以没收其主要用于制作侵权复制品的材料、工具、设备等。

3. 应当承担刑事责任的侵权行为

我国《著作权法》没有直接规定侵犯著作权应当承担刑事责任的侵权行为，但是规定上述《著作权法》第 48 条所列的侵权行为构成犯罪的，应当依法追究刑事责任。

（二）法律措施

为了加强对著作权的保护，《著作权法》规定了著作权人可以采取的执行措施，主要有诉前保全措施、人民法院的依法处置权和过错推定原则的适用等。

1. 诉前保全措施

(1) 诉前权利保全。

根据我国《著作权法》第 50 条的规定，著作权人或者与著作权有关的权利人有证据证明他人正在实施或者即将实施侵犯其权利的行为，如不及时制止将会使其合法权益受到难以弥补的损害的，可以在起诉前向人民法院申请采取责令停止有关行为和财产保全的措施。

申请诉前权利保全应该同时满足以下条件：一，申请人只能是著作权人或者与著作权有关的权利人；二，申请的前提是申请人有证据证明他人正在实施或者即将实施侵犯其权利的行为，并且如不及时制止将会使其合法权益受到难以弥补的损害；三，必须在起诉前提起申请；四，向各级人民法院提起申请。

(2) 诉前证据保全。

诉前证据保全是指在证据有可能灭失或者以后难以取得的情况下，根据申请人或者当事人的申请，人民法院采取措施，对证据加以固定和保全的制度。

《著作权法》第 51 条规定，为制止侵权行为，在证据可能灭失或者以后难以取得的情况下，著作权人或者与著作权有关的权利人可以在起诉前向人民法院申请保全证据。人民法院接受申请后，必须在 48 小时内做出裁定；裁定采取保全措施的，应当立即开始执行。人民法院可以责令申请人提供担保，申请人不提供担保的，驳回申请。申请人在人民法院采取保全措施后15日内不起诉的，人民法院应当解除保全措施。

2. 人民法院依法处置权

《著作权法》第52条规定，人民法院审理案件，对于侵犯著作权或者与著作权有关的权利的，可以没收违法所得、侵权复制品以及进行违法活动的财物。这条关于人民法院依法处置权的规定有利于从严管理、维护司法权威。

3. 过错推定原则的适用

为了保护著作权人的合法权益，我国《著作权法》规定了过错推定原则，根据第53条的规定，复制品的出版者、制作者不能证明其出版、制作有合法授权的，复制品的发行者或者电影作品和以类似摄制电影的方法创作的作品、计算机软件、录音录像制品的复制品的出租者不能证明其发行、出租的复制品有合法来源的，应当承担法律责任。换句话说，侵权人有证明自己无过错的义务，否则，就推定其主观上有过错，应该承担法律责任。

（三）著作权的管理

1. 著作权的行政管理

《著作权法》第7条规定，国务院著作权行政管理部门主管全国的著作权管理工作；各省、自治区、直辖市人民政府的著作权行政管理部门主管本行政区域的著作权管理工作。国务院著作权行政管理部门可以查处在全国有重大影响的侵权行为、涉外侵权行为和认为应当由国家知识产权局查处的侵权行为。1985年国务院决定设立国家版权局，作为国务院著作权行政管理部门，其主要职责有以下几个方面：

（1）贯彻实施著作权法律、法规；起草著作权方面的法律、法规草案；制定著作权管理的规章和重要管理措施，并组织实施和监督检查。

（2）审批著作权集体管理机构、著作权涉外机构、国(境)外著作权认证机关、外国和国际著作权组织在华设立的代表机构。

（3）指导地方著作权行政管理部门的工作；查处或组织查处有重大影响的著作权侵权案件；代表国家处理涉外著作权关系，组织参加有关著作权的双边或多边条约、协议的谈判、签约和国内履约活动。

（4）负责著作权管理工作的全国性宣传、教育及表彰活动。①

地方著作权行政管理部门，是指各省、自治区、直辖市人民政府设立

① 参见国家版权局网站，http://www.ncac.gov.cn。

的著作权行政管理部门。根据《著作权法实施条例》的规定，地方著作权行政管理部门的职责由地方人民政府确定，业务上接受国家版权局的指导。为有效开展著作权保护工作，各省、自治区、直辖市及其所属的计划单列市、地级市已相继设立了版权局（处），其职责大体相同，主要包括：①负责著作权法律、法规在本行政地区的贯彻实施；②查处本行政区域发生的著作权侵权案件；③负责审批本地区的版权服务机构；④负责指导本地区的版权贸易、对外版权交流活动；⑤负责本地区的著作权宣传普及工作；⑥承办国家版权局委托其进行的其他工作等。

2. 著作权的集体管理

著作权集体管理，是指著作权集体管理组织经著作权人和与著作权有关的权利人的授权，行使著作权或者与著作权有关的权利的活动。著作权集体管理组织被授权后，可以以自己的名义为著作权人和与著作权有关的权利人主张权利，并可以作为当事人进行涉及著作权或者与著作权有关的权利的诉讼、仲裁活动。著作权法规定的表演权、放映权、广播权、出租权、信息网络传播权、复制权等权利人自己难以有效行使的权利，可以由著作权集体管理组织进行集体管理。2005 年国务院颁布实施的《著作权集体管理条例》就著作权集体管理组织的性质、设立方式、权利义务等做出了具体的规定。

根据该条例，著作权集体管理组织，是指为权利人的利益依法设立，根据权利人授权、对权利人的著作权或者与著作权有关的权利进行集体管理的社会团体。著作权集体管理组织应当依照有关社会团体登记管理的行政法规和《著作权集体管理条例》的规定进行登记并开展活动。

依法享有著作权或者与著作权有关的权利的中国公民、法人或者其他组织，可以发起设立著作权集体管理组织。设立著作权集体管理组织，应当具备下列条件：发起设立著作权集体管理组织的权利人不少于 50 人；不与已经依法登记的著作权集体管理组织的业务范围交叉、重合；能在全国范围代表相关权利人的利益；有著作权集体管理组织的章程草案、使用费收取标准草案和向权利人转付使用费的办法草案。

著作权集体管理组织经权利人授权，集中行使权利人的有关权利并以自己的名义进行下列活动：与使用者订立著作权或者与著作权有关的权利许可使用合同；向使用者收取使用费；向权利人转付使用费；进行涉及著作权或者与著作权有关的权利的诉讼、仲裁等。

第三节　文化产业与著作权的关系

一、文化产业的核心是版权产业

我们知道，文化产业的概念有广义与狭义之分。狭义的文化产业即文化产业的核心，仅指版权产业，包括出版发行业、新闻业、广播影视业、网络服务业、广告业、计算机软件业、信息及数据服务业等。具体来说，版权产业主要包括三个层面的内容：其一是版权产业核心层，主要是指对于具备版权的作品进行再创作、复制、发行、生产和传播为核心的文化产业，这也是版权产业的主流，包括新闻服务、出版发行和版权服务、广播电视电影服务、文化艺术服务等四个行业大类。其二，版权业外围层，比如网络文化服务、文化休闲娱乐服务、其他文化服务等三个行业大类。其三，其他与版权相关的产业，主要是指文化用品、设备及相关文化产品的生产和销售两个行业大类。比如生产和销售计算机、收音机、电视机、录像机、录音机、音响设备等的产业。广义的文化产业，除了版权产业以外，还包括艺术创作业、艺术品制作业、演出业、娱乐业、文物业、教育业、体育业、旅游业等。

版权产业是文化产业的核心，首先因为文化产业发展的根本在于创意，创意产业本身是聚集脑力劳动者智慧的活动，其核心价值在于它的创造性和创新性。它是基于创作者个人创意、技巧及才华的一种智力成果，而知识产权正是主体对其创造性劳动成果依照相关法律法规所享有的垄断权利。[①] 其次在于文化产业的范围大部分都涉及版权产业。更重要的是，无论在发达国家还是发展中国家的国民经济中，版权产业都占据重要的地位。甚至一些发达国家直接将文化创意产业称为版权产业，即建立在知识和信息的生产、存储、使用、消费之上的产业形态，覆盖文学艺术、新闻出版、广播影视、文化娱乐、工艺美术、计算机软件、信息网络等多个产业领域。[②] 比如在美国，版权产业已经成为国民经济中一个单独的产业，而且是发展最快、就业人数最多、出口创汇最多的产业。在我国，很长时间里曾被人们认为不过是一点“稿费”的版权，经过二三十年的发展，现在也已经成为引人

---

① 郑思成：《知识产权论》，北京，法律出版社，2001。

② 邹广文、徐庆文：《全球化与中国文化产业发展》，248页，北京，中央编译出版社，2006。

瞩目的产业群。[1] 鉴于版权产业的重要地位，加强对版权的保护显得尤为重要。

二、著作权保护是文化产业发展的法律保障

（一）版权产业依赖于著作权保护

文化产业的发展与著作权的法律保护密切相关，作为文化产业核心的版权产业，是依赖于著作权保护而生存的。

例如，书籍的出版发行必须征得作者的同意，并向其支付相应的报酬，否则就是侵犯作者的权利。换言之，维护作者的智力劳动成果依赖于法律对作品版权的保护；缺乏保护，作者创作作品的积极性就会相应减弱。但是，在现实生活中，作家们往往得不到应有的回报。

近年来互联网作为一种新兴的信息传播工具得到迅速普及，互联网正改变着人们传统的生活、工作和学习的方式，但同时也带来了日益严重的网络侵权行为，比如未经作者许可而提供免费下载、复制享有版权的音乐、图片、影视、软件、动画作品等。

2011 年 11 月，《盗墓笔记》的作者南派三叔等 22 名原创作家联合在微博中发布《我们的联合声明》一文，目标直指淘花网和百度，因为这两家网站中出现了大量盗版侵权内容。阿里巴巴集团与华数电视传媒集团于 2011 年 6 月 29 日宣布共同投资 1 亿元组建合资公司华数淘宝，淘花网就是其旗下的两大业务之一，定位于数字产品分享交易平台。为带动人气，淘花网上线了“上传有礼”活动，用户为了获得奖励而上传了大量盗版侵权内容，并进行销售，淘花、百度侵权事件在网络上迅速发酵，引发激烈讨论，大多数网友对作家们的维权行为表示支持。

此外，广播影视产业也是侵犯知识产权的重灾区。影视业的蓬勃发展也依赖于版权的保护，如打击盗版一直是美国电影协会的重要任务之一，对盗版行为，协会往往不遗余力地追查到底，直至盗版者受到法律严惩。一张廉价的空白磁碟刻录上影视节目后，其价值猛增，而这是影视作品表演者、制作者、传播者的智力创作价值的体现。如果缺乏保护，影视作品盗版猖狂，那么版权所有者的合法权益大受侵害，势必严重影响影视业的发展。

---

① 《我国版权产业担当国民经济重要角色》，http://old.jfdaily.com/gb/jfxww/xinwen/node1219/node4276/userobject1ai1435653.html。

为了保护作者的版权，完善网络著作权的保护，我国出台了一系列法律法规，并逐步形成比较完整的法律体系，如2001年和2010年《著作权法》的重新修订，《信息网络传播权保护条例》的颁布实施；2004年12月22日，最高人民法院、最高人民检察院《关于办理侵犯知识产权刑事案件具体应用法律若干问题的解释》的正式施行；2005年7月30日，国家版权局、信息产业部共同制定的《互联网著作权行政保护办法》的正式实施；2006年12月8日，《最高人民法院关于审理涉及计算机网络著作权纠纷案件适用法律若干问题的解释》的施行，以及2006年12月29日，全国人大常委会表决通过关于加入《世界知识产权组织版权条约》和《世界知识产权组织表演和录音制品条约》的决定等。由此，著作权法律规范体系的形成为文化产业的蓬勃发展撑起了“保护伞”。

（二）著作权保护贯穿于文化产业全过程

著作权保护贯穿于文化产业产生和形成价值的全过程，在文化产业产生和发展的各个阶段，都需要对著作权进行不同程度和不同方面的支持和保护。

文化创意作品的创作形成阶段。创意是文化创意作品形成的核心和动力，美国总统托马斯·杰弗逊曾说：“如果大自然中还有什么比排他的专有权更不易受影响的话，那就是思想力的行动，就是创意。只要你愿意，一个人可以排他地独自占有。但是在你将它泄漏出去的那一刻，所有人就共同拥有了。”文化创意作品是创作者脑力劳动的结晶，每一个文化创意作品的创作形成都花费了创作者大量的心血。如果文化创意作品可以被轻易窃取而不受惩罚的话，这种凝结着人类智慧的创造活动便失去了进行下去的动力。因此，《著作权法》规定作品自创作完成之日起便产生版权，不需要像商标、专利等履行注册、申请程序，也无需发表、公布。这就意味着在文化创意作品的创作形成阶段，作品一经产生，便受到著作权法的保护。

文化创意作品创作完成阶段。虽然作品创作完成后即享有著作权，不需要履行任何登记手续，但从另一方面来讲，版权登记不仅可以提供有利于版权所有人的证据，有助于解决因版权归属造成的纠纷，而且有利于作品许可、转让等传播活动的顺利实现，更有利于作品经济价值的实现。因此，国家版权局1994年12月31日颁布了《作品自愿登记试行办法》，规定对作品的著作权实行自愿登记。但作品不论是否登记，作者或其他著作权人依法取得的著作权不受影响。

文化创意作品营销阶段。文化创意作品投入市场并且产业化，是其形成价值、增值的过程。而在文化创意作品的营销过程中，著作权发挥了举足轻重的作用。著作权是文化产品的创意进行交易的有效载体。创意思想是无形的，它可以附着在不同的物化形式上，不论物化数量是多还是少，都不会影响创意本身的价值，所以无法用某一种物化产品来表达其全部的价值。以著作权为创意思想的交易载体可以产生多样性的交易方式。例如可以买卖全部版权，也可以买卖部分版权；版权可以授权使用，可以进行质押，也可以有期限或无期限地转让等，交易者可以根据需要选择适合的方式。[①] 企业正是通过对文化创意作品著作权的各种使用，才使创意产品在有法律保障的前提下做到市场营销和价值的最大化。企业对其享有的著作权的使用大致包括著作权转让、著作权许可使用和著作权质押三种方式。这里要特别说明的是著作权的质押，即将著作权中的财产权像动产一样作为质押的标的，这种质押通常称为权利质押。我国《担保法》第75条的规定，依法可以将商标专用权、专利权和著作权中的财产权利进行质押。双方当事人应订立书面合同，并在相应的行政管理部门办理出质登记。企业根据市场需求和自身利益的需要，在著作权的保护下，或者利用著作权贸易形式，将文化创意产品推向市场，获取经济利润，进行再生产，推动着文化产业的发展。

文化创意产品的市场流通阶段。文化创意产品进入市场流通之后，往往面临著作权侵权的问题，最常见的表现形式就是盗版。文化产品的形成凝聚着大量专业人才的智慧结晶，耗费大量人力物力财力，开发时间长，成本较高，因此价格也较高。而盗版成本低，传播速度快，相对于正版产品有绝对的价格优势，加之公众的知识产权意识较为薄弱，造成了盗版猖獗的现状。盗版造成的不仅是文化创意产品权利人的财产损失，更会大大削弱创意人员的积极性，从而动摇文化产业发展的根本。因此，加大对著作权侵权的惩处，增强著作权保护的力度，是文化产业健康发展的保障。

三、著作权保护对于文化产业的发展具有促进作用

新制度经济学的代表人物诺思认为，有效率的组织需要在制度上做出安排和确立所有权，以便造成一种刺激，将个人的经济努力变成私人收益

---

① 姚林青、池建宇：《版权制度与文化产业关系的辩证分析》，《现代出版》2011(4)，43页。

率接近社会收益率的活动。在文化产业的发展过程中，如果文化创意活动中存在个人收益与社会收益的巨大差距，个人的积极性无疑将大大降低，文化产业的发展就只能依赖创造者的自发性和自觉性。显然，需要一种有效率的制度完成对于创造者的刺激和激励，我们可以称之为产权激励理论。

著作权制度恰恰就是这样一种具有刺激和激励作用、有效率的制度安排。在著作权制度的保护下，创造者能够从文化创意产品中获得收益，从而使人们有了创新的动力。资本是追逐利润的，在著作权收益能够得到保证的条件下，大量的资本便会被吸引到文化产品的创新领域，为创新提供足够的资源保证，并形成以著作权制度为基础的高效创新模式，从而提高创新水平，为社会提供具有更高经济价值、更丰富的文化产品。① 著作权保护的首要目的在于鼓励作品的创作者进行创作，带动整个文化产业，并且辐射相关领域。同时，著作权保护是各类作品实现规范有序交易的基础和前提，文化产业的发展和保护创作者的权利是息息相关的，文化产业的发展必然要求加强著作权保护。

---

① 姚林青、池建宇：《版权制度与文化产业关系的辩证分析》，《现代出版》，2011(4)，42页。

第三章　文化产业与专利权保护

我国专利法将专利权分为三类：发明专利权、实用新型专利权、外观设计专利权。

采用前两种专利保护的文化产业相对来说比例比较小。究其原因，一是采用版权与商标权等进行保护较为方便简单，尤其是版权，只要符合条件无需任何法定程序即可享有权利，而专利权的取得则需经过复杂的程序及较长的时间，在申请专利的过程中，其技术处于权利的真空地带，无法得到有效的保护；二是获得前两类专利权的技术标准较高，一项技术要获得专利，尤其是发明专利，其技术必须符合法律规定的实用性、创新性、新颖性的要求；三是申请专利需将其内容公开，在耗费人力、物力、财力后，还有可能得不到专利权，此时权利人对商业秘密进行保护的可能性也没有了，因此申请专利面临着较高的风险。

知识产权中的第三类外观设计专利，与文化产业有着非常密切的联系。截至2009年底，我国累计共授权专利3083260件，其中外观设计1127873件，占36.6%。[①] 如工艺品的外观设计、动漫人物造型的外观设计等等，都离不开专利权的保护。动漫产业近年来发展迅速，从业人员的数量快速增长，但侵权行为也日益猖獗。特别是动漫的核心构成要素——动漫形象，通常具有很强的商业应用价值，都面临着盗版侵权的危机。一些以动画品牌为依托走产业化发展的企业往往因此而蒙受巨大的损失。[②]

随着文化产业的不断壮大发展以及与国际接轨的程度越来越高，专利权与文化产业的关系也越来越密切。

---

① 数据来自国家知识产权局网站，规划发展司《专利统计简报》2010年1期。

② 郑丹凤：《动漫知识产权保护迫在眉睫》，《中国发明与专利》，2010（6），52页。

第一节　专利权概述

一、专利权概念

专利权是知识产权体系的重要组成部分，其作为一种创造性知识产权，体现了国家对于发明创造成果的法律确认和保护，没有发明创造，专利权便无从谈起。

专利是指符合《专利法》规定，经法定程序确认、受《专利法》保护的发明创造。[①] 我国1984年颁布了《中华人民共和国专利法》(简称《专利法》)，1992年进行了第一次修订；后为适应加入WTO的需要，于2000年和2009年分别进行了第二次和第三次修订。我国《专利法》并未对专利或专利权进行概念界定，只在《专利法》第2条对发明创造进行了定义：该法所称的发明创造是指发明、实用新型、外观设计。从该定义也可以看出，在我国，专利权包括三种类型：发明专利权、实用新型专利权、外观设计专利权。

专利权的特点包括排他性(独占性)、技术性、地域性。

排他性是指对专利的专有使用，他人未经同意，不得使用专利。

技术性是指专利所包含的技术性的特点，专利的产生与使用方面都体现了技术性的特点。

地域性是指专利权的使用范围存在地域性，原则上只及于特定的国家与地区。我国国务院专利行政部门负责管理全国的专利工作，统一受理和审查专利申请，依法授予专利权。省、自治区、直辖市人民政府的相关部门负责本行政区域内的专利管理工作。

二、专利权的主体

（一）专利权主体的概念及种类

专利权的主体即专利权人，是指依法获得专利权、对于专利权所指向的发明创造享有独占和垄断地位的人。[②]

《专利法》第6条和第8条对专利权的主体做出了规定。第6条规定，

---

① 郭庆存：《知识产权法》，259页，上海，上海人民出版社，2002。

② 郭庆存：《知识产权法》，283页，上海，上海人民出版社，2002。

执行本单位的任务或者主要是利用本单位的物质技术条件所完成的发明创造为职务发明创造。职务发明创造申请专利的权利属于该单位；申请被批准后，该单位为专利权人。非职务发明创造，申请专利的权利属于发明人或者设计人；申请被批准后，该发明人或者设计人为专利权人。利用本单位的物质技术条件所完成的发明创造，单位与发明人或者设计人订有合同，对申请专利的权利和专利权的归属做出约定的，从其约定。第8条规定，两个及以上单位或者个人合作完成的发明创造、一个单位或者个人接受其他单位或者个人委托所完成的发明创造，除另有协议的以外，申请专利的权利属于完成或者共同完成该发明创造的单位或者个人；申请被批准后，申请的单位或者个人为专利权人。由上述两条规定可以看出，我国专利权的主体既可以是单位，也可以是个人。

（二）职务发明的权利归属

由于专利权的主体既可以是单位，也可以是个人，因此法律必须对专利权归属于单位或个人的情形做出明确的规定。要完成一项具体的发明创造，需由自然人来进行，因此即便是专利权归属于单位的发明，实际上也是由具体的自然人来完成的。因此在通常情况下，专利权归属于自然人。由于专利权本身是对人的价值的一种肯定，并蕴含着巨大的经济利益，而在实践中有些发明是在本职工作中完成的，有的是利用本单位的物质技术条件完成的，在这种情况下专利权的归属易引起纠纷，为此，《专利法》及其实施细则对职务发明专利权的归属做出了较为详细的规定。但司法实践多种多样，法律不可能面面俱到，在处理具体问题中要进行全方面的考虑，把握法律规定的精髓，做出符合实际的判断。

三、专利权的客体

我国《专利法》将专利权分为三类：发明专利权、实用新型专利权、外观设计专利权。对这三种不同的专利权，法律规定了不同的授予条件、保护期及保护方式等。

1. 发明专利

《专利法》所称的发明是指对产品、方法或者其改进所提出的新的技术方案。[①] 从发明专利的定义可以看出，发明专利不仅仅限于产品，也可以是一种技术方案或方法，因此发明专利并不要求一定要具有某种表现形

① 郭庆存：《知识产权法》，303页，上海，上海人民出版社，2002。

式或载体，可以表现为一种产品或模型，也可以是一种载于电脑或传统纸质上的技术信息。因此，发明专利既可以是一种产品发明、方法发明，也可以是技术改进发明。

对于发明专利，专利法规定了三个条件：新颖性、创造性和实用性。新颖性，是指该发明或者实用新型不属于现有技术；也没有任何单位或者个人就同样的发明或者实用新型在申请日以前向国务院专利行政部门提出过申请，并记载在申请日以后公布的专利申请文件或者公告的专利文件中。创造性，是指与现有技术相比，该发明具有突出的实质性特点和显著的进步，该实用新型具有实质性特点和进步。实用性，是指该发明能够制造或者使用，能够产业化，并且能够产生积极效果。

一项发明专利具备上述三个条件就可申请发明专利。同时，《专利法》第 24 条对其中的新颖性又进行了细化规定：申请专利的发明创造在申请日以前六个月内，有下列情形之一的，不丧失新颖性：在中国政府主办或者承认的国际展览会上首次展出的；在规定的学术会议或者技术会议上首次发表的；他人未经申请人同意而泄露其内容的。《专利法》的本条规定不仅有利于专利的国际保护，鼓励我国专利参与国际竞争与交流，也打击了未经申请人同意而泄露专利内容的行为。

2. 实用新型

《专利法》所称的实用新型，是指对产品的形状、构造或者其结合所提出的适于实用的新的技术方案。① 与发明专利相比，实用新型专利必须是一种具体的产品，方法或其改进方案是不能获得实用新型专利的。对于实用新型，我国《专利法》对其授予条件的规定与发明专利相同，即具备新颖性、创造性和实用性。其中新颖性和实用性的要求与发明专利相同，而创造性要求要比发明专利低。实用新型所要求的创造性，是指与现有技术相比有实质性特点和进步，但不要求有突出的实质性特点和显著的进步。

3. 外观设计

《专利法》所称的外观设计是指对产品的形状、图案、色彩或者其结合所做出的富有美感并适于工业上应用的新设计。② 外观设计，可以是产品的形状、图案及色彩，也可以是上述几个元素的结合；一定是载于某种

① 郭庆存：《知识产权法》，307 页，上海，上海人民出版社，2002。

② 郭庆存：《知识产权法》，307 页，上海，上海人民出版社，2002。

载体之上的，或为传统纸质载体，或存储于计算机当中。

对于外观设计专利，《专利法》所规定的授予条件较为简单，第23条规定，授予专利权的外观设计，应当不属于现有设计；也没有任何单位或者个人就同样的外观设计在申请日以前向国务院专利行政部门提出过申请，并记载在申请日以后公告的专利文件中。授予专利权的外观设计与现有设计或者现有设计特征的组合相比，应当具有明显区别。授予专利权的外观设计不得与他人在申请日以前已经取得的合法权利相冲突。这条规定，实际上是对外观设计新颖性、创造性及实用性的要求，只是这些要求与发明专利、实用新型专利相比要低得多。

正是由于外观设计的特点及法律取得外观设计专利相对较为简单，使外观设计与其他知识产权之间存在冲突。主要是外观设计与著作权、商标权的保护之间存在交叉，尤其是外观设计中的二维平面设计，同《著作权法》保护的美术作品、《商标法》保护的图形商标，并无实质性差别。[①] 因此，在法律保护上，采用何种保护方式，可由权利人自行选择。

法律从正面规定了授予专利权的条件，但同时也规定不能取得专利权的情况。《专利法》第25条规定，对下列各项，不授予专利权：科学发现；智力活动的规则和方法；疾病的诊断和治疗方法；动物和植物品种；用原子核变换方法获得的物质。对平面印刷品的图案、色彩或者二者的结合作出的主要起标识作用的设计。

科学发现之所以不能获得专利权，是因为科学发现与发明有着重大的区别，发现的内容是本来已存在的事物，而发明的内容是本来不存在的事物。专利法保护的是科学发明，而对于发现，可以通过发现权来进行保护，发现人有署名权，并有权获得相关的奖励，这也是一种知识产权。单纯的智力活动的规则和方法不能申请专利，但与这种规则和方法相结合而形成的产品，如按照特定游戏规则而开发的游戏类产品，则可以作为产品申请专利。单纯的智力活动的规则和方法可以申请著作权等其他知识产权的保护。疾病的诊断和治疗方法不能获得专利权的保护，其原因在于这种诊断和治疗方法难以具体化，不易保护；如将这种方法转化成具体的产品，如药品或诊断治疗仪器等，就可以申请专利。动物和植物品种在我国不能申请专利，但植物新品种可以申请植物新品种权，这也是一种重要的知识产权。用原子核变换方法获得的物质不能申请专利，主要是出于对国

① 郭庆存：《知识产权法》，310页，上海，上海人民出版社，2002。

家安全的考虑，也遵从了国际惯例。而对平面印刷品的图案、色彩或者二者的结合作出的主要起标识作用的设计不予授予专利权，则是为了减少创新水平较低、申请数量却十分庞大，主要起标识作用的平面图案设计，避免外观设计专利权与商标权、著作权之间的交叉和冲突。

四、专利权的内容及限制

发明创造人之所以要申请专利权，是因为专利权不仅是对其劳动成果的一种肯定，更在于法律赋予了其专利权的内容。同时，法律对专利权也进行了一定的限制。

（一）专利权的内容

专利权是专利权人基于其发明创造申请并经审查批准后，在规定的期限内，依法所享有的独占权或专有权。① 简单地说，专利是一种独占权或专有权，具有明显的排他性。《专利法》第 11 条规定，发明和实用新型专利权被授予后，除《专利法》另有规定的以外，任何单位或者个人未经专利权人许可，都不得实施其专利，即不得为生产经营目的制造、使用、许诺销售、销售、进口其专利产品，或者使用其专利方法以及使用、许诺销售、销售、进口依照该专利方法直接获得的产品。外观设计专利权被授予后，任何单位或者个人未经专利权人许可，都不得实施其专利，即不得为生产经营目的制造、销售、许诺销售、进口其外观设计专利产品。同时《专利法》第 12 条规定，任何单位或者个人实施他人专利的，应当与专利权人订立实施许可合同，向专利权人支付专利使用费。被许可人无权允许合同规定以外的任何单位或者个人实施该专利。

1. 制造权

无论是发明专利还是实用新型、外观设计，均应具有实用性，这一实用性体现了巨大的经济利益。如将专利加以生产制造，将会为企业带来很高的经济效益，因此制造权是专利权各权能中非常重要的一项内容，是对专利权人的一种经济回馈。专利权人以外的任何人，未经专利权人的许可，为了生产经营的目的制造专利产品均构成侵犯专利权，这也是专利权具有排他性的重要体现。

2. 使用权

此处的使用权是指专利产品的使用权，如一项外观设计，未经专利权

---

① 郭庆存：《知识产权法》，313 页，上海，上海人民出版社，2002。

人许可，任何人不得将其用于自己的产品之上或用于其他方面。但对于使用权也有例外，主要是指以下两种情况：一是由专利权人制造或者经专利权人许可制造的专利产品售出后，使用该产品的。商品售出后，专利权人已从中得到了相应的回报，作为购买人也付出了相应的对价，因此购买人可以使用所购买的专利产品。否则，专利权就失去了它的价值。二是使用不知道是未经专利权人许可而制造并售出的专利产品的。在此种情况下，购买人并不知道其所购买的产品是在未经专利权人许可的情况下制造出售的，购买人是善意的，且已支付了相应的对价。法律是为维护市场的稳定而做出此规定的，否则我们在买每一种产品时都要追本溯源去查证此产品是否已经得到专利权人的许可，这无疑不利于市场的发展。当然，法律仍然会追究未经许可而制造专利产品之人。

3. 许诺销售权

2000 年《专利法》修订时增加了有关许诺销售的规定，进一步强化了专利保护的力度，使其保护水准和 *TRIPS* 协议一致。这也是加入 WTO 在我国知识产权保护方面的重要影响和体现。

所谓许诺销售权，是指专利权人有权禁止他人进行一些销售前的推销或促销行为。由于侵犯专利权的产品一旦出现在市场上，将对专利权人造成不可估量、无法挽回的损失，因此《专利法》将对专利权的保护前置，将侵权行为消除在萌芽状态。

4. 销售权

专利权人的销售权包括两部分的内容：一是自己销售；二是许可和禁止他人销售。销售权是专利权人实现其专利经济利益的重要一环，如在市场上有其他人未经其许可销售其专利产品，将严重影响其利益。但销售权也有例外，如专利权人制造或者经专利权人许可制造的专利产品售出后，销售该产品的行为，不属于侵犯专利权的行为。法律之所以作出如此规定，是因为专利权人已从销售或许可制造中获得了相应的报酬，实现了专利权的价值。这种情况在法律上属于专利权的穷竭，是法律对于专利权作出的限制。

在此需要注意的是，我国原《专利法》规定，销售不知道是未经专利权人许可而制造并售出的专利产品的，不属于侵权行为。但 2000 年修订后的《专利法》规定，这同样属于侵权行为，是否知道仅影响赔偿责任的承担，并不影响侵权行为的认定。这一规定加强了对专利权的保护。

5. 进口权

如前所述，专利权具有地域性，在我国申请的专利，其地域范围仅限于我国境内，如要得到国际认可，则要申请国际专利。因此制造商在国外制造同我国境内某一专利产品相同的产品时，其行为并不构成对专利权的侵权；但当这一产品进口到我国境内时，侵权行为在事实上就已经发生了。

6. 转让权

《专利法》第 10 条规定，专利申请权和专利权可以转让。转让专利申请权或者专利权的，当事人应当订立书面合同，并向国务院专利行政部门登记，由国务院专利行政部门予以公告。专利申请权或者专利权的转让自登记之日起生效。中国的单位或者个人向外国人、外国企业或者外国的其他组织转让专利申请权或者专利权的，应当依照有关法律、行政法规的规定办理手续。

7. 许可权

《专利法》第 12 条对专利的实施许可作出了规定，任何单位或者个人实施他人专利的，应当与专利权人订立实施许可合同，向专利权人支付专利使用费。被许可人无权允许合同规定以外的任何单位或者个人实施该专利。许可权是专利权人实现其专利经济利益的重要方式和手段，根据专利许可的范围和权限不同，专利的实施许可分为以下几种：(1)独占实施许可，是指被许可方在约定的时间和地域内对许可方的专利享有独占使用权，包括许可方在内的其他任何人都不得在上述范围内使用该专利，许可方也不得在上述范围内就该专利技术与第三方签订许可合同。(2)排他实施许可，又称为独家实施许可，是指被许可方在合同约定的条件和范围内享有对该专利技术独家使用权，许可方不得再许可第三方实施该专利权，但许可方保留在上述范围内实施其专利的权利。(3)普通实施许可，又称为一般实施许可、非独占许可，是指被许可人在约定的条件和范围内可以实施专利，专利权人不仅保留其本人实施该专利的权利，并且有权在相同的条件和范围内许可第三方实施该专利。

（二）专利权的限制

专利法赋予专利人以专利权，专利权具有排他性、独占性，这种特性排除了非专利人在未经专利权人同意的情况下使用专利权的权利，较好地保护了专利权人的利益。但是法律作为一种利益平衡机制，必须较好地平衡权利人与非权利人及其与社会之间的利益关系，在保护权利人利益的同时，促进社会的发展与进步。权利与义务是相对的，法律不可能无限制地保护权利，因此专利法也对专利权做出了限制性的规定。专利权人在行使专利权的同时，也要自觉接受法律的限制。

1. 不视为侵权的行为

《专利法》第69条规定，有下列情形之一的，不视为侵犯专利权：专利产品或者依照专利方法直接获得的产品，由专利权人或者经其许可的单位、个人售出后，使用、许诺销售、销售、进口该产品的；在专利申请日前已经制造相同产品、使用相同方法或者已经作好制造、使用的必要准备，并且仅在原有范围内继续制造、使用的；临时通过中国领陆、领水、领空的外国运输工具，依照其所属国同中国签订的协议或者共同参加的国际条约，或者依照互惠原则，因运输工具自身需要而在其装置和设备中使用有关专利的；专为科学研究和实验而使用有关专利的；为提供行政审批所需要的信息，制造、使用、进口专利药品或者专利医疗器械的，以及专门为其制造、进口专利药品或者专利医疗器械的。以下作进一步分析：

（1）权利用尽。

所谓权利用尽，是指专利权人对其行使专利权的结果被他人利用的行为，不能再主张专利法上的权利，即使这种利用属于商业性利用。[①] 根据我国《专利法》第69条第1项之规定，专利产品或者依照专利方法直接获得的产品，由专利权人或者经其许可的单位、个人售出后，使用、许诺销售、销售、进口该产品的不视为侵权。专利权人制造、进口或者经专利权人许可而制造、进口专利产品，本身就是其行使专利权的行为，且其专利的价值已在此过程中得到了体现，并获得了相应的报酬，因而这些产品是其行使专利权的结果。根据权利用尽的原则，基于上述行为结果而使用、许诺销售、销售、进口专利产品的行为不属于侵权行为。

在适应该原则时需注意以下问题：

第一，并非所有国家均适用该原则。这一原则是我国《专利法》的规定，在国际专利方面要注意国际公约及其他国家法律的规定。

第二，此原则仅限于使用、许诺销售、销售、进口专利产品，不能无限制地扩大到其他行为之上。

（2）在先使用权。

根据《专利法》第63条第2项的规定，在先使用权是指在专利申请

① 郭庆存：《知识产权法》，318页，上海，上海人民出版社，2002。

日前已经制造相同产品、使用相同方法或者已经作好制造、使用的必要准备的，有权在原有范围内继续制造、使用，而不承担侵权责任。这一规定的运用应注意以下几个问题：

第一，时间界限为专利申请日以前，而不能以其他日期为界。

第二，继续使用仅限于原有范围内；如果扩大使用范围，扩大使用的部分仍构成侵犯专利权。

第三，如果在先使用人能够证明在申请日以前其已经制造并公开销售与申请专利权相同的产品，则这种公开销售就使得申请人不能取得专利权。因为专利权保护的是具有新颖性、创造性的方法或产品，公开销售使其失去了新颖性和创造性。

（3）临时过境权。

根据《专利法》第63条第3项的规定，临时通过中国领陆、领水、领空的外国运输工具，依照其所属国同中国签订的协议或共同参加的国际条约，或者依照互惠原则，为运输工具自身需要而在其装置和设备中使用有关专利的，不视为侵权。对于临时过境者来说，这一权利即为临时过境权。这一权利是在地域范围上对专利权的限制，是国际间合作在专利方面的体现。但需要注意的是，临时过境权有着严格的限制，只能适用于通过我国国境的运输工具为自身需要而在其装置和设备中使用专利的情况，并不适用于该运输工具上所运载的货物。这也是专利权地域性的体现。

（4）专为科学研究和实验使用专利。

专为科学研究和实验而使用有关专利的，不视为侵犯专利权。

（5）为行政审批而制造、使用、进口专利药品或者专利医疗器械。

2009年我国第三次修正《专利法》时新增了这一条，为公众在专利保护期限届满后，及时获得价格较为低廉的仿制药品和医疗器械提供了可能。这项新规定，对于促进我国经济发展，解决公共健康问题，是很有意义的。

2. 专利实施的强制许可

为适应加入世界贸易组织的需要，我国于2000年对《专利法》在强制许可方面做出了较大的修改。新《专利法》在第六章以专章对专利实施的强制许可作出了规定。根据规定，强制许可分为三种：合理条件的强制许可、为公共利益的强制许可、从属专利的强制许可。

（1）合理条件的强制许可。

《专利法》第48条规定，有下列情形之一的，国务院专利行政部门根据具备实施条件的单位或者个人的申请，可以给予实施发明专利或者实用新型专利的强制许可：专利权人自专利权被授予之日起满三年，且自提出专利申请之日起满四年，无正当理由未实施或者未充分实施其专利的；专利权人行使专利权的行为被依法认定为垄断行为，为消除或者减少该行为对竞争产生的不利影响的。

要实施合理条件的强制许可必须满足以下条件：

第一，专利权人在一定时间内自己未实施或未充分实施其专利。这是申请合理条件的强制许可的条件之一。专利作为一项发明创造，是科技进步的体现，也是推动社会发展的重要力量，如果专利权人自己没有实施其专利，也不许可他人实施其专利，相当于将这一技术据为已有、束之高阁，这样既不利于这一专利技术的推广和应用，也不利于社会的进步，因此《专利法》对此种情形规定了强制许可制度。但是有一个时间界限，我国《专利法》规定为自专利权被授予之日起满三年，且自提出专利申请之日起满四年。

第二，专利权人行使专利权的行为被依法认定为垄断行为。2009 年修改的《专利法》新增加了该项条件作为强制许可的实施条件之一，这一条件是对专利权人利用专利技术垄断市场的行为作出的限制。通过对作为垄断行为基础的专利权进行强制许可使用，增加竞争的可能性，以达到保护专利权人的利益和维护社会公共利益之间的平衡。

第三，强制许可仅适用于发明专利和实用新型专利。外观设计不能进行强制许可。

第四，申请人未能在合理长的时间内、以合理的条件与专利权人达成许可实施合同。在此强调的是合理长的时间及合理的条件。如申请人仅经过较短的时间就申请强制许可，不利于保护专利权人的利益。合理的条件是指相应的许可实施费用，如果是因为申请人提出了不合理的实施费用而无法达成许可实施合同，则申请人不能申请强制许可。对此我国《专利法》第 54 条规定，依照本法第 48 条第 1 项、第 51 条，申请强制许可的单位或者个人应当提供证据，证明其以合理的条件请求专利权人许可其实施专利，但未能在合理的时间内获得许可。同样，强制许可不等于免费许可，申请人要向专利权人支付合理的许可使用费。

第四，申请人提出申请，请求国务院专利行政部门颁布强制许可证。

上述四个条件中，前三个条件属于实质性条件，第四个条件是程序性条件，缺一不可。这一规定既充分保护了专利权人的利益，又兼顾了科技的进步和社会的发展，有着重要的意义。

（2）为公共利益的强制许可。

专利权具有排他性、独占性，但专利权属于私权，属民事权利的范畴，法律在保护私权的同时不能以牺牲公共利益为代价，因此当私权与公共利益相冲突时，法律倾向于保护公共利益。我国《专利法》第49条规定，在国家出现紧急状态或者非常情况时，或者为了公共利益的目的，国务院专利行政部门可以给予实施发明专利或者实用新型专利的强制许可。第50条规定，为了公共健康目的，对取得专利权的药品，国务院专利行政部门可以给予制造并将其出口到符合中华人民共和国参加的有关国际条约规定的国家或者地区的强制许可。这一规定是对专利权的限制。国家为了公共利益使用专利权不视为侵权。

（3）从属专利的强制许可。

所谓从属专利，是指实施依赖于前一发明或实用新型专利的后一项发明或实用新型专利。我国《专利法》第51条规定，一项取得专利权的发明或者实用新型比之前已经取得专利权的发明或者实用新型具有显著经济意义的重大技术进步，其实施又有赖于前一发明或者实用新型的实施的，国务院专利行政部门根据后一专利权人的申请，可以给予实施前一发明或者实用新型的强制许可。法律为保护后一专利、促进技术进步作出了上述规定。从属专利的强制许可必须满足以下条件：

第一，从属专利比之前的发明或实用新型在技术上先进，而其实施又依赖于在先专利。

第二，从属专利的强制许可仅限于发明和实用新型，不适用于外观设计。

第三，从属专利的强制许可须根据专利权人的申请。同时《专利法》第50条第2款规定，在依照前款规定给予实施强制许可的情形下，国务院专利行政部门根据前一专利权人的申请，也可以给予实施后一发明或者实用新型的强制许可。

3. 专利实施的指定许可

《专利法》第14条规定，国有企业事业单位的发明专利，对国家利益或者公共利益具有重大意义的，国务院有关主管部门和省、自治区、直辖市人民政府报经国务院批准，可以决定在批准的范围内推广应用，允许指定的单位实施，由实施单位按照国家规定向专利权人支付使用费。这种规定即为指定许可。对于指定许可有着严格的条件和限制：

第一，适用对象仅限于国有企业事业单位的重要发明专利。

第二，组织实施的机构仅限于国务院有关主管部门和省、自治区、直辖市人民政府，而且必须报经国务院批准。

第三，指定许可仅限于国家政府部门指定的单位实施，且仅限于普通实施许可。

第四，指定许可的单位应当按国家规定向专利权人支付使用费。

五、专利权的取得

(一) 我国专利法的专利权取得原则

1. 书面申请原则

专利申请必须采用书面形式，而不能用口头形式或提供样品、模型的方法来代替或省略书面申请文件。申请人所要申请的专利内容必须完全体现在书面文件中，其他产品模型或样品只起到辅助作用。在专利审批程序中只有书面文件才具备法律效力，且这种书面文件必须是纸质的，磁带、软盘、U盘等均不能作为申请材料。

2. 单一性原则

单一性原则，是指一件专利申请内容应当限于一项发明、一项实用新型或者一种产品使用的一项外观设计，不允许将两项不同的发明或实用新型放在一份专利申请中，也不允许将一种产品的两项外观设计或两种以上产品的外观设计放在一项外观设计专利产品中提出。这一原则又称为“一申请一发明”的原则。

当今世界科技进步迅速，每年的专利申请以数百万计，为了能够管理好如此数量巨大的专利申请，各国均制订了各种专利分类方法，以便专利管理顺利进行。专利管理和检索方法要求一项申请只能就一项发明创造申请专利，如果将两项发明创造在同一申请文件中进行专利申请，就无法将此专利进行归类，也就无法在日后进行检索。

但在实践中，会出现将两项或多项发明创造分开申请造成不方便的特殊情况，对此法律允许申请人合并申请。我国《专利法》第31条规定，一件发明或者实用新型专利申请应当限于一项发明或者实用新型。属于一个总的发明构思的两项以上的发明或者实用新型，可以作为一件申请提出。一件外观设计专利申请应当限于一项外观设计。同一产品两项以上的相似外观设计，或者用于同一类别并且成套出售或者使用的产品的两项以上外观设计，可以作为一件申请提出。

3. 先申请原则

我国《专利法》第 9 条规定，同样的发明创造只能被授予一项专利权。这就引出了一个问题，如果两项发明创造同时申请专利如何处理？我国《专利法》第 9 条规定，两个以上的申请人分别就同样的发明创造申请专利的，专利权授予最先申请的人。此条规定确定了我国《专利法》的先申请原则。我国专利制度自实施以来便采用先申请原则。实施这一制度的关键在于判断申请时间的先后。目前在国际上判断时间先后的标准有两个，一个是以时刻为标准，一个是以日为标准，而我国是以后者为标准。以时刻为标准，一般不会出现两项发明创造同时申请专利的情况，但以日为标准，则会出现这种冲突。对此，我国《专利法》实施细则第 41 条第 1 款规定，两个以上的申请人同日（指申请日；有优先权的，指优先权日）分别就同样的发明创造申请专利的，应当在收到国务院专利行政部门的通知后自行协商确定申请人。由此可以看出，我国对此冲突采取的是协商解决原则。

采用先申请原则的优点在于简化了查证程序，容易确定专利归属，缺点是通过该专利申请程序所确定的专利权人可能并非真正的权利人。但正是因为这一缺点，也促使发明创造人在完成发明创造后尽快地申请专利，以促进社会和科学技术的进步。

4. 优先权原则

优先权原则是《保护工业产权巴黎公约》的基本原则之一。该公约规定，申请人在任一公约成员国首次提出正式专利申请后的一定期限内，又在其他公约成员国就同一内容的发明创造提出专利申请的，可将其首次申请日作为其后续申请的申请日。这种将后续申请的申请日提前至首次申请的申请日的权利便是优先权。在要求优先权时，首次申请日被称为优先权日，享有优先权的一定期限被称作优先权期。

我国作为《巴黎公约》的成员国，在《专利法》中也规定了优先权制度。我国《专利法》第 29 条规定，申请人自发明或者实用新型在外国第一次提出专利申请之日起 12 个月内，或者自外观设计在外国第一次提出专利申请之日起 6 个月内，又在中国就相同主题提出专利申请的，依照该国同中国签订的协议或者共同参加的国际条约，或者依照相互承认优先权的原则，可以享有优先权。申请人自发明或者实用新型在中国第一次提出专利申请之日起 12 个月内，又向国务院专利行政部门就相同主题提出专利申请的，可以享有优先权。

（二）专利取得的程序

一项发明创造要取得专利，必须同时具备实质性条件和程序性条件。所谓实质性条件，就是本章前面所提到的发明、实用新型和外观设计应该具备的新颖性、实用性和创造性条件，当然，这三种专利的上述三个条件是有所差别的。一项发明创造仅满足上述三个条件是不能取得专利权的，同时还必须履行一定的程序，这一点也是专利权与著作权的重大区别之一。著作权不必经过任何申请便可取得，而专利权的取得必须经过严格的程序。

在我国要获得一项发明专利权需经过以下步骤：申请、初审、公布、实质审查及授权五个阶段，而获得一项实用新型和外观设计专利不必进行早期公布和实质性审查，所以只有申请、初审和授权三个阶段。

1. 申请

我国《专利法》在第三章“专利的申请”中对获得专利所必须履行的程序作出了明确规定。该程序的启动始于发明创造人的申请。我国专利申请的原则之一为书面申请原则，《专利法》第 26、27 条对此作出了规定，申请发明或者实用新型专利的，应当提交请求书、说明书及其摘要和权利要求书等文件，其中，请求书应当写明发明或者实用新型的名称，发明人的姓名，申请人姓名或者名称、地址，以及其他事项。说明书应当对发明或者实用新型作出清楚、完整的说明，以所属技术领域的技术人员能够实现为准；必要的时候，应当有附图。摘要应当简要说明发明或者实用新型的技术要点。权利要求书应当以说明书为依据，清楚、简要地限定要求专利保护的范围。依赖遗传资源完成的发明创造，申请人应当在专利申请文件中说明该遗传资源的直接来源和原始来源；申请人无法说明原始来源的，应当陈述理由。申请外观设计专利的，应当提交请求书、该外观设计的图片或者照片以及对该外观设计的简要说明等文件。申请人提交的有关图片或者照片应当清楚地显示要求专利保护的产品的外观设计。

专利权申请人需向国务院专利行政部门提出专利申请，国务院专利行政部门则以收到专利申请文件之日为申请日。如果申请文件是邮寄的，以寄出的邮戳日为申请日。如专利权申请人要求优先权的，应当在申请的时候提出书面声明，并且在三个月内提交第一次提出的专利申请文件的副本；如果没有提出书面声明或者逾期没有提交专利申请文件副本的，则视为未要求优先权。

发明创造人是否申请专利或许可他人申请专利是其享有的一项民事权

利，因此其可以申请专利，也可以在被授予专利权之前随时撤回其专利申请。同时，专利权申请人可以对其专利申请文件进行修改，但是我国《专利法》规定，对发明和实用新型专利申请文件的修改不得超出原说明书和权利要求书记载的范围，对外观设计专利申请文件的修改则不得超出原图片或者照片表示的范围。

2. 初步审查

一项发明创造能否获得专利权，关键在于专利主管机关按照法定程序审查的结果。世界各国无一例外均对专利实行审查制度，差别只在于各国采用的审查方式，有的国家采用形式审查制度，也称为登记制，是指专利主管部门只对专利申请的法定形式要求进行审查，如申请文件是否齐备、所提交的文件是否符合格式要求等，只要专利申请符合上述要求即授予专利权。由于这一审查制度存在严重的弊端，因此现在采用这一审查方式的国家很少，目前只有摩纳哥、卢森堡、冰岛及非洲（法语国家）知识产权组织成员国等。与形式审查制度相对应的是实质审查制度，又称完全审查制，即不仅对专利申请进行形式审查，而且要进行实质内容上的审查。现在大多数国家采用这一制度。

我国采用的是形式审查与实质审查相结合的制度。专利权申请人提出专利申请，并被专利主管部门受理后，专利主管部门将对该申请案进行审查，即形式审查，其内容包括申请案是否满足《专利法》有关形式方面的要求，如专利申请文件的撰写是否合格、文件种类是否齐全、文件份数是否足够等，此外还审查申请案是否明显违反法律、社会公德，是否属于《专利法》保护的范围等。如该申请案不能满足上述要求，专利局即要求申请人予以补正，补正后仍不符合要求的，该申请将被驳回。

3. 公布

经专利主管部门初步审查符合专利申请的形式要求的，该申请案将在申请之日起18个月后被公布，国务院专利行政部门可以根据申请人的请求早日公布其申请。该申请被公布后便会产生一定的法律效果：第一，公布申请意味着该发明已成为公开发表的技术，该申请人依法获得了优先申请并取得专利的权利；第二，申请公布后，该发明便获得了一定程度上的临时保护。根据我国《专利法》的规定，发明专利申请公布后，申请人可以要求实施其发明的单位或个人支付适当的费用，这也是大多数国家的做法。但这和取得专利权后要求赔偿的权利是不同的，这只是防止他人在申请公布后任意实施其发明的一种补救方法，在此期间申请人并不具有请求权或起诉权，因为此时其并未取得专利权，不能据此将他人的行为界定为侵权。这也是《专利法》在权利保护上的难点之一。

4. 实质审查及授权

我国对专利审查采取形式审查与实质审查相结合的制度。发明专利的获得需要经过实质审查，而实用新型、外观设计专利的取得无需经过实质审查，这也是发明专利与实用新型、外观设计专利的重要区别所在。发明专利申请自申请日起三年内，申请人需提出进行实质审查的申请；国务院专利行政部门根据申请人提出的请求，对其申请进行实质审查；申请人无正当理由逾期不请求实质审查的，该申请即被视为撤回。国务院专利行政部门认为必要时，可以自行对发明专利申请进行实质审查。发明专利的申请人请求实质审查的时候，应当提交与其发明有关的参考资料。发明专利已经在外国提出过申请的，国务院专利行政部门可以要求申请人在指定期限内提交该国为审查其申请进行检索的资料或者审查结果的资料；无正当理由逾期不提交的，该申请也被视为撤回。

六、专利权的期限、终止和无效

（一）专利权的期限

专利权的期限，是专利主管部门授予专利权至法律不再提供专利保护的期间。在这一期间内，专利权人可以充分行使自己的专利权，可以制造、销售自己的专利产品，也可以许可他人使用专利技术并获得使用费。设立专利权期限的目的在于通过这种制度促进发明创造和技术的进步，同时也要平衡个人利益与社会公共利益。专利权不能长期由个人垄断。

由于发明、实用新型与外观设计取得专利所要达到的新颖性、创造性和实用性要求与程度不同，在获得专利权的程序上，发明专利也比实用新型与外观设计严格得多，因此法律对此三类专利的保护期限也有较大的区别。我国《专利法》第42条规定：发明专利权的期限为20年，实用新型专利权和外观设计专利权的期限为10年，均自申请日起计算。专利权人需在专利权期间缴纳年费以维护其专利权，缴纳年费的起始期间为被授予专利权的当年。

（二）专利权的终止

专利权的终止，是指法律不再为专利权提供保护，其保护期结束。专利权的终止可以分为正常终止与非正常终止。所谓专利权的正常终止是指专利权保护期届满，法律不再提供保护。非正常终止是指专利权在期限届满前终止，主要是两种情形：一是没有按照规定缴纳年费的；二是专利权人以书面声明放弃其专利权的。专利权在期限届满前终止的，由国务院专利行政部门登记和公告。

（三）专利权无效

专利权无效，是指被授予的专利权因不符合《专利法》的有关规定，而由有关单位或个人请求专利复审委员会通过行政审理程序宣告无效。[①] 对于专利无效问题，世界各国有两种立法方式，一种是不设置专门的宣告专利无效的程序及机构，而是在专利侵权诉讼中由被告提出，由法院判决；另一种是设置专门的宣告专利无效的程序及机构，如我国《专利法》第45条规定，自国务院专利行政部门公告授予专利权之日起，任何单位或者个人认为该专利权的授予不符合本法有关规定的，可以请求专利复审委员会宣告该专利权无效。

专利复审委员会对宣告专利权无效的请求应当及时审查和作出决定，并通知请求人和专利权人。宣告专利权无效的决定，由国务院专利行政部门登记和公告。根据我国《专利法》实施细则的规定，国务院专利行政部门判断专利无效的依据和理由有以下几条：取得专利权的发明、实用新型不符合专利法“三性”，即新颖性、创造性和实用性的要求；授予专利权的外观设计，应当同申请日以前在国内外出版物上公开发表过或者国内公开使用过的外观设计不相同和不相近似，并不得与他人在先取得的合法权利相冲突；申请发明、实用新型的说明书不符合《专利法》第26条第3款的规定，权利要求书不符合第4款的规定；对发明和实用新型专利申请文件的修改超出了原说明书和权利要求书记载的范围，对外观设计专利申请文件的修改超出了原图片或者照片表示的范围；属于重复授权的；权利要求书应当说明发明或者实用新型的技术特征，清楚、简要地表述请求保护的范围；《专利法》第25条规定的不能授予专利权的情形；违反国家法律、社会公德或者妨害公共利益的发明创造；不符合先申请原则。

专利复审委员会做出专利无效或维持专利权的决定后，对宣告专利权无效或者维持专利权的决定不服的，可以自收到通知之日起3个月内向人民法院起诉。人民法院应当通知无效宣告请求程序的对方当事人作为第三人参加诉讼。

---

① 冯晓青、杨利华：《知识产权法学》，318页，北京，中国大百科全书出版社，2008。

第二节　文化产业与专利权的关系

当前，文化产业已显示出其巨大的发展力量，但文化产业的发展必须依赖法律提供更为全面的保障，才能形成当今知识经济中一股强劲的经济力量。

举例来说，谷歌以125亿美元收购摩托罗拉于2012年2月14日获欧盟和美国批准。这笔交易将成为谷歌有史以来最大的一笔收购，而该公司将凭借摩托罗拉移动的1.7万项专利和7500项正在申请的专利，打造一面坚实的专利盾牌，对抗微软和苹果的攻击。[①] 谷歌用于收购的125亿美元中至少有一半是用来购买摩托罗拉所拥有的1.7万项专利，平均每项专利价值达40万美元。即便如此，该价格也远低于此前苹果和微软联合财团以45亿美元收购北电网络的6500项专利，平均每项75万美元。《纽约时报》援引专利专家的话指出，75万美元的价格是过去数年中科技专利平均交易价格的4倍。专利咨询公司General Patent首席执行官亚历山大·波尔托拉克称，过去几乎没人注意到专利，但现在专利就像新货币一样冒了出来，“我最近接到了数个金融分析师和银行家的电话，他们想知道如何评估专利价值，专利意味着什么”。普华永道发布的数据显示，2011年第二季度美国科技行业的并购案例同比呈上升趋势。报告称，第二季度并购案例总价值260亿美元，同比增长6.7%，82笔并购中有32%来自互联网行业。事实上，收购已经从收购一家公司的业务，拓展至某个特定人才，甚至是某些专利技术。从某个角度来讲，专利确实就像新货币。[②]

科学技术的每一次重大进步，都会给文化的传播方式、表现形式、发展样式带来革命性的变化。近年来，数字技术、网络技术迅猛发展，为思想文化传播提供了新的载体，催生了新的文化业态。科技的发展，也以独特的方式增强着文化的表现力、吸引力和感染力。我们国家要实现文化自强，必须增强科技意识。要适应当代科技发展的新趋势，加快高新技术在文化领域的运用，推动文化与科技的融合，加快构建覆盖广泛、技术先进的文化传播体系，不断为文化注入新的内容、构建新的平台、创造新的形

---

① 《谷歌收购摩托罗拉今获批　1.7万项专利收入囊中》，http://news.sohu.com/20120214/n334707463.shtml。

② 摘编自是冬冬：《在专利收购战中进化的硅谷生态链》，《东方早报》2011年8月19日。

式，努力用先进技术建设和传播先进文化。

文化产业依赖于新技术的不断运用，文化产业的发展需要专利法的保护；同时，文化产业也对专利法的发展提出挑战。

一、重视专利法保护，为文化产业发展保驾护航

专利虽不能像版权那样对多个文化产业领域提供保障，但可以肯定，部分文化产业的发展是离不开专利的保护的。

文化产业不是对传统文化的简单复制，而是依靠人的灵感和智慧，以创意理念为核心形成的具有经济价值的产业形态。尤其是在以科技为动力的当今社会，文化产业的形成、发展和推广必须要借助信息技术、传播技术等高科技手段，这也正是文化产业的特点和优势所在。例如，在全球创造5亿美元票房价值的好莱坞大片《阿凡达》，利用特效计算机，构建IMAX3D（巨幕立体电影）虚拟影像撷取摄影系统，以我国张家界等地的自然景观为素材进行高科技的点绘处理，创造出具有立体实感的在场氛围，产生强烈的视觉冲击力和听觉震撼力，《阿凡达》也因此而成为一部具有里程碑意义的科幻巨制。

科学技术的创新正成为推动文化产业发展的主要动力之一，文化产品中的科技含量也越来越高。如果企业能在本领域的科技创新中取得领先成果，并通过申请专利权的方式把这一科技优势巩固下来，在文化产业的市场竞争中，将会拥有其他竞争者难以企及的市场地位。

华强集团是中国文化产业的一张王牌，其依靠的正是“文化＋科技”的力量。截至2010年，华强集团已拥有国内外专利129项，在特种电影、游乐设备和控制系统等领域均有不少国际领先的专利技术。利用这些专利，华强集团开发了球幕电影、环幕立体电影、环幕4D电影、运动立体电影、水幕电影等多种电影系统，以及与之配套的《恐龙危机》、《海螺湾》、《星际航班》、《魔法城堡》等多部电影，已销往40多个国家和地区。华强集团专门成立了为文化创意提供科技支持的文化科技产业研究院，针对创意设计进行相应的技术开发，同时跟踪国际上相关专业技术发展的前沿，进行相关研究。拥有核心自主知识产权的华强集团，无需像竞争对手迪士尼那样向专利权人缴纳大量的使用费用。华强的发展模式让我们看到了专利对于文化产业发展的巨大作用。企业将其所拥有的核心科技成果转化为专利，通过专利权的独占性排除其他竞争对手，以科技成果为基础形成自己的产品特色，也可以通过授权获取丰厚的专利权使用费，从而增强

市场竞争力，使企业立于不败之地。

一项专利权不仅可以保护一个企业的发展，排除其发展道路上的荆棘，甚至可以救活一个企业。而没有专利的保护，我们将面临无法推动一个产业发展的危险境地。以中医药为例：随着人类对疾病认识的不断深入以及健康理念的更新，讲求“天人相应”、“整体平衡”的中医药在21世纪面临着极好的发展机遇。据报道，目前全世界每年的中药贸易额已达到400多亿美元，而且以每年一成的速度增长，中医药所带来的产业利润由此可见一斑。但是，作为中药发祥地的我国，每年中药出口仅占上述贸易额的5%，而日本、韩国两国的出口量却占国际中药市场份额的70%以上。[①] 其原因就在于我们没有重视专利的开发与管理，只申请了国内专利，没有继续进行国际申请，结果让其他国家抢先完成了国际注册，从而限制了我国的中药出口。不仅中医药需要专利的保护，祖先所留给我们的众多历史文化遗产，如造型工艺、蜡染工艺，又如川剧中的变脸、甘肃庆阳的香包、环县的皮影、陕西的剪纸、无锡特色食品的包装等等，均需专利的保护。

我国幅员辽阔，民族众多，形成了各地独具特色的文化，也出现了富有民族特色的文化产业。这些文化产业离不开专利的保护，而专利所保护的，多是民族文化遗产，这也使得它的作用更为重要、更为特殊。在其他文化产业中，如知识产权保护不力，损失的可能只是一个企业，而对文化遗产保护不力，损失的是我们的民族文化，是难以用经济利益来衡量的，而且一旦损失将难以弥补。

二、外观设计专利保护文化产业附加值

以动漫产业为例，周期长、收效慢，而一旦成功，其衍生产品价值高、成本低，盗版最为猖獗，须重点加强保护。外观设计专利权被授予后，任何单位或者个人未经权利人许可，都不得以生产经营为目的制造、销售、进口其外观设计专利产品。

广东奥飞动漫文化股份有限公司起诉被告刘秀英侵犯其外观设计专利权一案，就是一起典型的外观设计专利侵权案。[②] 原告是中国目前最具实

① 常城：《知识产权资产的开发与管理是促进经济增长的重要战略》，《中国科技产业》，2004（4），50页。

② （2010）青民三初字第301号，http：//www.qdmc.gov.cn/admin/cpws/html/20111714365913.htm。

力的动漫文化产业集团公司之一，《铠甲勇士》系原告投资逾 2500 万元拍摄的 52 集真人版特摄剧，自 2008 年初起在 200 家电视台的少儿频道黄金时段热播。原告将铠甲勇士系列玩具向国家知识产权局申请外观设计专利，获得授权后即实施上述专利，并投放市场，凭借《铠甲勇士》及后续电影版的知名度，产品供不应求，取得了较好的市场经济效益。而被告销售的玩具与原告的外观设计专利相同，涵盖了原告专利的全部特征，侵犯了原告的专利权，对原告的专利产品造成严重冲击，违背公平的市场竞争规则，给原告造成严重的经济损失。最终青岛市人民法院依法判决，保护了奥飞动漫文化股份有限公司的合法权益。

类似的侵权行为非常多，例如各类玩具、文具、童装，那些喜羊羊、灰太狼、机器猫等图案造型绝大多数都没有经过专利所有权者的合法授权。全方位地完善和建立动漫产业知识产权的保护和管理体制，成为关系到中国动漫产业生存和发展的至关重要的问题。

再如工艺品设计，国家知识产权局批准的中国首个陶瓷知识产权信息中心已落户景德镇，该中心专门负责对陶瓷专利文献信息的收集、整理、加工与传播以及对国内外陶瓷方面的专利进行调查、分析、研究等公益性服务。截至 2009 年 12 月，国家知识产权局公告的景德镇陶瓷产品外观设计专利申请共 342 项，其中，1985～2001 年前 17 年共申请专利 91 项，2002～2009 年的 8 年共有专利申请(还不包括近几年申请尚未公告的专利) 251 项，为前 17 年的 2.76 倍。这说明随着国家对知识产权的日益重视和景德镇陶瓷行业专利意识的提高，外观设计专利申请数量出现了可喜的增长。①

三、文化产业的发展对专利法提出了新的挑战

我国《专利法》将专利分为发明、实用新型和外观设计三种，并针对不同的专利规定了不同的申请条件及保护期限。但无论何种专利，均要求具有新颖性，否则就失去了法律保护的意义；无论何种专利，其保护均是有期限的，法律不能保护永久性垄断。《专利法》的这些规定对促进技术革新和进步，提高全社会的技术水平有着非常重要的意义。

但用专利对文化产业进行保护，也遇到了很多难题，这是文化产业的

① 罗晓宁：《景德镇陶瓷产品外观设计专利信息分析》，《中国陶瓷》，2010 (7)，51 页。

发展给《专利法》提出的挑战。

1. 注重保护新颖性、创造性的《专利法》无法实现对传统文化产业的保护

前已述及，众多文化遗产需要专利的保护，但是这些历史文化遗产已存在、流传了几千年，从新颖性、创造性的角度看，根本不符合申请专利的要求，要想得到《专利法》的保护，必须在原有基础上进行改进，使之符合法律的要求。但是这种改进谈何容易，经过几代人的研究、几千年的实践流传下来的历史文化遗产又怎么可能在几年甚至更短的时间完成改进？现实的需要与现行法律的无能为力这一矛盾已严峻地摆到了我们面前。如川剧中的变脸、景德镇陶瓷、环县皮影等如果不能在短时间内实现保护，这些老祖宗留给我们的宝贵遗产要么失传，要么出现各地竞相模仿、互相争夺的局面。无论出现哪种后果，都是我们不愿看到的。

2. 保护期限难以适应历史文化遗产的需要

我国《专利法》对发明专利的保护期限为 20 年，20 年后该技术将进入公有领域，这也是法律为了促进全社会技术进步而做的规定。然而，历史文化遗产经过了千百年的传承，我们即使按照专利的保护期限对其保护 20 年又有什么意义呢？20 年之后即进入公有领域，历史文化遗产要么将不复存在，要么将不再具有民族或地方特色。20 年与千百年相比，实在是微不足道。如何完善现行法律的保护期限是文化产业给《专利法》提出的第二个挑战。

3. 与国际接轨，实现文化产业的国际保护

我国是一个有着悠久历史的国家，因此也形成了众多具有中华民族特色的历史文化遗产。但近几十年来，我们正在逐渐失去老祖宗留给我们的财富。如中医药，本来属于我国的优势，在国际上却被日本、韩国等国家进行了专利注册，最终导致了我们使用本应属于中国的中药配方还要向其他国家的专利权人支付使用费。

第四章　文化产业与商标权保护

创文化品牌已成为文化产业的重要战略思想之一。在文化品牌的创立与维护过程中，商标权的法律保护是与之直接关联的一个知识产权保护问题。商标是知识产权的重要组成部分。商标使得相同或类似文化产品及服务彼此区别，对维护正常的市场交易，促进文化产品质量的提高起着积极的作用。做好商标权保护，能更好地促进文化企业在市场中的合法竞争，确立并保护企业树立的品牌形象。本章从商标及商标权保护的基础法理知识入手，联系文化产业的实际发展情况，分析商标权保护与文化产业的关系，从而说明和反映文化产业发展过程中对商标权进行保护的必要性与重要性。

第一节　商标权概述

商标权保护是《商标法》的核心内容，商标的申请、注册及商标权的取得、利用以及保护都是围绕着商标权进行的。所谓商标权，是指商标所有人依法对其注册商标所享有的专有权。我国《商标法》第 3 条规定，经商标局核准注册的商标为注册商标，商标注册人享有商标专用权，受法律保护。在文化产业领域，商标权的取得、使用、保护及灭失等问题均适用商标权保护的一般法律原理及规则。

一、商标的概念、特征和种类

（一）商标的概念

商标的英文为 trademark 或 brand，人们俗称其为“牌子”。其含义有以下几种表述：

商标是商品生产者或经营者在其生产、制造、加工、拣选、经销的商品上所加的特殊标志，以便使自己的商品和他人同类的商品相区别。[①]

商标是一种显著的标记，它可以用来或准备用来识别市场上某些商品和服务。[②]

商标是由任何一种能将一个企业的商品或服务区别于其他企业的商品或服务，并可以用书面形式表示的符号，特别是文字（包括人名）、图形、字母、数字、商品或其包装的外形，所组成的标记。[③]

商标是指任何能够将一个企业的商品或服务区别于另一个企业的商品或服务的符号或符号的组合。[④]

根据《商标法》第8条的规定，任何能够将自然人、法人或者其他组织的商品与他人的商品区别开的可视性标志，包括文字、图形、字母、数字、三维标志和颜色组合，以及上述要素的组合，均可以作为商标申请注册。

综上，只有当某一文化商品或服务具有显著的标志，使其与其他相同或类似的商品或服务相区别时，这种标志才有可能成为受法律保护的该文化商品的商标。

（二）商标的特征

商标的特征主要有以下几个方面，作为文化商品的商标也具有以下特征：

第一，商标的所有者和使用者是商品的生产者、经营者或服务的提供者。

第二，商标有用于商品或依附于商品或服务的从属性，它与其所标志的商品或服务有紧密的联系。

第三，商标的构成要素应具有显著特征，便于识别。所谓“有显著特征”，是指商标的构成要素，无论是文字、图形，还是二者组合，要有鲜明的特色、独特的风格。其目的在于有效地区分商品市场上相同或者类似的商品。

用在文化商品或服务上的标记并不一定都是商标，只有用以表明此商品或服务区别于他人同类商品或服务的标记才是商标。

---

① 《中国大百科全书法学》，502页，北京，中国大百科全书出版社，1998。

② 在商标保护法律协调专家委员会第一次会议上，世界知识产权组织国际局起草的《商标保护法律协调条约》（草案）第3条对商标的定义。

③ 《欧共体商标条例》第4条。

④ *TRIPS* 第15条第1款。

此外，应注意商标与其他标记的区别：

商标与商品名称不同。商品名称是指用以区别其他商品而使用的称号，可分为通用名称和特有名称。前者如牙膏，是对同一类商品的通称，后者如“两面针药物牙膏”，是表明某种特定商品的产地、性能等的名称。商标与商品名称不同之处在于：其一，商标受保护的前提应是有显著特征、便于识别的文字、图形或其组合。“牙膏”牌牙膏不能作为商标申请注册，但特有名称如果符合商标法规定条件的，可以作为商标申请注册。其二，商标一经注册，即受到《商标法》保护。针对商品名称，只有知名商品的名称才能取得《反不正当竞争法》的保护。

商标与商号不同。商号是指用于识别一定地域内和一定行业中不同经营者的称谓，又被称为厂商名称、企业名称。企业的商号与商标有可能一致，如海尔集团就以“海尔”作为企业的名称和商标。两者区别在于：一是功能不同，商标用来区别商品的来源，商号是一个企业的标记；二是保护的方式不同，商标有《商标法》保护，而商号则依照《企业名称登记管理规定》加以规范；三是法律效力范围不同，商标注册后，取得商标专用权，在全国范围内有效，而商号专用权仅在一国的某一地域范围内有效。

在商标的使用与识别过程中还应注意商标与地理标志、商品表面装潢、商务标语等的区别。

（三）商标的种类

按照不同的分类标准，可对商标进行不同的分类。以下简要介绍几种常见的分类。

一是按商标结构和外观状态来划分。商标可分为文字商标、图形商标、组合商标、立体商标、听觉商标和味觉商标、颜色商标等。我国《商标法》规定了视觉商标，包括文字、图形、组合商标、立体商标和颜色商标。

文字、图形、组合商标为常见商标，文字商标是指商标的构成要素为纯文字，不含其他图形成分的商标。除商品通用名称和法律明文规定不得使用的文字外，申请人可以自由选择文字作为商标。汉字、少数民族文字、数字和外国文字不限。图形商标是指由纯图形构成的商标。组合商标指由文字、图形组合而成的商标，这种商标在实际中应用广泛。

立体商标指以商品的外形或包装作为商标。如可口可乐的瓶形，在美国注册了立体商标。目前我国《商标法》也有对立体商标的注册和保护。颜色商标是指由两种以上颜色组成的商标。我国规定，两种以上颜色的组合才能申请注册颜色商标。

听觉商标和味觉商标指通过听觉和嗅觉才能感知的商标。虽然这两种商标能形象生动地宣传产品，但从国际范围看，对其进行注册保护的国家很少。

二是按商标的使用对象来划分。商标可分为商品商标和服务商标。商品商标是指在有形商品上使用的商标，而服务商标是指服务项目的提供者在自己的服务上使用的，用于区别同类服务的标志，例如在文化产业领域，用于广告、教育与娱乐等服务上的商标。我国《商标法》对这两类商标都予以保护。

三是按商标的使用者来划分。商标可以分为制造商标、销售商标和集体商标。制造商标是在生产者制造的商品上使用的，销售商标是商品的销售者使用的一种标志，集体商标是以团体、协会或者其他组织名义注册，供该组织成员在商事活动中使用，以表明使用者在该组织中成员资格的标志。

四是按商标的知名度来划分。商标可分为普通商标和驰名商标。普通商标，即一般商标；驰名商标是在消费者中享有崇高信誉、知名度很高的商标。国际、国内法对驰名商标都有一些特殊的规定。[①]

五是按商标是否注册来划分。商标可分为注册商标和非注册商标。只有经过商标注册管理机关依法核准注册的商标，在使用过程中才能得到《商标法》的有力保护。

比较特殊的还有证明商标，在《商标法》第 3 条中有所涉及。《商标法》所称证明商标，是指由对某种商品或者服务具有监督能力的组织所控制，而由该组织以外的单位或者个人用于其商品或者服务，以证明该商品或者服务的原产地、原料、制造方法、质量或者其他特定品质的标志。这类商标不同于普通商标，其注册和使用并不是为了区分商品或服务的来源，而是为了证明该商品或者服务具有某种特定品质。因此，证明商标的注册人和使用人应是相分离的，控制某证明商标的组织自身并不提供以该商标标识的商品或服务，而只核准符合条件的他人使用该注册商标，以增加证明商标的透明度与公正度。

另外，根据《商标法》的规定，地理标志也可以作为商标注册，地理标志可标示某商品来源于某地区，该商品的特定质量、信誉或者其他特

① 关于驰名商标问题在本节“商标权的法律保护”中有进一步阐述。

征，是主要由该地区的自然因素或者人文因素所决定的标志。商品并非来源于该标志所标示的地区，误导公众的，不予注册并禁止使用该地理标志；但是，已经善意取得注册的可继续有效。在文化产业中，“七彩云南”、“夫子庙灯会”等旅游品牌就是很好的以地理标志作为商标的例子。

二、商标权的概念、内容和特征

（一）商标权的概念和内容

商标权又称商标专用权，是指商标所有人在法律规定的有效期限内，对其经商标主管机关核准注册的商标所享有的独占地、排他地使用和处分的权利。商标权是《商标法》调整的对象。

我国《商标法》第3条规定，经商标局核准注册的商标为注册商标，商标注册人享有商标专用权，受法律保护。我国《民法通则》亦有依法取得的商标专用权受法律保护的规定。

需要注意的是，未注册商标与注册商标的法律地位不同。未注册商标是指没有经过国家商标局核准注册而自行使用的商标。未注册商标在我国是被允许使用的，但法律对未注册商标的保护是有限的，未注册商标在被许可、转让的过程中也易引发纠纷。在实际生活中，一方面未注册商标使用人一般不得对抗其他人对该未注册商标的使用，不能按照《商标法》请求诉讼保护；另一方面，如果未注册商标使用人不申请注册，他人就有可能抢先申请注册并取得商标的专用权。因此，商标使用人应注意实施商标策略，对于质量稳定并具有一定生产规模的商品，应及时申请商标注册，树立自己的品牌，以便和他人的同类商品相区别。如果是小批量的商品，可以采用未注册商标。

（二）商标的立法保护

对商标权的保护主要通过保护商标权利的国际条约的订立，国内法律、法规的制订与遵守。

1. 主要商标立法

国内对商标权的保护立法最基本的是《中华人民共和国商标法》及其实施条例，此外还有《商标评审规则》、《集体商标、证明商标注册和管理办法》、《注册商标专用权质权登记程序规定》及相关司法解释等。另外，《宪法》、《民法》、《刑法》等相关法律中关于商标及相关权利的规定在处理有关商标权的案件中也是重要的法律依据。

由于我国的特殊国情，我国港、澳、台地区各自有独立于内地的商标法律制度。如香港于 1873 年即已建立商标注册制度，现行的商标法规是 2003 年新修订的《商标条例》；澳门在 1999 年颁布《澳门工业产权法律制度》，从而在澳门建立了系统的包括专利和商标的工业产权制度。[①]

2. 现行商标管理制度

我国目前实际上施行的是注册商标与非注册商标并行的商标制度，法律规定注册商标享有专用权，受相关法律保护。这有利于企业根据经营需要自主选择采用哪种商标，对于拟打造品牌的商标可以申请注册，对于短期使用的商标也可以选择不注册。

根据《商标法》规定，工商行政管理机关对商标实行集中注册、分级管理的制度。国家工商行政管理总局下属商标局集中接受全国的商标注册，同时负责全国性的商标管理工作，主要工作事项有：商标注册、变更、补正、注销、撤销、转让登记，许可合同备案等；商标异议裁定；查处商标侵权行为；认定和保护驰名商标；负责商标国际注册等。国家工商行政管理总局下设商标评审委员会，主要职责是处理商标争议事宜。各省、直辖市、县级地方工商行政管理局分级管理各自辖区内的商标管理工作，主要负责管理本辖区内商标日常使用情况，同时监督商品质量。

除工商局系统负责商标管理工作外，各级海关部门负责商标的边境保护，各级法院也通过审理商标相关案件行使其商标司法权。

3. 商标权的国际保护

专利权与商标权是工业产权的主要组成部分，由于不同国家对工业产权的立法规范及机关的不同，若没有国际公约，则在不同国家取得工业产权保护相当困难。1878 年国际知识产权会议在巴黎召开，1883 年各国最终通过并在《保护工业产权巴黎公约》（简称《巴黎公约》）上签字。《巴黎公约》是国际上保护商标权的重要公约之一，奠定了保护商标权的国际法律基础。该公约内容亦被写入 *TRIPS*。世界知识产权组织也对商标的国际保护有立法，1994 年通过了《商标法律条约》。在商标国际注册方面还有《商标国际注册马德里协定》等，对商标在不同国家的注册进行协调与规范。

现对《巴黎公约》有关商标权利国际保护的相关规定简介如下：

---

① 蒋慧、柳福东：《中国内地、香港和澳门商标制度比较研究》，《社会科学家》2005 (5)，96—97 页。

一是国民待遇原则，即《巴黎公约》的成员国在工业产权保护方面把给予本国国民的待遇同等地给予其他成员国的国民。

二是优先权原则，即某申请人在某一成员国就专利、实用新型、商标保护提出申请之后，在特定的时间内（6或12个月）再向其他成员国提出申请，在后提出的申请被视为与第一份（或在先的）申请在同一天提出申请。

除以上两项核心原则的规定外，公约还就商标使用的相关问题做了规定，如注册商标的强制使用、不同企业共同使用同一商标、注册商标的宽展期问题、驰名商标、集体商标、国际展览会上展出的商标等问题。[①]

我国于1985年加入《巴黎公约》；1989年加入《商标国际注册马德里协定》，1995年加入《商标国际注册马德里协定有关协定书》；同时按照《巴黎公约》和《马德里协定》的规定，接受来自外国的商标申请，并于1996年颁布《马德里商标国际注册实施办法》，该办法于2003年重新制定；1988年开始使用尼斯国际商品分类，并于1994年加入《商标注册用商品和服务国际分类尼斯协定》；2001年加入WTO，承诺履行*TRIPS*。由此可见，我国的商标法律体系已经与国际规则接轨。

（三）商标权的特征

商标权是一种无形财产权，其所代表或可创造的经济价值大大超过商标标志本身。商标权与专利权、著作权统称为知识产权，具有知识产权的一般特征。同时，商标权的客体不同于其他知识产权，其法律特征在内容上也与其他知识产权有区别。具体讲，商标权有以下特征：

一是专有性。专有性即商标权是一种绝对权，具有独占性与排他性。这种专有性体现在除权利人同意或法律强制规定外，权利人以外第三人不得享有或使用该项权利。当然，商标权可以通过合同或者其他方式依法转让或许可给他人使用。

二是商标权具有时间性。时间性指各国法律对商标权的保护都有严格的时间限制，有效期限届满，除依法续展者外，权利人的权利便于时效届满时自行终止。根据我国《商标法》的规定，注册商标的有效期为10年，自核准注册之日起计算。到期需要继续使用的，应当依法办理商标续展注册手续；经续展，商标权人将继续拥有商标专用权。如果到期未申请商标续展注册，或者申请续展的申请被驳回的，就失去了商标专用权。专利权

---

① 参见郑成思：《知识产权法》，第四章，北京，法律出版社，1997。

和著作权的保护期一旦届满，其智力成果就进入公有领域，权利人即丧失专用权，而商标权续展的次数不受限制，因此商标权在时间性上是相对永久的权利。

三是商标权具有地域性。即对商标权的保护在空间上的效力并非无限，而要受到一定地域的限制。商标权除该国与他国签订双边条约或该国参加国际公约外，只在该国领域内发生法律效力。

四是注册商标的使用权和禁止权的效力范围不同。注册商标的专有使用权是以核准注册的商标和核定使用的商品为限；其禁止权是对抗他人非法使用注册商标的权利，即他人未经注册人许可，不得在同一种商品上或类似商品上使用与注册商标相同或近似的商标。禁止权的范围有可能涉及注册商标专有使用的商品以外的其他类似商品。

三、商标权法律关系主体、客体和内容

商标权是商标专有权人依法享有的权利，在法律关系中得到的体现与保护。下面逐步分析商标权法律关系的主体、客体与内容。

（一）商标权法律关系的主体

1. 商标权法律关系主体的概念

商标权法律关系的主体即商标权法律关系中权利的享有者及义务的承担者，其中的权利主体是商标权人。

商标权人，是商标权法律关系的权利主体，是依法享有注册商标专用权的人。包括申请商标注册并经主管部门依法核准，取得商标专用权的人和经合法转让而取得商标专用权的人。根据《商标法》的规定，自然人、法人或者其他组织对其生产、制造、加工、拣选或者经销的商品，需要取得商标专用权的，应当向商标局申请商品商标注册。自然人、法人或者其他组织对其提供的服务项目，需要取得商标专用权的，应当向商标局申请服务商标注册。两个以上的自然人、法人或者其他组织可以共同向商标局申请注册同一商标，共同享有和行使该商标专用权。

2. 商标权主体的分类

根据商标权分类标准的不同，可对商标权主体进行不同的分类。

一是根据权利是否由最初申请商标注册取得，商标权可分为原始主体与继受主体。申请注册商标的人，即商标注册人，在该商标获得核准后，即成为该商标权的原始主体。如果某注册商标由商标权的原始主体转让，或者因为继承、企业合并或分立等原因发生转移，受让该注册商标的人即

为该商标权的继受主体。例如，企业收购市场上已经有一定知名度的品牌或商标，即成为继受主体，可以在企业发展中起到事半功倍的效果。

二是根据主体的性质，可以将商标权主体分为自然人主体和非自然人主体。自然人可以成为商标权主体，这是商标法中明文规定了的。这里的自然人包括了中国公民，也包括其所属国与中国签有商标保护双边协定或共同参加相关国际条约的外国人。非自然人主体包括法人、其他组织及外国企业。

三是根据主体的人数和相互间的关系，可以将商标权主体分为单一主体、共有主体和集体主体。单一主体是在商标权注册中占比例最大的一类，其专有权的拥有人是单一的自然人、法人或其他组织。共有主体是指两人或两人以上共同享有某注册商标专用权。如我国《商标法》规定的。两个以上的自然人、法人或者其他组织可以共同向商标局申请注册同一商标，共同享有和行使该商标专用权。这一规定说明商标的共有主体在我国是受保护的，共有人之间应当按约定合法地分享商标专用权，一方在行使自己的商标权时，不得侵害到另一方或另几方的权益。集体主体是集体商标的商标权人，这里的集体可以是团体、协会或者其他组织，该组织成员在商事活动中对商标共同享有商标权，集体商标的使用多为表明使用者在该组织中的成员资格。

3. 商标权主体的变更

商标权主体在存续过程中可能发生变更，使之发生变更的情形主要有商标转让、商标注册人名义变更、商标主体消亡等。

商标权人转让其注册商标，则受让人取得该注册商标专用权，原商标权人退出该商标权法律关系。根据《商标法》的规定，转让注册商标的，转让人和受让人应当签订转让协议，并共同向商标局提出申请。受让人应当保证使用该注册商标的商品质量。转让注册商标经核准后，予以公告。受让人自公告之日起享有商标专用权。

企业名称在经营过程中如果变更，需要依法定程序向商标局申请变更商标注册人的名义。在这种情况下，商标权主体实质上并未发生变化。

商标权主体消亡，商标权并不必然随之消亡，该商标权可能被继承；企业因破产被拍卖或企业被收购等情况下，其商标权主体也会发生变更。因为商标本身即是一种无形资产，是有价值的。如果商标权主体消亡一年后，该注册商标仍未办理转移手续的，任何人均可向商标局申请注销该商标；商标注销之日起一年后，任何人都可以重新申请注册该商标。

（二）商标权法律关系客体

商标权法律关系的客体一般是注册商标，注册商标是用以区别他人生产或经营的商品或服务的标记。注册商标是相对于非注册商标而言的，只有经过国家商标局注册的商标才能得到《商标法》更好的保护。[①] 商标注册是指商标申请人为了取得商标专用权，将其使用和准备使用的商标，依照法定的条件、原则和程序，向商标局提出注册申请，经商标局审查核准，予以注册的法律制度。同时，我国《商标法》对于禁止作为商标使用及禁止作为商标进行注册的标志有具体的规定。

1. 禁止作为商标使用的标志

我国《商标法》规定下列标志禁止作为商标使用：同中华人民共和国的国家名称、国旗、国徽、军旗、勋章相同或者近似的，以及同中央国家机关所在地特定地点的名称或者标志性建筑物的名称、图形相同的；同外国的国家名称、国旗、国徽、军旗相同或者近似的，但该国政府同意的除外；同政府间国际组织的名称、旗帜、徽记相同或者近似的，但经该组织同意或者不易误导公众的除外；与表明实施控制、予以保证的官方标志、检验印记相同或者近似的，但经授权的除外；与"红十字"、"红新月"的名称、标志相同或者近似的；有民族歧视性的；夸大宣传并带有欺骗性的；有害于社会主义道德风尚或者有其他不良影响的。

另外，县级以上行政区划的地名或者公众知晓的外国地名，不得作为商标。但是，地名具有其他含义或者作为集体商标、证明商标组成部分的除外；已经注册的使用地名的商标继续有效。

2. 禁止作为商标注册的标志

我国商标法规定，下列标志不得作为商标注册：仅有该商品的通用名称、图形、型号的；仅直接表示商品的质量、主要原料、功能、用途、重量、数量及其他特点的；缺乏显著特征的。

（三）商标权法律关系内容

商标权法律关系的内容，是指商标权法律关系中商标权人依法享受的权利和应当承担的义务。

1. 商标权人的权利

（1）商标专用权。

商标专用权，是商标权人对其注册的商标所享有的独占使用的权利。

① 驰名商标也受到《商标法》的保护，详见本章中"商标权的法律保护"部分。

这是商标权人享有的首要权利，也是产生商标权人其他权利的基础。商标专用权包括两方面权利：一是商标权人对自己的注册商标有占有、使用、处分、收益的权利，即完全的所有权，当然值得注意的是所有权的占有、使用、处分、收益这四项权能皆可与所有权相分离。二是商标权人有对抗他人侵犯其商标权的权利，如有权禁止他人未经许可在相同或同类商品上使用与自己注册商标相同或相似的商标，有权禁止他人在相同或同类商品上注册与自己已注册商标相同或相似的商标。

（2）商标转让权。

商标为无形产权，商标权人可以根据自己的意愿在法律允许的范围内，按照一定的条件和程序，将自己的注册商标所有权转让给第三人并由其专用。商标可可通过合同转让，也可因继承转让。

（3）许可他人使用其注册商标的权利。

注册商标的许可使用，是指注册商标所有人通过签订使用许可合同，允许他人使用其注册商标。许可他人使用不同于转让，商标权人仍保留商标的所有权，只是在一定期间内，将不同范围的权限许可给第三方使用。许可合同可分为独占使用许可与一般使用许可。独占使用许可指许可人只许可一个被许可人在约定地区和指定的商品上独家使用其注册商标，不能再允许其他人使用；一般使用许可指注册商标权人允许不同的人同时使用其注册商标。

我国《商标法》规定：商标注册人可以通过签订商标使用许可合同，许可他人使用其注册商标。许可人应当监督被许可人使用其注册商标的商品质量，被许可人应当保证使用该注册商标的商品质量。经许可使用他人注册商标的，必须在使用该注册商标的商品上标明被许可人的名称和商品产地。商标使用许可合同应当报商标局备案。

2.商标权人的义务

商标权人享有以上权利，同时也承担相应义务：

一是对使用商标的商品质量负有责任。商标使用人应当对其使用商标的商品质量负责。商标可以帮助商标权人扩大商品销路、宣传商品，为商标权人带来效益，相应的，商标权人也应认真维护商标信誉，对广大消费者负责。如果商标权人未能履行这一义务，粗制滥造，以次充好，欺骗消费者，将会受到法律的制裁。

二是依法必须注册的商品，未经注册不得销售。《商标法》规定，国家规定必须使用注册商标的商品，必须申请商标注册；未经核准注册的，不得在市场上销售。这说明我国在采用自愿注册原则的同时，对极少数产品仍保留了强制注册的权力。目前国家规定实行商标强制注册的商品是人用药品和烟草制品。

三是缴纳规定的各种费用。商标权人在办理有关申请商标注册、移转注册、续展注册等时，应按照国家工商行政管理局的规定缴纳申请费、商标注册费、转移注册费和续展注册费等。

四、商标权的取得

（一）商标权取得的原则

商标权取得的原则大致有两项，一是注册原则，与其相对的是使用原则。注册原则即只有通过注册才能取得商标专用权；使用原则即通过在商业活动中的实际使用即能取得商标权。*TRIPS* 第 16 条规定了注册商标享有专有权，目前世界上大多数国家都采用注册取得原则。注册原则有利于商标权的明示与稳定，但同时也有对在先使用人保护不利的弊端。

（二）我国取得商标权的原则

我国商标注册的原则主要有：注册原则、自愿注册和强制注册相结合的原则、申请在先和使用在先相结合的原则。

1. 注册原则

根据注册原则，对于申请的商标符合法律规定的，商标局经过核准，申请人便取得该商标的专用权，受法律保护。未注册的商标，虽然可以使用，但不受法律保护，使用者对其不享有专用权。

2. 自愿注册和强制注册相结合的原则

我国《商标法》规定的注册原则并不是强制性的，但对法律规定必须经过商标注册的商品才可销售的商品实行强制注册原则。目前国家规定实行商标强制注册的商品是人用药品和烟草制品。之所以规定药品必须使用注册商标，是因为药品直接关系到人民的身体健康和生命安全。通过使用注册商标，一方面可以避免不具备条件的企业生产药品，从而监督控制药品企业的生产条件；另一方面可以通过日常的监督管理，对药品的质量进行监管，从而促进药品质量的提高。

3. 申请在先和使用在先相结合的原则

我国现行《商标法》第 29 条规定，两个或者两个以上的商标注册申请人，在同一种商品或者类似商品上，以相同或者近似的商标申请注册的，初步审定并公告申请在先的商标；同一天申请的，初步审定并公告使用在先的商标，驳回其他人的申请，不予公告。第 31 条规定，申请商标注册不得损害他人现有的在先权利，也不得以不正当手段抢先注册他人已经使用并有一定影响的商标。第 41 条规定，已经注册的商标，违反第 31 条规定的，自商标注册之日起五年内，利害关系人可以请求商标评审委员会裁定撤销该注册商标。由这些规定可以看出，商标申请采用的规则以在先申请原则为主，以使用在先原则为补充，同时也体现了对注册申请人自守诚信的要求。

（三）商标权取得的程序

商标权的取得，必须经过注册申请、注册审查、核准注册三个步骤。

1. 商标注册的申请

商标注册的申请，是取得商标专用权的前提，是指商标注册申请人向商标主管部门表达注册商标的意愿并做出请求。国内的申请人办理各种商标注册事宜有两种途径：一是直接到商标局办理；二是委托国家认可的商标代理机构代理。外国人或外国企业在中国办理商标注册事宜必须委托商标代理机构，但在中国有经常居所或者营业所的外国人或外国企业除外。根据我国《商标法》的规定，申请注册商标的，应当按照规定填报使用商标的商品类别和商品名称。同一申请人在不同类别的商品上使用同一商标的，应当按商品分类表提出注册申请。注册商标需要在同一类的其他商品上使用的，应当另行提出注册申请。

2. 商标注册的审查

申请注册的商标，商标局依据职权确认申请注册的商标是否符合法律的规定，从形式和实质两方面予以审查。凡符合《商标法》有关规定的，由商标局初步审定，予以公告。申请注册的商标，凡不符合我国《商标法》有关规定或者同他人在同一种商品或者类似商品上已经注册的或者初步审定的商标相同或者近似的，由商标局驳回申请，不予公告。

3. 商标注册的核准

对初步审定的商标，自公告之日起三个月内，任何人均可以提出异议。公告期满无异议或者经裁定异议不能成立的，予以核准注册，发给商标注册证，并予公告。商标局对于异议，经调查核实后，经裁定异议成立的，不予核准注册。当事人对商标局的异议裁定不服的，可以自收到通知之日起十五日内将《商标异议复审申请书》一式两份送交商标评审委员会复审。商标评审委员会将《商标异议复审申请书》副本送达对方当事人，限其在规定的期间内做出答辩，最后由商标评审委员会做出终局裁定，书面通知有关当事人，并移交商标局办理。当事人对商标评审委员会的决定不服的，可以自收到通知之日起三十日内向人民法院起诉。

五、商标权的期限、续展和消灭

（一）商标权的期限

商标权的期限，是商标专用权受法律保护的有效期限。世界各国几乎都对商标专用权的效力规定了时间限制，但各国规定的方式和期限长短不同，从十年至二十年不等。欧洲大陆的几个国家中，包括法国和德国，注册期限为十年，自申请日起计算；美国、西班牙、意大利等国为二十年，从核准注册日起计算；《商标国际注册马德里协定》规定商标权期限为二十年；我国《商标法》规定商标权保护期限为十年，自核准注册之日起计算。

（二）商标权的续展

商标权的续展是指通过一定程序，延续原注册商标的有效期限，使商标注册人继续保持对其注册商标的专用权。我国《商标法》规定，注册商标有效期满，需要继续使用的，应当在期满前六个月内申请续展注册；在此期间未能提出申请的，可以给予六个月的宽展期。宽展期满仍未提出申请的，注销其注册商标。每次续展注册的有效期为十年。续展注册经核准后，予以公告。续展的次数不受限制。

（三）商标权的消灭

商标权的消灭，亦称注册商标的终止，是指注册商标因法律规定的原因发生而归于消灭。它不仅与注册商标的所有人相脱离，而且注册商标本身也不复存在。注册商标终止的原因分为被撤销和被注销两种。

1. 因注销而丧失商标专用权

注销，是指商标权主体消灭或商标权人自愿放弃商标权等原因，而由商标局采取的终止其商标权的一种形式。注销注册商标的情况有下列几种：

一是未进行续展。注册商标有效期满，且已过宽展期，商标注册人未提出续展申请，或续展申请未被核准的，商标专用权即告消灭。

二是自动放弃。商标注册人自愿放弃商标权，向商标局提出注销申请的，商标专用权即消灭。

三是商标权主体消灭。商标注册人消灭，无继受人或在法律规定的时间内，其注册商标未办理转让注册的，该商标权归于消灭。

2. 因撤销而丧失商标专用权

撤销是指商标局强制废除注册商标的注册，剥夺商标所有人的专用权。注册商标的撤销是由于商标注册人违反《商标法》关于商标使用的规定，或因已注册商标违反禁用条款，或采用不正当手段注册，或因争议理由成立等，而导致商标主管部门采取强制行政手段终止其商标权。

依我国《商标法》的规定，撤销商标专用权主要有以下情形：

一是自行改变注册商标的；

二是自行改变注册商标的注册人名义、地址或者其他注册事项的；

三是自行转让注册商标的；

四是连续 3 年停止使用的；

五是使用注册商标，其商品粗制滥造，以次充好，欺骗消费者的；

六是已经注册的商标，违反《商标法》规定的，或者是以欺骗手段或者其他不正当手段取得注册的，由商标局撤销该注册商标；其他单位或者个人可以请求商标评审委员会裁定撤销该注册商标；

七是对已经注册的商标有争议的，可以自该商标经核准注册之日起五年内，向商标评审委员会申请裁定。

因注销而丧失商标专用权与因撤销而丧失商标专用权都会导致商标权的消灭，但是二者的法律意义却大不相同。前者是由于法律条件的发生或商标注册人自愿放弃商标权而导致的结果，并无行政惩罚或强制行政手段的含义。而后者大多是由于商标注册人违反了法律的规定而招致的法律后果，是商标主管部门所实施的行政惩罚手段或强制行政手段。

六、商标权的法律保护

商标权的法律保护是指以法律手段制裁侵犯他人注册商标专用权的行为，包括侵权行为和商标犯罪行为，以保护商标权人对其注册商标所享有的专有权利，维护国家商标管理秩序的制度。保护注册商标专用权是健全商标法制的中心环节，有利于保护知名商标所有人的合法权益，维护市场的竞争秩序。

（一）商标权保护的范围

根据我国《商标法》规定，注册商标的专用权，以核准注册的商标和核定使用的商品为限。“核准注册的商标”是指经商标局注册的可视性标志；“核定使用的商品”是指经商标局核准在案的具体商品。通常情况下，我国《商标法》是以经过审核批准的申请书中申请的商标权范围的大小来确定保护对象。值得注意的是商标权的保护范围以商标专用权为基础，但大于商标权的专用权利。

注册商标所有人无权任意改变商标的组成要素，也无权任意扩大商标的使用范围，商标权的保护范围不仅包括核定注册的商标和核定使用的商品，还包括与注册商标相近似的商标和与核定使用的商品相类似的商品，这体现了商标权人行使禁止权的范围。如根据《商标法》的规定，在商标权保护的范围内，商标权人依法享有专用权，有禁止他人在同一种商品或者类似商品上使用与其注册商标相同或者近似的商标的权力。对于不在商标权保护范围内的使用行为，则不可作为侵权行为或商标犯罪行为追究。

（二）侵犯商标权的行为

商标侵权行为，是指他人违反《商标法》的规定，在相同或类似的商品或服务上未经商标权人同意擅自使用与注册商标相同或近似的标识，损害商标权人合法利益的行为。商标侵权行为主要包括以下几种形式：

1. 未经商标注册人的许可，在同一种商品或者类似商品上使用与其注册商标相同或者近似的商标

使用他人的注册商标，必须经注册商标所有人同意并签订注册商标使用许可合同，并在商标局备案。如果未经许可实施此种行为，无论是出于故意或过失，均构成对他人注册商标专用权的侵犯。这种行为损害了商标所有人的利益和消费者的利益。

2. 销售侵犯注册商标专用权的商品

包括两种情况：一是销售明知是侵犯注册商标专用权的商品；二是销售应知是侵犯注册商标专用权的商品。

经销者是商品生产者和消费者之间的媒介，负有向消费者提供货真价实的商品的义务。如果经销者向消费者提供侵犯他人注册商标专用权的商品，则会损害注册商标所有人和消费者的利益。情节严重的，要依法追究刑事责任。

3. 伪造、擅自制造他人注册商标标识，或者销售伪造、擅自制造的注册商标标识

商标标识是指附着于商品之上的由商标图案组成的物质载体。伪造他人注册商标标识是指仿造他人的商标图案及物质载体制造出商标标识；擅自制造他人注册商标标识，是指未经注册商标所有人的同意而制造其商标标识，用在自己生产的同一种或者类似商品上，以达到欺骗消费者的目的。销售伪造、擅自制造的注册商标标识，是指以上述商标标识为对象进

行买卖。这些行为损害了商标权人的合法利益，也为侵犯商标专用权为行为提供了便利条件。

4. 未经商标注册人同意更换其注册商标，并将更换商标后的商品投入市场

此种行为会造成商品出处混淆。假冒者的目的，一般是想利用他人价廉质高的产品，为自己开拓市场，赚取高额利润。因此，《商标法》第52条将其列为侵犯商标专用权的行为之一。

5. 给他人的注册商标专用权造成其他损害

根据《商标法实施条例》第50条的规定，此种侵权行为主要包括以下情形：

一是在同一种商品或者类似商品上，将与他人注册商标相同或近似的文字、图形作为商品名称或者商品装潢使用，并足以造成误认的。

二是为侵犯他人注册商标专用权行为提供仓储、运输、邮寄、隐匿等便利条件的。此种侵权行为，只有在故意情况下才构成。这一类行为属于间接侵权行为。

（三）侵犯商标权的法律责任

侵犯注册商标专用权的违法者，应当依法承担相应的法律责任。根据违法情节、性质的不同，违法者承担的法律责任也不同，包括民事责任、行政责任、刑事责任。

商标侵权的民事责任，是指人民法院依照《商标法》和有关民事法规，包括《民法通则》及民事诉讼程序等，对侵权人的商标侵权行为做出的民事处罚。承担民事责任的主要方式有：停止侵害、消除影响、赔偿损失、恢复名誉等。

商标侵权的行政责任，是指工商行政管理机关依照《商标法》和有关的行政法规对侵权人的商标侵权行为所作的，由侵权人承担的强制性处罚措施。行政责任主要方式包括：责令立即停止侵权；收缴并销毁侵权商标标识；消除现存商品上的侵权商标；收缴用于商标侵权的模具、印版和其他作案工具等。

商标侵权的刑事责任指对于严重侵犯他人注册商标专用权的行为，侵权者承担的刑事上的责任。根据我国《商标法》第59条和《刑法》的相关规定，违法者可能涉及的罪名有：假冒注册商标罪、销售假冒注册商标商品罪和非法制造、销售非法制造的注册商标标识罪。当违法者违法情节严重，符合上述罪名的构成要件时，就会受到相应的刑事处罚。

（四）驰名商标的保护

1. 驰名商标的概念

驰名商标指经过长期使用，在市场上享有较高声誉，有较高知名度，为公众所熟知的商标。它包括注册商标，也包括未注册商标。驰名商标有巨大的经济价值，国际公约和各国立法都对驰名商标作了特殊保护。

2. 驰名商标的认定

根据我国《商标法实施条例》第 5 条的规定，在商标注册、商标评审过程中产生争议时，有关当事人认为其商标构成驰名商标的，可以向商标局或者商标评审委员会请求认定驰名商标，有关当事人提出申请时，应当提交其商标构成驰名商标的证据材料。由此可见，在我国，驰名商标是由国家工商行政机关及商标评审委员会认定的。民间组织评选出的“驰名商标”是没有法律效力的。

我国《商标法》第 14 条规定，认定驰名商标应当考虑下列因素：相关公众对该商标的知晓程度；该商标使用的持续时间；该商标的任何宣传工作的持续时间、程度和地理范围；该商标作为驰名商标受保护的记录；该商标驰名的其他因素。

国家工商行政管理总局也专门发布了《驰名商标认定和保护规定》，对驰名商标的认定与保护提供了法律依据。另外，法院在司法活动中认定驰名商标的权利在《商标法》及规定中并未涉及，但 2002 年 10 月最高人民法院发布的《关于审理商标民事纠纷案件适用法律若干问题的解释》第 22 条，明确规定了法院在具体审理涉及驰名商标的案件中，有权认定涉案商标是否驰名。根据第 22 条的规定：人民法院在审理商标纠纷案件中，根据当事人的请求和案件的具体情况，可以对涉及的注册商标是否驰名依法做出认定。认定驰名商标，应当依照《商标法》第 14 条的规定进行。当事人对曾经被行政主管机关或者人民法院认定的驰名商标请求保护的，对方当事人对涉及的商标是否驰名不持异议的，人民法院不再审查。提出异议的，人民法院依照《商标法》第 14 条的规定审查。

3. 驰名商标的保护

在市场竞争日益激烈的今天，驰名商标所起的作用与日俱增。对消费者而言，驰名商标意味着优良的商品品质和较高的企业信誉；对驰名商标所有人而言，驰名商标意味着广泛的市场占有率和超常的创利能力。因此，驰名商标极易被侵犯、淡化、仿冒。对于驰名商标的保护问题，在《巴黎公约》与 *TRIPS* 中都有专门的规定，我国《商标法》第 13 条中规定：就相同或者类似商品申请注册的商标是复制、模仿或者翻译他人未在中国注册的驰名商标，容易导致混淆的，不予注册并禁止使用。就不相同或者不相类似商品申请注册的商标是复制、模仿或者翻译他人已经在中国注册的驰名商标，误导公众，有可能导致该驰名商标注册人的利益受到损害的，不予注册并禁止使用。总结我国对驰名商标的相关立法，对驰名商标的保护主要包括以下内容：

（1）对未在中国注册的驰名商标给予保护，突破了商标专用权的地域原则和注册原则。

（2）扩大了对注册的驰名商标的保护范围，其保护范围不仅限于相同或类似商品，也包括不相同或不相类似商品。这样的保护范围显然大于一般商标。

（3）驰名商标所有人享有特殊的保护期限。我国《商标法》第 41 条中规定：已经注册的商标，自商标注册之日起五年内，商标所有人或者利害关系人可以请求商标评审委员会就商标权做出裁定，对恶意注册的，驰名商标所有人不受五年的时间限制。

（4）禁止将他人的驰名商标作为企业名称使用，根据国家工商行政管理总局发布的《驰名商标认定和保护的规定》第 13 条，当事人认为他人将其驰名商标作为企业名称登记，可能欺骗公众或者对公众造成误解的，可以向企业名称登记主管机关申请撤销该企业名称登记，企业名称登记主管机关应当依照《企业名称登记管理规定》处理。[①]

此外，驰名商标的权利保护问题已扩及网络空间，但我国《商标法》对相关问题还未涉及。驰名商标具有巨大的商业价值，驰名商标保护对驰名商标所有人及公众利益的维护都是十分重要的。如何将商标权的保护范围由现实空间向虚拟空间扩展，是当前商标立法应面对的问题。

第二节　文化产业与商标权的关系

一、文化产品与文化商品

商标，简言之即商品的特殊标志，是某一商品或服务区别于其他相同或同类商品或服务的标志。商标权是商标专有人所持有的权利，因此分析

① 陶鑫良主编：《知识产权基础》，202—204 页，北京，知识产权出版社，2006。

文化产业与商标权的关系，应从文化产品与商品的关系谈起。

（一）文化产业中的文化产品

我国文化产业基本上是由计划经济体制下的“文化事业”转变而来。传统的文化管理体制首先强调文化作为思想教育手段和国家意识形态的属性，忽视和排斥文化作为消费产品的属性，进而忽略文化产业在促进经济与文化发展方面的积极作用。改革开放以来，文化产业逐步由以“文化事业”为基本特征的初期发展阶段过渡到文化“事业”与“产业”相辅相成的全面发展阶段。在我国，1985 年国务院转发统计局《关于建立第三产业统计的报告》，把文化艺术作为第三产业的一个组成部分列入统计项目，首次确认了文化艺术的“产业”性质。1992 年国务院办公厅综合司编著的《重大战略决策——加快发展第三产业》一书中，明确提出“文化产业”概念。

一般概念认为文化产业是以文化意义为基础的产业，而联合国教科文组织给文化产业所下的定义更侧重于文化产业的“产业”属性，也就是经济性质。联合国教科文组织对文化产业的定义是：文化产业就是按照工业标准，生产、再生产、储存以及分配文化产品和服务的一系列活动。此定义中的文化产品是一种知识产品，其中包括实物产品和服务产品。文化产品又有别于一般产品，它的核心是满足人们精神需求的文化。文化产业通过有形的文化产品（如图书、音像制品等）和无形的文化服务（如会展、旅游、教育、竞技运动、传媒等）承载文化的内涵和传播文化。

我国在加入 WTO 的过程中，从服务贸易市场准入的角度作出的开放市场的承诺，给我国文化产业的发展带来挑战，也使得文化产业中服务产品的竞争日益激烈。按照《国际服务贸易分类表》的划分，涉及文化产业的服务项目在商业服务中，有法律服务、软件服务、数据处理和数据库服务、广告服务、摄影服务、包装服务、印刷和出版服务；在视听服务中，有电影和录像的制作和分销服务、电影放映服务、广播和电视服务、广播和电视传输服务、录音服务；在娱乐、文化和体育服务（除视听服务外）中，有文娱服务、新闻社服务、图书馆、档案馆、博物馆和其他文化服务、体育和其他娱乐服务。那么，中国的这些服务行业如何树立起自己的企业形象，为消费者提供更多更优质的文化产品与服务呢？在与世界同行竞争的过程中，经营策略与有效寻求对正当利益的保护是极为重要的，其中，商标权的保护意识必须树立。

（二）文化产品的商品化属性

区分一种产品是不是商品的标准，应该看生产的目的是不是为了交换、为了买卖盈利。文化产品同满足人们物质生活需要的其他产品一样，既可以作为商品，也可以不作为商品。用来交换买卖的就是商品，不交换的非卖品就不是商品。其他文化产品也是同样的道理。注意这里的交换，不是指作为礼物、纪念品的互相交换。谈商品，我们多关注经济效益，而作为文化产品，更多会涉及其社会效益，二者应是对立统一的。文化产业应在市场经济体制下健康发展，文化产品的经济与社会效益应是统一的，绝不能为了牟利而迎合某些低级趣味的东西。

当文化产品是作为专为交换而生产的商品时，就会涉及品牌问题，品牌往往会成为一种商品的质量、生产者或服务者信誉的象征。一种品牌要受到法律的有效保护，商标权的保护即成为核心问题之一。

二、商标及商标权保护在文化产业中的作用

（一）商标在文化产业中的作用

商标对于促进文化产业有以下作用：

其一，表明文化商品及服务的来源。文化商品极易被复制、传播，相同或相近的服务也相当多，然而质量有可能大相径庭。消费者怎样区别同一或相似文化商品的生产者或服务的提供者，这就需要借助商标这一有效标识。因此，对于商标专有权持有人的权利的保护是十分必要的。

其二，促使生产经营者提高文化商品或服务的质量，维护商誉。一旦某商品确立了自己的商标，商标便成为此商品的质量与生产者或服务提供者信誉的代言人，从而促使生产经营者尽力维护并提高其产品或服务的质量，只有质量优良的商品才可能在市场经济的竞争中处于有利地位。

其三，可帮助文化商品的生产经营者创立自己的品牌，进行对外宣传。

其四，增强企业的市场竞争能力。商标是一种无形资产，可创造的价值远远超过所依附的标识。商标在树立企业形象的同时，无形中也会增强企业的市场竞争能力，增强文化企业的活力。

其五，有利于对外贸易。商标是商品进入国际市场的重要手段，使用知名商标的商品可以在国际市场上打开销路。同时，保护外国人在我国申请注册的商标，也有利于引进外资，加强文化交流，促进我国对外经济贸易的开展。

其六，进一步促进文化的健康发展。如上所述，商标会促使一个企业提高自己的文化产品或服务的质量，提高市场竞争力，从而制造出更多的

文化商品，使企业向一个健康的方向发展。同时，商标的注册和合法使用也对健康的文化市场起到监督与保护的作用。

（二）商标权保护在文化产业中的作用

文化产业应在法制轨道上运行，文化商品的竞争、销售与推广都应遵循法律法规，文化产业的商家在追逐利益最大化的过程中，必须知法、懂法与守法经营。文化产业离不开商标权保护，商标权保护也是知识产权保护的内容之一。互联网的出现和发展，给文化产业的商标权保护提出了许多新的课题，这是发展文化产业必须解决的问题。

只有了解了商标权的概念、内容与特征，才能更好地保护文化商品的商标专用权。例如，中央电视台知名栏目“同一首歌”注册了第41类和42类商标，使用的商品是“教育、新闻报道、知识产权许可、版权管理、法律服务、技术研究、计算机软件设计”等，但并没有为“同一首歌”注册第25类服饰的商标类别。因此温州一家公司抓住商机，以“同一首歌”为契机，提出第25类服饰商标的注册申请，在注册前的公示期内，央视“同一首歌”并未提出异议。这样的注册，一方面说明了企业在商业运作中有经济头脑，大大缩短了产品拓展市场的宣传周期，可以节省大笔经费，能有效占领市场；而央视“同一首歌”栏目在商标注册意识方面显然应有所加强。

文化品牌是文化产业发展的形象，是文化强省的重要标志。它具有先进性、创意性、资本市场性、相对恒久性等特点。近些年来，以品牌带动发展成为众多省份文化产业（尤其是旅游）发展的新思路；对于已经形成的文化品牌，各省都有较强的保护意识。并且，各省市的思路不断开拓，出台相关政策，大力度支持文化产业品牌的创建。

苏州市旅游局将“东方水城”进行了商标注册作为苏州旅游专用品牌，注册内容扩展到运输、教育、房地产等相关门类。此外，鉴于“七彩云南”、“夫子庙灯会”等旅游品牌的中文域名被抢注，苏州旅游局还为“东方水城”注册了中文域名和通用网址，只要在浏览器地址栏输入“东方水城”，网页就会直接指向苏州市旅游局的官方网站。

山东省旅游局于2007年推出“好客山东”的旅游口号以及旅游形象标识，很快赢得旅游行业及广大山东居民的欢迎。在此基础上，2010年发起的首届“好客山东贺年会”，成为拉动淡季旅游的“发动机”。在“好客山东”旅游形象标识推出三年之际，国家工商总局正式确认其为商标，受《商标法》的保护。

2010年11月30日，“多彩贵州”商标全面注册暨品牌招商新闻发布会隆重召开，明确了“多彩贵州”商标的使用方式和范围，以及“多彩贵州”文化产业发展中心的使命与职能。此举将惠及贵州众多的产业与企业。“多彩贵州”商标涵盖了45个类别，共460个项目。这般大规模、全方位的商标注册也是开国内文化品牌之先河，无疑将为文化品牌的产业化运作扫清障碍，提供后续支持。可以说，这种做法开启了省级文化品牌产业化运作的新思路。

2011年1月，湖南省深入推进实施商标战略大会在长沙召开，决定把培育驰名商标、著名商标，打造驰名商标、著名商标品牌集群作为湖南省实施商标战略的重点任务。以湖南省发展基础较好的电视、出版、动漫、演艺等文化产业为突破口，加强对文化创意产业商标品牌的支持，充分挖掘湖湘文化内涵，展现湖湘文化魅力，做大做强湖南文化创意产业。积极打造服务业商标品牌，按照改造升级传统服务业、加快发展现代服务业的要求，引导和鼓励服务业企业主动注册、使用和保护商标，运用商标特许经营、品牌连锁等方式，提高市场占有率和竞争力，重点推动现代商贸、现代物流、服务外包、金融、会展、旅游、餐饮等服务业商标发展，大力扶持发展信息、中介、科教、社区服务、公共服务等新兴服务业商标，推动服务业的专业化、规模化、品牌化，促进现代服务业发展。

三、文化产业的品牌价值

企业苦心经营和维护自身的品牌，以求得公众认可，获得“诚信、守法、可靠、专业、价值、经济、高效”的美誉。品牌价值是指品牌在某一个时点，用类似有形资产评估方法计算出来的金额，一般是市场价格。也可以说是品牌在需求者心目中的综合形象。

随着现代商业的发展，品牌已经从无形价值转换为可评估资产。英国品牌价值咨询公司Brand Finance 2010年发布的全球最有价值500品牌排行榜显示，沃尔玛仍然位居全球第一，品牌价值由2009年的406.16亿美元升至2010年的413.65亿美元；谷歌由2009年的第五位上升至第二位，品牌价值由292.61亿美元升至361.91亿美元；可口可乐由第二降至第三，品牌价值由327.28亿美元升至348.44亿美元；IBM由第三降至第四，品牌价值由315.30亿美元升至337.06亿美元；微软由第四降至第五，品牌价值由308.82亿美元升至336.04亿美元。该年上榜的500个品牌总价值较2009年增加26%，达到2.873万亿美元；这500个品牌的企业市值实现了16%的增长率，达到18.664万亿美元。[①]

我国的文化品牌还是太少，国际竞争力也不够强。就文化产业的主打领域传媒业来看，支配着全球传媒文化产业市场的传媒巨头，如时代华纳、迪斯尼、贝塔斯曼、维康、新闻集团、索尼等，都是“洋品牌”。这些企业的年收入都在数百亿美元，而我国还没有一家年纯利润超百亿人民币的文化企业。缺少文化品牌的支撑力，是制约我国文化产业成长壮大的一个重要原因。

文化产业要成为“十二五”中国经济发展的支柱产业，离不开文化品牌的带动和引领，而要建设文化品牌，有几个因素是需要考虑的：一是品牌培育应该摆脱对文化资源的过度依赖。建设文化品牌，创意是关键。二是打造文化品牌要选择差异化，避免同质化，要在细分市场中探寻品牌生长空间。三是集团整合，培育龙头企业，增强核心竞争力。四是转换方式、调整结构，注重新型业态培育，促进文化品牌向高端化、数字化、网络化和信息化方向发展。提高文化资源配置的现代化和市场化程度；建设文化品牌要有国际化视野，坚持国际化标准，适应国际化规范，拓展国际化市场，“走出去”，让民族文化品牌与世界著名文化品牌进行对话和竞争。[②]

① 《全球品牌价值榜揭晓：谷歌超可口可乐跻身第二》，http://tech.sina.com.cn/i/2010-02-20/13153864216.shtml。

② 欧阳友权：《品评中国文化品牌的价值》，《光明日报》2011年5月14日。

WENHUA CHANYE

第五章　文化产业涉及的其他知识产权

进入21世纪，知识产权在国际经济、科技、文化乃至政治生活中的地位和作用日益凸显，成为一个国家和地区发展的战略性资源和国际竞争力的核心要素。知识产权除了包括专利技术、著作权和商标权这些核心内容外，还包括很多新型权利，如计算机软件、地理标志权、植物新品种、商业秘密及域名权等。

计算机及网络技术给人们提供了一个不同于传统市场的追逐利益的场所和手段，计算机软件的侵权现象日益凸显，成为知识产权保护领域的热点问题。在互联网时代，域名作为一种不可再生的基础资源，其热度也不断升温，围绕域名的纷争也愈演愈烈。随着网络技术和电子商务的迅速发展，域名在某种程度上已经成为企业的网上商标。作为一种新型的知识产权，应该合理确认其法律地位和权利体系，有效地保护域名合法所有人的权益。

作为知识产权的一个领域，植物新品种权与专利权中的发明专利权基本一致，在国际上备受重视。育成品种推广后如果被人随意盗用，无疑将严重挫伤育种者的积极性。中国1997年颁布《植物新品种保护条例》，开始以知识产权的形式保护植物新品种。

商业秘密是企业重要的无形资产。进入现代社会，由于竞争的白热化，企业管理者们更是将商业秘密看作事关竞争成败、生死存亡的大事。但绝大多数企业的商业秘密管理工作都或多或少存在问题，商业秘密诉讼案件因而逐年攀升。如何既利用商业秘密优势又对其进行有效保护，已经成为企业发展必须面对的重要问题。

地理标志产品作为一种自然和人文资源，是历史形成的，是不可再生的。对地理标志的保护，实质上就是对自然和文化遗产的保护，使之能够发展和延续，并在促进地方特色经济发展、提升特色产品质量水平、塑造产品形象等方面发挥了重要作用，成为保护知识产权的重要手段和措施。对地理标志保护是近年来国际知识产权领域的重要议题。

文化产业涉及的知识产权保护领域日益宽泛，对知识产权保护提出了更高要求，提出了许多新的课题。有效而完整的知识产权制度安排，可以促进技术创新和文化繁荣。在这一章里，我们将对上述知识产权的相关法律规定做简要的介绍。

第一节　计算机软件保护

一、计算机软件及其构成条件

计算机软件，是指计算机程序以及解释和指导使用程序的文档的总和。计算机程序包括源程序和目标程序。同一程序的源文本和目标文本应当视为同一作品。源程序是指用高级语言或汇编语言编写的程序。目标程序是指源程序经编译或解释加工以后可以由计算机直接执行的程序。所谓文档，是指用自然语言或者形式化语言所编写的文字资料和图表，用来描述程序的内容、组成、设计、功能规格、开发情况、测试结果及使用方法。随着信息技术的发展，计算机软件在日常生活和工作中的使用日益广泛。

计算机软件作为一种知识产品，要获得法律保护，必须具备以下条件：

原创性。即软件应该是开发者独立设计、独立编制的编码组合。

可感知性。受保护的软件应当固定在某种有形物体上，通过客观手段表达出来并为人们所知悉。

可再现性。指把软件转载在有形物体上的可能性。

自从 1969 年 IBM 公司首次将计算机软件和硬件分开出售，软件就成为一种独立的商品，软件产业也迅速发展起来。随之而来的是一个困扰法学界的难题，究竟应该用什么方式来保护软件权利人的利益，关于这个问题的讨论从来没有停止过。因为计算机软件具有不同于传统智力成果的特殊属性，无论是《著作权法》、《专利法》还是《反不正当竞争法》，都无法完整、合理地保护软件权利人的权利。[①]

软件业被认为是信息技术革命中的核心产业，在现代经济和社会发展中具有重要意义。随着计算机的普及和应用，特别是计算机家庭化进程的

① 赵同娜等：《论计算机软件的知识产权保护》，《河北师范大学学报》，2009（5），33 页。

加速，计算机软件的法律保护日显重要。软件开发通常需要经过可行性分析、需求设计、系统分析、代码编写、测试和服务几个阶段，每个阶段都和知识产权制度相关联。由于软件本身存在低成本、易复制、可变性强、高智力等特征，使得其知识产权保护异常困难。①

二、对计算机软件的法律保护

在司法实践当中，由于计算机软件兼具“文字作品”和“实用工具”二重属性，如何确定“思想、表达二分”的具体法律标准一直是个备受争议的问题。计算机软件可以以商业秘密、专利、版权或其中某些组合的形式进行保护。② 我国对计算机软件知识产权的保护适用《著作权法》的原则，同时制定单行法规进行具体保护。1990 年，《中华人民共和国著作权法》明确了计算机软件是其保护对象。之后颁布的《中华人民共和国著作权法实施条例》、《计算机软件保护条例》、《计算机软件著作权登记办法》、《关于惩治侵犯著作权的犯罪的决定》等法律法规，也都从不同角度对计算机软件的著作权保护作出了规定。特别是加入世界贸易组织之后，我国又修订了《著作权法》和《计算机软件保护条例》，加大了对计算机软件的保护力度。③

（一）计算机软件著作权的归属

根据《计算机软件保护条例》第 10 条的规定，计算机软件著作权归属软件开发者。因此，确定计算机软件著作权归属的一般原则是“谁开发谁享有著作权”。软件开发者是指实际组织进行开发工作，提供工作条件完成软件开发，并对软件承担责任的法人或者非法人单位，以及依靠自身条件完成软件开发，并对软件承担责任的公民。

我国法律除规定了上述一般原则外，《计算机软件保护条例》自第 11 条至第 14 条还规定了软件著作权归属的几种特殊情况：

合作开发。合作开发者对软件著作权的享有和行使，以事前的书面协议为根据；如无书面协议，其著作权由各合作开发者共同享有。合作开发的软件可以分割使用的，开发者对各自开发的部分可以单独享有著作权，

---

① 陈瑶：《试论软件知识产权的法律保护》，《江苏经贸职业技术学院学报》，2010（5），33 页。

② 于强：《有关知识产权的计算机软件保护》，《法制与社会》，2010（15），85 页。

③ 董峰君：《从“微软侵犯著作权案”看国产计算机软件知识产权的保护》，《法制与社会》，2010（24），104 页。

但行使著作权时不得扩展到合作开发的软件整体的著作权。

委托开发。受他人委托开发的软件，其著作权的归属由委托者与受托者签订书面协议约定。如无书面协议或者在协议中未明确约定的，其著作权属于受委托者。

指令开发。为完成上级单位或政府部门下达的任务而开发的软件，著作权的归属由项目任务书或者合同规定。如项目任务书或者合同中未作明确规定，软件著作权属于接受任务的单位。

职务开发。公民在单位任职期间所开发的软件，如是执行本职工作的结果，即针对本职工作中明确指定的开发目标所开发的，或者是从事本职工作活动所预见的结果或者自然的结果，则该软件的著作权属于该单位。

非职务开发。公民所开发的软件如不是执行本职工作的结果，并与开发者在单位中从事的工作内容无直接联系，且未使用单位的物质技术条件，则该软件的著作权属于开发者自己。

（二）计算机软件著作权的内容

根据相关法律规定，计算机软件著作权的内容主要有以下几点：

发表权。即决定软件是否公之于众的权利。

开发者身份权。即表明开发者身份的权利，以及在软件上署名的权利。软件著作权人可以表明其开发者的身份，也可以不表明其身份；可以在软件上署名，也可以不在软件上署名。

使用权。即在不损害社会公共利益的前提下，以复制、展示、发行、修改、翻译、注释等方式使用该软件的权利。

使用许可权和获得报酬权。即许可他人以某种使用方式使用其软件的权利和由此获得报酬的权利。

转让权。即开发者转让计算机程序的使用权和使用许可权的权利。

（三）计算机软件著作权的保护期限

根据《计算机软件保护条例》第 15 条的规定，软件著作权的财产权的保护期为 25 年；保护期满前，软件著作权人可以向软件登记管理机构申请续展 25 年；但保护期最长不超过 50 年。软件开发者的身份权的保护期不受限制。

（四）计算机软件著作权的侵权行为及其法律责任

侵权行为。《计算机软件保护条例》第 30 条规定下列行为属于侵犯计算机软件著作权的行为：未经著作权人同意而发表其软件作品的行为；将他人开发的软件当作自己的作品发表的行为；未经合作者同意，将合作开发的软件当作自己单独完成的作品发表的行为；在他人开发的软件上署名或者改动他人开发的软件后署名的行为；未经软件著作权人或者合法受让者的同意而修改、翻译、注释其软件作品的行为；未经软件著作权人或者其合法受让者的同意而复制或者部分复制其软件作品的行为；未经软件著作权人或者其合法受让者的同意向任何第三方办理其软件的许可使用或者转让事宜的行为。

法律责任。行为人有上述侵权行为的，应承担下列法律责任：①行政责任。由国家软件著作权行政部门给予没收非法所得、罚款等处罚。②民事责任。责令其停止侵害、消除影响、公开赔礼道歉、赔偿损失。计算机软件著作权许可合同或转让合同的当事人不履行合同义务或者履行合同义务不符合约定条件的，应承担违约责任。软件持有者不知道或者没有合理的依据知道该软件是侵权作品的，其侵权责任由该软件的提供者承担。③刑事责任。软件登记管理机构工作人员违反有关规定，情节严重，构成犯罪的，由司法机关追究刑事责任。

三、计算机软件保护的新途径

用著作权方式保护计算机软件存在着突出的问题。计算机软件是一种技术产品，不同于文学艺术作品的最大特点是实用性，因而软件的内容，其解决问题的思想、方法和步骤是核心价值所在，而著作权保护的恰恰是作品的表现形式而不是内容。也就是说，其他开发者使用这些软件的“思想概念”，用其他表达方式，如改用另一种计算机语言，开发出表现方式不同的软件，并不构成软件著作权侵权行为，但这对原软件权利人是极不公平的。

近年来，考虑到著作权法只保护表达方式的做法，只能禁止对软件作品的非法复制，而不能禁止对其技术设计思想的抄袭，美国、欧盟等均出现了加强保护软件专利性的趋势。一些尚未明确允许就软件申请专利的国家或地区，也常常采用一些“绕过去”的方法，比如将构思或算法嵌套进某些硬件中，“软硬”结合地申请专利，或者允许符合条件的软件申请商业方法专利，且在审查中有放宽尺度的迹象。[①] 用专利法保护计算机软件有一定的优势，这是因为专利权保护的重点正是成果的技术内容。专利保

---

① 陈瑶：《试论软件知识产权的法律保护》，《江苏经贸职业技术学院学报》，2010（5），33页。

护具有强烈的独占性、垄断性，一旦计算机软件被授予专利权，其他相同或相似的软件就再也不能取得专利权了。这种保护方式更能有效地保护计算机软件的“思想”，即软件的创造性方法、构思技巧等。①

借助《反不正当竞争法》可以通过保护商业秘密来实现对软件知识产权的保护，在不泄密的情况下，计算机软件权利人的利益能得到最大限度的保护。以商业秘密保护软件不必经过审批程序，更不需要公开计算机软件的核心内容，这弥补了专利法保护方式程序复杂、耗时较长的缺陷，也解除了软件开发者对公开软件思想的顾虑。但是，也有一定的缺陷：它不能阻止第三人通过自行开发、反向工程研发同样功能的软件。

总体说来，我国对软件的保护实际上是采取了一种以著作权保护为主，同时制定单行法规进行具体保护，并辅以《反不正当竞争法》、《合同法》等其他手段的交叉保护方式。相比西方发达国家的保护力度，还是不够。从长远来看，制定一部计算机软件保护法有利于计算机软件产业的发展，也不会破坏现有法律体系，是符合我国国情的选择。

第二节　植物新品种权

花卉产业、观赏植物及休闲园林文化产业等已经成为我国文化产业布局的重要组成部分，全国各地很多文化产业园区都有相关规划，各类园林花卉博览会如火如荼，如中国（济南）国际园林花卉博览会、西安世界园林博览会等等。以花卉业为例，经过20多年的发展，中国已经成为世界最大的花卉生产基地，在国际花卉贸易格局中占有重要的地位。1997年我国开始实施植物新品种保护，为林业发展注入了新的活力，也为花卉产业提供了难得的发展机遇。截至2007年6月底，已有140个林木、花卉品种获得品种权保护，这些品种正逐步对我国林业发展和花卉产业发展产生巨大的影响。② 专业人士指出，要使我国花卉产业健康发展，必须使花卉产业的发展与植物新品种保护相结合，进一步加强花卉新品种知识产权保护工作，尤其要加强植物新品种权法律保护，促进中国花卉产业上规模、上质量、进市场、增效益。

---

① 赵同娜等：《论计算机软件的知识产权保护》，《河北师范大学学报》，2009（5），34—35页。

② 中国林业网，http://www.forestry.gov.cn/portal/xpzbh/s/1820/content-159341.html。

一、植物新品种权保护的法律制度措施

植物新品种保护是知识产权保护的一个重要组成部分。*TRIPS* 要求成员国必须为植物新品种提供保护，并将植物新品种权列入知识产权类别中，从而明确了植物新品种权的知识产权属性。1985 年，《中华人民共和国专利法》正式实施。按照该法规定，对动植物品种不授予专利权，仅对其非生物学培育方法授予专利权。这样就把农林业领域发明创造活动中最活跃、应用价值最大的动植物新品种，特别是植物新品种排除在专利保护之外。显然，《专利法》不能有效地保护育种者利益。

从建设现代化农业的需要出发，我国政府根据国情，借鉴国外经验，制定和实施了一系列植物新品种权保护的制度措施，保障植物新品种育种者的合法权益。[①] 1997 年 3 月 20 日，国务院正式颁布《中华人民共和国植物新品种保护条例》，农业部和国家林业局分别成立了植物新品种权保护工作机构，分别负责草本观赏植物和木本观赏植物新品种权保护管理工作。1999 年 3 月 23 日，经全国人民代表大会常务委员会批准，中国正式向国际植物新品种保护联盟（UPOV）递交了加入书，并于 1999 年 4 月 23 日成为其第 39 个成员国。我国政府还先后颁布实施了《植物新品种保护条例实施细则（农业部分）》、《植物新品种保护条例实施细则（林业部分）》、《农业植物新品种权代理规定》、《农业植物新品种权侵权案件处理规定》和《农业部植物新品种复审委员会审理规定》等法律法规，为植物新品种的快速增长提供了法律保障。2001 年，中华人民共和国最高人民法院公布了《最高人民法院关于审理植物新品种纠纷案件若干问题的解释》，对案件的受理、管辖和诉讼中止等程序性问题进行了说明。2005 年 1 月，全国植物新品种测试标准化技术委员会成立，为植物新品种保护工作的开展提供了专门的技术保障机构。2007 年 1 月 12 日，最高人民法院又公布了《关于审理侵犯植物新品种权纠纷案件具体应用法律问题的若干规定》。

来自外国的植物品种权申请量也迅速增加。2001 年，我国首次授予外国植物新品种权，来自欧洲的 5 件月季新品种在中国境内受到法律保护，任何单位或个人未经品种权人许可，擅自繁殖、生产、销售都要承担法律责任。截至 2010 年 7 月底，农业部共受理品种权申请 7144 件，已授权

---

① 孔海燕：《我国观赏园艺植物新品种权保护现状》，《中国花卉园艺》，2008（21），8 页。

3251件。据了解，从2004年起，我国年申请量一直保持在国际植物新品种保护联盟（UPOV）各成员的第四位，仅次于欧盟、美国和日本。但对于一个植物大国而言，数千件新品种权并不为多。上海交通大学农业与生物学院博士生导师蔡润教授认为，我国五大粮食作物的新品种权大部分“为我所有”，但瓜果菜蔬、花卉林木等新品种权还不足。同时，部分粮食作物的新品种质量不如外国品种，因此依然大量依赖进口农产品。[①]

二、植物新品种权的主要内容

（一）植物新品种权的概念

植物新品种是人们利用种质资源，经过育种产生的能够满足人们需要的、明显区别于现有的、并能稳定地遗传的生物学特征和农艺性状的集合。[②] 我国《植物新品种保护条例》（1997年）第2条规定，植物新品种，是指经过人工培育的或者对发现的野生植物加以开发，具备新颖性、特异性、一致性和稳定性并有适当命名的植物品种。

植物新品种权又称植物育种者权利，是指由植物新品种保护审批机关依照法律、法规的规定，赋予品种权人对其新品种的专有权利。品种权是一种新型的知识产权，其主要内容是完成育种的单位或者个人对其授权品种享有排他的独占权。品种权被授予后，自初步审查合格公告之日起至被授予品种权之日止的期间，对未经申请人许可，为商业目的生产或者销售该授权品种的繁殖材料的单位和个人，品种权人享有追偿的权利。

（二）品种权的归属

完成育种的单位或者个人对其授权品种，享有排他的独占权。任何单位或者个人未经品种权所有人（以下简称品种权人）许可，不得为商业目的生产或者销售该授权品种的繁殖材料，不得为商业目的将该授权品种的繁殖材料重复使用于生产另一品种的繁殖材料。

为了平衡权利人与社会公众之间的利益，法律对品种权予以了必要的限制：

合理使用。即利用授权品种进行育种及其他科研活动、农民自繁自用授权品种的繁殖材料，可以不经品种权人许可，不向其支付使用费，但是

① 徐瑞哲：《“新品种权”爆发植物经济战》，《解放日报》2010年11月22日。

② 丁广梅、赵云芬：《植物新品种权的独立知识产权属性分析》，《西南农业大学学报》，2009（3），57页。

不得侵犯品种权人依法享有的其他权利。

强制许可使用。为了国家利益或者公共利益，农业、林业行政主管部门可以做出实施植物新品种强制许可的决定，对授权品种进行推广使用。取得实施强制许可的单位或者个人应当向新品种权人支付合理的使用费。

（三）授予品种权应当具备的条件

申请品种权的植物新品种应当属于国家植物品种保护名录中列举的植物的属或者种。目前我国农业部颁布了 4 批 30 个种或属。

授予品种权的植物新品种应当具备新颖性、特异性、一致性、稳定性。新颖性，是指申请品种权的植物新品种在申请日前该品种繁殖材料未被销售，或者经育种者许可，在中国境内销售该品种繁殖材料未超过一年；在中国境外销售藤本植物、林木、果树和观赏树木品种繁殖材料未超过六年，销售其他植物品种繁殖材料未超过四年。特异性，是指申请品种权的植物新品种应当明显区别于在递交申请以前已知的植物品种。一致性，是指申请品种权的植物新品种经过繁殖，除可以预见的变异外，其相关的特征或者特性一致。稳定性，是指申请品种权的植物新品种经过反复繁殖后或者在特定繁殖周期结束时，其相关的特征或者特性保持不变。

授予品种权的植物新品种应当具备适当的名称，并与相同或者相近的植物属或种中已知品种的名称相区别。仅以数字组成的，违反社会公德的，对植物新品种的特征、特性或者育种者的身份等容易引起误解的名称，不得用于品种命名。

（四）品种权的内容

禁止权。是指任何单位或者个人未经品种权人的许可，不得为商业目的生产或者销售该授权品种的繁殖材料；不得为商业目的将该授权品种的繁殖材料重复使用于生产另一品种的繁殖材料。但是，《植物新品种保护条例》另有规定的除外。

生产、销售权。即品种权人具有为商业目的生产、销售授权品种的繁殖材料的权利。

许可使用权。是指品种权人可以为商业目的，许可他人将该授权品种的繁殖材料重复使用于生产另一品种的繁殖材料的权利。

转让权。是指品种权人具有依法转让植物新品种权的申请权，以及生产或者销售该授权品种的繁殖材料的权利。

中国的单位或者个人就其在国内培育的植物新品种向外国人转让申请权或者植物新品种权的，应当经审批机关批准；国有单位在国内转让申请权或者植物新品种权的，应当按照国家有关规定，报经有关行政主管部门批准；转让申请权或者植物新品种权的，当事人应当订立书面合同，并向审批机关登记，由审批机关予以公告。

（五）品种权的期限、终止和无效

按照《植物新品种保护条例》的规定，品种权的保护期限，从授权之日起，藤本植物、林木、果树和观赏树木为20年，其他植物为15年。品种权人应当自授权当年开始缴纳年费，并且按照审批机关的要求提供用于检测的该授权品种的繁殖材料。

有下列情形之一的，品种权在其保护期限届满前终止：品种权人以书面声明放弃品种权的；品种权人未按照规定缴纳年费的；品种权人未按照审批机关的要求提供检测所需的该授权品种的繁殖材料的；经检测该授权品种不再符合被授予品种权时的特征和特性的。

植物新品种的终止，由审批机关登记和公告。

自审批机关公告授予品种权之日起，任何个人或单位认为授权品种不符合新颖性、特异性、一致性和稳定性条件的，可以向植物新品种复审委员会提出书面请求，请求宣告品种权无效；对不符合名称规定的，可以请求予以更名。植物新品种复审委员会可以依职权宣告该品种无效或者予以更名。

宣告植物新品种权无效或者更名的决定，由审批机关登记和公告，并通知当事人。当事人对植物新品种复审委员会的决定不服的，可以自收到通知之日起三个月内向人民法院起诉。被宣告无效的植物新品种权视为自始不存在。

在宣告植物新品种权无效前，人民法院已做出并已执行的植物新品种侵权的判决、裁定，省级以上人民政府农业、林业行政部门已做出并已执行的植物新品种侵权处理决定，以及已履行的植物新品种实施许可合同和植物新品种权转让合同，不具有追溯力。但有下列情形之一的，应负有赔偿或返还责任：因品种权人的恶意给他人造成损失的，应当给予合理赔偿；植物新品种权人或者品种权转让人不返还使用费或者转让费；明显违反公平原则的，植物新品种权人或者品种权转让人应当向被许可实施人或者受让人返还全部或者部分使用费或者转让费。

（六）侵犯品种权的法律责任

未经品种权人许可，以商业目的生产或者销售授权品种的繁殖材料的，品种权人或者利害关系人可以请求省级以上人民政府农业、林业行政部门依据各自的职权进行处理，也可以直接向人民法院提起诉讼。省级以上人民政府农业、林业行政部门依据各自的职权，根据当事人自愿的原则，对侵权所造成的损害赔偿可以进行调解。调解达成协议的，当事人应当履行；调解未达成协议的，品种权人或者利害关系人可以依照民事诉讼程序向人民法院提起诉讼。省级以上人民政府农业、林业行政部门依据各自的职权处理品种权侵权案件时，为维护社会公共利益，可以责令侵权人停止侵权行为，没收违法所得，可以并处违法所得五倍以下的罚款。

种子是植物经济战的“子弹”。我国拥有丰富的农业资源和农耕文化，但是由于知识产权意识不够，屡屡错失先机。中国是大豆的故乡，拥有世界上九成的已知野生大豆，超过6000种，栽培历史则在4000年以上。在20世纪70年代以前，中国一直是世界上最大的大豆生产国和出口国。但70年代末，美国科学家“借种”于我国野生大豆，培育出一批抗病优良品种。美国某公司已向包括中国在内的全球100多个国家申请了有关高产大豆及其栽培、检测的国际专利，受保护的“美国大豆”可谓称霸世界。再如猕猴桃，野生猕猴桃也原产于中国，但是现在一提猕猴桃，想到的首先是新西兰。新西兰利用中华猕猴桃种质资源，培育出了一个主导国际市场的巨大产业。野生月季也是我国原产，流传英法，经杂交培育为香水月季，而今国内花卉市场的这一品种90%都靠进口……拥有新品种权的花卉种子，有的一颗要卖一元钱，一年只能种一次，次年还要继续买，每年都要花费上亿元。如果直接买现成的种球，合同限定只能繁殖100株到500株，种多了就是侵权，就要赔付。

目前我国共注册种子企业8000多家，但有效经营区域为“全国”，育、繁、售一体化的大型种子企业不足80家，拥有自主品种权的也仅有100余家。中国是拥有500亿元种子市场规模的世界第二大种子需求国，孟山都、杜邦、先正达等跨国种业巨头正在长驱直入。[①] 在加强对植物新品种保护的同时，加强研发自主知识产权的植物新品种，才是与国外新品种同台竞技的必备条件。

---

① 徐瑞哲：《“新品种权”爆发植物经济战》，《解放日报》2010年11月22日。

第三节 地理标志权[①]

一、地理标志的含义

地理标志权是“与贸易有关的知识产权”之一，它“强调自然因素和人文因素对产品质量及其他特性的决定作用，其适用范围主要以农产品、食品、初级原料以及手工制品为主”。[②] 我国幅员辽阔、历史悠久，勤劳智慧的华夏儿女，凭借千变万化的地理条件，不断摸索总结，创造、培育出无数具有地方特色的名优产品。这些特产，是中华民族五千年辉煌文化的重要组成部分，是祖先为我们留下的宝贵财富，也是我们参与国际竞争的重要资本。保护好这份宝贵的历史遗产，并发扬光大，不仅是传承民族优秀文化的问题，更是事关地方和国家经济发展，事关我国在国际贸易中竞争力的重大问题。国际上通行的做法，是通过地理标志或者原产地名称制度对这类名优特产提供保护。

根据 *TRIPS* 第 2 条第 1 款的规定，地理标志是指下列标志：其标示出某商品来源于成员地域内，或来源于该地域中的某地区或某地方，该商品的特定质量、信誉或其他特征，主要与该地理来源相关联。1958 年缔结的《保护原产地名称及其国际注册的里斯本协定》第 2 条则规定，原产地名称是指一个国家、地区或地方的地理名称，用于标识某商品来源于此，并完全或主要因其地理环境，包括自然和人力因素产生的品质和特征。我国《商标法》第 16 条的规定与 *TRIPS* 的规定基本一致，即地理标志是指标示某商品来源于某地区，该商品的特定质量、信誉或其他特征，主要由该地区的自然因素或者人文因素所决定的标志。而且，我国《商标法》中的“地理标志”与《保护原产地名称及其国际注册的里斯本协定》中“原产地名称”的内涵一致。因此，地理标志又被称为原产地名称。[③]

---

① 我国对地理标志权的保护，在各种不同的法律版本中有不同的表述，地理标志权保护亦指原产地保护。

② 董炳和：《地理标志知识产权制度研究》，178 页，北京，中国政法大学出版社，2005。

③ 任继圣主编：《WTO 与知识产权法律实务》，40 页，长春，吉林人民出版社，2001。

二、地理标志权的法律保护

我国对地理标志的保护起步得比较晚，20 世纪 80 年代才开始以复函、通知等形式启动原产地名称的保护问题，90 年代的《产品质量法》、《消费者权益保护法》、《反不正当竞争法》和《对外贸易法》等单行法从禁止伪造、冒用产地和虚假表示产品质量角度对原产地名称进行了保护。1994 年，国家工商行政管理局发布了《集体商标、证明商标注册和管理办法》，“在我国首次明确了以证明商标的形式来保护地理标志”。① 2001 年修订的《商标法》正式确立了通过集体商标和证明商标保护地理标志的制度。2002 年的《商标法实施条例》和 2003 年的《集体商标和证明商标注册和管理办法》进一步对地理标志的保护作出了具体规定。此外，1999 年原国家质量技术监督局发布了《原产地域产品保护规定》，以原产地域产品专用标志为纽带对原产地名称提供保护。2005 年国家质量监督检验检疫总局又以《地理标志产品保护规定》取代了《原产地域产品保护规定》。这两个规定可以说是我国比较系统的地理标志保护的专门立法。可见，我国对地理标志的保护实际上是一种混合保护模式。②

（一）地理标志权的概念

从有关知识产权保护的国际公约的演变历史中可以发现，地理标志这个概念是在产地标志、原产地名称概念的基础上，经过长期的酝酿和准备发展而来的，地理标志是指表明一种商品系某国或某地区所生产，而该产品的特定品质或其他本质特征取决于或主要取决于该地区特定的地理环境，包括自然和人文因素，如产地的特殊地理位置、自然气候条件、自然资源、人文环境、生产工艺及文化传统等。*TRIPS* 第一次提出“地理标志”的概念，并做出明确界定：“地理标志是指证明某一产品来源于某一成员国或某一地区或该地区内的某一地点的标志。该产品的某些特定品质、声誉或其他特点在本质上可归因于该地理来源。”

地理标志是特定产品来源的标志。它可以是国家名称或不会引起误认的行政区划名称和地区、地域名称。地理标识的基本特征有三点：标明商品或服务的真实来源（即原产地的地理位置）；该商品或服务具有

① 谢冬伟：《我国地理标志保护制度的历史与发展》，《工商行政管理》，2003（11），29 页。

② 王春梅：《我国地理标志私权保护与模式选择》，《北方法学》，2009（5），99 页。

独特品质、声誉或其他特点；该品质或特点本质上可归因于其特殊的地理来源。

地理标志权是一种识别性标记权。另外，地理标志的组成部分一般如下："地理名称＋商品统称＝地理标志"，如景德镇瓷器，其中"景德镇"是一个地名，"瓷器"是一种商品的类别名称。因为地理标志中的地名名称是由真实地理名称构成的，实际客观存在，不是随意虚构的，而地名在地理上的最大意义即是指示性与标记性，因此，由地理标志可以明确知道产品来自何地。如通过"金华火腿"这一地理标志，我们可以知道这种产品产自金华。与专利权、商标权和版权等各国均以专门立法为主要保护模式的知识产权类型不同，尽管地理标志也属于知识产权的范畴，但在立法上，鲜有"地理标志权"这一称谓。不过，作为一个学理上的概念，将与地理标志有关的权利称之为"地理标志权"也未尝不可。纵观中国、美国、法国的相关立法，尽管立法模式不同，但有一个共同的特点，那就是"地理标志权"受到相当大的限制，如明确要求其受让人必须在该地域内生产或经营，并且其产品要具有因该地域地理环境而生的特定品质等。

总之，从国际社会保护地理标志的法律实践看，地理标志权的核心是使用权，而不是所有权，即重要的不在于谁对地理标志享有所有权，而在于谁有资格使用地理标志。

（二）地理标志权的归属

在所涉及的国际公约中，地理标志权一直都是作为一种民事法律关系中知识产权的内容加以规定的，所以很多学者把它列入私权的范畴。地理标志权作为一种知识产权，也具备了知识产权的本质性特征，表现为客体的无形性，反映的是所有者或使用者对地理标志这种信息的独占性和财产性。对所有者或使用者权利的保护，主要是以地理标志所体现的财产性为核心，维护该地理标志所属地域范围内所独有的自然因素和人为创造性的劳动。从这个角度来看，地理标志权确实具有私权的性质和特征。但同时，区别于商标权，地理标志权的主体具有多元性，包括被确定地域的所有该类产品的生产者。如波尔多葡萄酒，这样一个原产地标志就适用于所有法国西南波尔多地区的葡萄酒生产商，该地区特定的自然和地理因素决定了该种葡萄酒盛名于世。由于地理标志权权利来源的特殊性，我们不能将整个具有财产性的权利完全赋予生产者，这样对其他对该地域环境享有利益的公众来说是极不公平的，也会助长生产者对利益的盲目追求。因为使用特定地理标志的特定产品，其特定质量、信誉和其他特征取决于该特定地域的自然环境和人文资源。而某一地理范围内的自然因素和人文因素是一种天然的资源或者是一种长期的群体行为的结果，不是某个自然人、法人、其他组织或者国家投入资金、智力或者劳动的结果。因此，由某一地理范围内的自然因素和人文因素而产生的利益应当由该地理范围内某商品的所有生产者或者对该自然因素和人文因素的形成做出贡献的群体共同享有。

正是由于某一地理范围内某商品的生产者长期地、持久地利用了该地的自然因素和人文因素，才生产出具有特定质量、信誉或其他特征的商品，才使该地理范围内出产的具有特定质量或其他特征的商品具有信誉、具有一定的美誉度。因此，地理标志权是一种特殊的知识产权，地理标志的使用权不能由该地理范围内的某个自然人、法人或者其他组织独占，该地理范围内符合使用条件的自然人、法人或者其他组织都可以申请使用该地理标志。但同时，地理标志主要被运用于具有特定地域特征和人文因素的特定产品，如波尔多葡萄酒、景德镇瓷器等。在使用地理标志的产品参与国际贸易的过程中，最直接的受益者就是该产品的生产者，即获得该地理标志的财产权和收益权。

地理标志不仅具有私权属性，而且承载着诸多政策目标，尤其是公共利益目标。也就是说，地理标志如同其他知识产权一样，是一种具有很强的公共利益性质的私权。①

（三）地理标志权的内容

根据《商标法》及其实施条例的规定，地理标志可以作为证明商标或集体商标受到法律保护。证明商标和集体商标都能起保护地理标志的作用，所不同的是，证明商标的注册人，亦即控制该证明商标的组织，本身无权使用该商标，其权利是授权符合条件的人使用该证明商标。根据《商标法实施条例》第 6 条第 2 款的规定，凡符合使用地理标志条件的自然人、法人或其他组织，都有权要求证明商标注册人授权其使用该标志。由此可见，许可符合条件的商品生产者使用该地理标志，既是证明商标注册人的权利，也是其义务。此外，该条款还规定，以地理标志作为集体商标注册的，该“集体”以外的符合条件的自然人、法人或其他组织可以要求

---

① 冯晓青：《知识产权法利益平衡理论》，41 页，北京，中国政法大学出版社，2006。

参加该“集体”；即使不参加该“集体”，也可以正当使用该地理标志。这一规定进一步说明，“地理标志权”的核心是符合条件的商品生产者的使用权。

根据《反不正当竞争法》第5条第4项的规定，“伪造产地”是一种为法律所禁止的不正当竞争行为，而地理标志通常由商品的通用名称加上产地名称组成，故《反不正当竞争法》也能给地理标志提供附加保护。此外，知名度高的地理标志与知名商品的特有名称之间并不存在截然的界限，因此，《反不正当竞争法》有关知名商品的特有名称的规定，也适用于知名度高的地理标志。

（四）地理标志权的期限

无论是我国国内法的规定，还是我国参加的国际条约，如《巴黎公约》和*TRIPS*，都没有地理标志存续期限的限制性规定，也就是说一旦取得地理标志注册，就永久享有相应的地理标志权。除非地理标志权被中止使用、废止使用、不受保护或者所有人自动放弃保护。但是这样永续存在的权利是否适当，还值得研究。

（五）地理标志权的法律责任

根据《产品质量法》第30条、第37条和第53条的规定，生产者与销售者都不得伪造产地。伪造产品产地的，责令改正，没收违法生产、销售的产品，并处违法生产、销售产品货值金额等值以下的罚款；有违法所得的，并处没收违法所得；情节严重的，吊销营业执照。

根据《反不正当竞争法》第5条、第20条和第21条的规定，经营者不得采用伪造产地，对商品质量作引人误解的虚假表示的不正当手段从事市场交易，损害竞争对手，否则依照《产品质量法》的有关规定处罚。此外，违法经营者给被侵害的经营者造成损害的，应当承担损害赔偿责任；被侵害的经营者的损失难以计算的，赔偿额为侵权期间因侵权所获得的利润。此外，违法经营者还应承担被侵害的经营者因调查不正当竞争行为所支付的合理费用。被侵害的经营者的合法权益受到不正当竞争行为损害的，可以向人民法院提起诉讼。

（六）地理标志权与商标权保护的法律冲突

根据我国《商标法》第10条的规定，县级以下的地名可以作为商标使用或者注册；虽然是县级以上的地名，但是已作为商标注册使用的，继续有效。这一规定将导致与“被作为商标注册使用的地名与地理标志”发生冲突的现象。而《商标法》第16条规定，“该商品并非来源于该标志所标示的地区，误导公众”的地理标志，如已善意取得注册的继续有效，同样将导致与“被作为商标注册使用的地名与地理标志”发生冲突的现象。那么，法律将如何解决上述冲突，《商标法》没有进一步的具体规定。①

出现冲突的原因在于，我国出现了两种相重叠的保护制度，从而导致了地理标志与商标的冲突。从法律上看，地理标志和商标是两种不同类型的识别性标记，当不同的当事人对同一标记分别提出商标和地理标志的权利主张时，商标权和地理标志权就会发生冲突。

有学者总结了商标权与地理标志权发生冲突的几种情况②：

第一，不同当事人之间，在先注册的商标权与在后由国家质检总局授予的地理标志间的冲突。

第二，一般商标与地理标志权（证明商标权）之间的冲突。如前所述，我国《商标法》只禁止县级以上行政区划作为注册商标，而不禁止县级行政区以下的地名作为注册商标，这样的规定显然使县级以下行政区划的地名可被独占适用。这必然损害产地内相关商品生产经营者的利益，使某种商品的传统产地遭受巨大损失。而且该地名一旦被产地外的单位或个人注册商标，以及注册人允许产地外的市场主体使用，就会混淆商品来源，侵犯消费者的合法权益。

第三，期待地理标志权与在先注册商标权的冲突。即某一区域的众主体认为某一商品其特定质量、信誉或其他特征主要取决于该地的地理环境、自然条件、人文背景等因素，主张应由众主体统一享有地理标志权，而此地理标志已先由他人注册为商标而产生的冲突。

第四，既未注册为商标，又未注册为地理标志的知名标识受到海外假冒产品的冲击。

两种权利都有法律上的根据，都是合法的，都应该得到法律的支持与保护。但是当两者相遇，完全实现各方利益是不可能的，因此难免会发生冲突。两者的冲突不仅危及权利人的微观利益，更重要的是危及消费者和国家、社会的宏观利益，危及地理标志作为我国知识产权强项作用的发挥。

---

① 熊英：《论地理标志权的法律特性和保护》，《北京工商大学学报》，2002（5），68页。

② 李亮：《论商标权与地理标志权的危害、成因与对策》，《法学论坛》，2008（10），41—42页。

第四节　商业秘密权

21 世纪是高新技术迅猛发展的时代，计算机应用的普及和电子商务的迅速发展，使商业秘密的产生、存储、传输出现网络信息化的特点，人们在享受电子商务快捷手段的同时，又屡屡受网络泄密等问题的困扰。今天的商业秘密已日益数字信息化及无纸化，如产品开发中 CAD 技术及计算机数据处理广泛运用，企业管理软件使人事、生产、供应、财务、销售管理数据化、网络化，以电子邮件为主要形式的电子商务贸易贯穿产品介绍、合同要约与承诺、合同单据及付款卡号指令传递的全过程等。①

一、商业秘密的法律保护

商业秘密作为知识产权的重要组成部分，其法律保护已愈来愈引起人们的重视，保护商业秘密权利人的合法权益，维护社会正常的经济秩序，已成为全社会的呼声。不仅如此，加强商业秘密的民法保护还是参与国际竞争的需要。中国加入 WTO，承诺遵守 *TRIPS*，按照该协议的要求给予了商业秘密全面的法律保护。

产生 *TRIPS* 的乌拉圭回合谈判，一反以往专注关税的思路，把焦点聚集于商业秘密和知识产权，而且把超越传统法理的商业秘密与知识产权融为一体，反映了当代科技、经济日趋一体化和全球化的特点，也说明了知识产权已上升为各国外贸政策的重要内容，成为经济体制和科技体制的组成部分，其在对外贸易和经济关系中的地位日趋重要。②

在企业拥有的信息和资源中，能够申请专利、商标或者得到版权保护的毕竟是少数。大部分信息都要靠企业自行保护。换个方式说，并非每个企业都有专利权，但是每个企业都会有商业秘密。即使是专利申请数量连续 7 年排名第一的 IBM 公司，也非常重视商业秘密的管理，其大量核心芯片技术、经营管理信息也是通过商业秘密的形式进行保护的。国际公司的通行做法，在进行正式谈判之前，都会与对方签订相互保密协议，其目的也是约定双方的保密义务，保护双方的商业秘密权。③

---

① 隋燕：《网络环境下商业秘密的保护》，《经济研究导刊》，2010 (26)，189 页。

② 罗玉中、张晓津：《*TRIPS* 与我国商业秘密的法律保护》，《律师世界》，2002 (1)，4 页。

③ 郭世栈：《试论商业秘密权及其法律特征》，《知识产权》，2001 (3)，27—28 页。

由于商业秘密权无须申请、无须交费即可以在全球享有保护，成本低廉，保护快捷，相对于传统知识产权具有很大的优势，所以越来越为国内外各公司所广泛采用。

二、商业秘密权的主要内容

（一）商业秘密权的概念

商业秘密权，是工业产权的一种，是乌拉圭回合知识产权谈判内容之一。对于商业秘密权，有些国家给予承认并认为应该予以法律保护，而有些国家则不承认。世界知识产权组织的《反不正当竞争示范法》第6条第3项对商业秘密作了如下的界定：作为一个整体或作为其组成部分的确切构造或组合，它未被通常涉及该类信息的同行业中的人们所普遍了解或容易获得；因其为秘密而具有商业价值；由合法持有人根据情况已采取了合理的步骤来保守秘密。

在我国，商业秘密的法律术语最早规定于1991年修改的《民事诉讼法》，但该法只是从诉讼程序上对商业秘密予以保护，并未规定具体内容。① 我国于1993年9月2日颁布的《反不正当竞争法》第10条第3款将商业秘密定义为，不为公众所知悉，能为权利人带来经济利益、具有实用性并经权利人采取保密措施的技术信息和经营信息。这一定义说明商业秘密必须具备下列条件：

秘密性。即商业秘密的信息是不公开的，不被社会公众普遍知悉或容易获得。

经济性。这些信息具有商业价值，能为权利人带来经济效益。

有实用价值。这种信息可以应用，在应用中转化为物质财富，实现权利人的经济目的。判断商业秘密的实用性需用动态的、发展的眼光来分析，而不能仅局限于当前是否已商用化，也不能以该企业的赢利或亏损来衡量。因此，有的学者主张将这一特征称为“价值性”。②

已采取保密措施，权利人对这些信息已采取合理的防范保密措施。这是我国第一次明确、规范地界定商业秘密的定义。

（二）商业秘密的权利归属

---

① 史大贤：《商业秘密权的法律性质》，《经营管理者》，2009（23），233页。

② 罗玉中、张晓津：《*TRIPS* 与我国商业秘密的法律保护》，《中外法学》，1999（3），24页。

商业秘密的权利归属即商业秘密归谁所有、使用，产生的收益如何分配。我国现行法律尚未对此做出明确规定，但可以参照《专利法》、《合同法》关于技术成果权利归属的规定，确定商业秘密的权利归属：

职务性商业秘密权属于单位。职务性商业秘密是职工在执行职务期间开发的商业秘密，它需要单位投入大量的人力、物力、财力，凝聚着单位的科学决策、集体智慧、长期的经验积累等。尽管从事商业秘密开发的职工付出了大量的智力劳动，但单位已为此付出了相应的劳动报酬。因此，职务性商业秘密权应属于单位。

非职务性商业秘密权属于个人。该类商业秘密是职工个人在本职工作之外，利用自己的专业知识和物质条件创造出来的，与职工职务无关，应属于职工个人所有。

职工利用单位的条件或经验，在本职工作之外开发的商业秘密，原则上归职工个人所有。单位在支付合理报酬的前提下，有优先使用该商业秘密的权利。如果单位与职工在商业秘密权利归属问题上另有约定，应当按照约定执行。

委托开发的商业秘密权属，依双方签订的协议而定，协议没有约定的，归受委托方所有。该类商业秘密依据委托开发协议而产生，委托方把需要解决的技术问题或经营问题交给受委托方进行开发，委托方支付相应的费用。它本质上是一个合同问题，有关权属约定的合同应优先适用。没有权属约定或约定不明的，商业秘密归受委托方所有，委托方有权使用该商业秘密。

数人共同开发的商业秘密归共同开发人共有。该类商业秘密本质上属于共有财产，但与一般共有财产相比，它难以分割。共有人对其只宜共同共有，因此，应当约定收益分配办法。事先有约定的，按照约定使用、收益；没有约定的，任何一方均有权使用该商业秘密，收益归使用方。但是，如果处分该商业秘密，必须经共有人一致同意，所得收益由共有人分享。

（三）商业秘密权的内容

商业秘密权是一种财产权，即商业秘密的合法控制人采取保密措施，依法对其经营信息和技术信息行使专有使用权。它与有形财产的区别在于，商业秘密不占据空间，不易为权利人所控制，不发生有形损耗，因此其权利是一种无形财产权。就无形财产权的各项权能来说，商业秘密的权利人与有形财产所有权人一样，依法享有占有、使用、收益和处分的权利，即有权对商业秘密进行控制和管理，防止他人采取不正当竞争手段获取与使用；有权依法使用自己的商业秘密，而不受他人干涉；有权通过自己使用或者许可他人使用以至转让所有权，从而取得相应的经济利益；有权处分自己的商业秘密，包括放弃占有、无偿公开、赠与或转让等。

商业秘密权保护的客体是商业秘密，具体而言就是“技术信息和经营信息”。所谓“技术信息”，一般可以包括研发战略、技术方案、工作进度、工程设计、电路设计、制造方法、配方、工艺流程、关键算法、技术指标、计算机软件源程序、数据库、研究开发记录、技术报告、测试报告、检测报告、实验数据、试验结果、图纸、样品、样机、模型、模具、操作手册、技术文档等。所谓“经营信息”，具体又可以分为：市场信息，如客户名单、分销网络、销售价格、行销计划、广告策划、竞争策略等；采购信息，如采购渠道、进货价格、供应商名单等；其他信息，诸如财务信息、人力资源信息、法律事务信息等等。商业秘密的载体也可以是多种多样的，如信函、传真、备忘录、纪要、协议、合同、报告、手册、文档、软件代码、图纸、电子邮件等，甚至可以存在于人的大脑记忆中。相对于专利权而言，商业秘密权的保护客体是相当宽泛的。专利权保护的对象仅限于“技术方案”，即产品或方法，侧重于保护实用技术领域的智力成果，专利权不保护客户名单、研发策略、采购渠道、技术参数等抽象的信息或数据。此外，专利法明确不予保护的科学发现、智力活动的规则和方法，疾病的诊断和治疗方法，动植物新品种，同样可以构成商业秘密而受到法律保护。① 对公开信息的整理，也可以形成新的商业秘密，如对黄页或者网络上公开的企业电话进行追踪落实，整理出的真实有效的行业客户通讯录，是一份真实的潜在客户名单，也是一种商业秘密，是受法律保护的。实践中商业秘密的保护范围在不断地拓宽。

有些商业秘密是权利人的生命线，关系到公司、企业的生死存亡。商业秘密被窃取之后，往往被其竞争对手获得，这样就给商业秘密权利人造成了极为不利的局面。

（四）商业秘密的期限

传统知识产权的一个重要特点是时间性，无论是专利权、商标权还是著作权，都有一个法定的固定的保护期限。尽管各国对保护期限的长短规定不尽相同，但超过保护期限后即成为社会的公共财富，任何人都可以使用而无须征得许可和支付费用。商业秘密权的保护期限不是由法律规定

---

① 郭世栈：《试论商业秘密权及其法律特征》，《知识产权》，2001（3），28页。

的，也不是固定不变的。商业秘密权保护期限的长短取决于两个方面：一是多长时间社会上才有相同的技术信息或经营信息被公开而成为公知信息；二是权利人采取保密措施的期限。可口可乐的配方诞生至今已一百多年，现在对世人仍然是一个谜，也许算得上是期限最长的商业秘密了。相反的，如果一项技术昨天刚完成并采取了保密措施，今天就被不慎公开了，那么该商业秘密的期限也只有一天了。①

如果有更先进的东西如新工艺、新配方出现，原有的商业秘密就失去了保护的价值，建立在其上的商业秘密权也不复存在。因此，从一定意义上讲，商业秘密权也有时间性，只不过法律没有对之作出统一的、硬性的规定而已。

（五）商业秘密保护存在的问题及应对措施

当今世界，国与国的竞争已经不仅仅是在原来的军事、政治、外交等领域展开，更为激烈的表现则在经济领域，各国为了在商业竞争中获得优势，由国家情报部门相关人员或从事过军事情报搜集的专业人员转入到企业，从事经济情报工作以获得更有用的信息已是公开的秘密。“力拓”案已经给我们敲响了警钟，此案中，澳大利亚力拓有限公司驻上海代表处首席代表胡士泰及多名中方雇员，利用职务便利，于2003年至2009年，在对华铁矿石贸易中，多次索取或收受钱款，采取利诱等不正当手段，获取中国钢铁企业商业秘密，严重影响和损害中国钢铁企业的利益，给有关企业造成了巨大经济损失。仅2009年，中国20余家钢铁企业多支出预付款10多亿元，利息损失就达人民币千万元。这一案件给中国企业和政府都敲响了警钟，我们必须完善相关的法律法规建设，加强自身的监督管理，加大对窃取商业秘密行为的打击力度，才能使我国企业得以正常地参与国际竞争。

我国企业在商业秘密保护上存在一些突出问题：缺乏商业秘密保护知识的宣传、培训，很少有企业组织这样的活动；制定保密协议、保密条款，并执行这些制度的企业少之又少；保密措施不完备，或者形同虚设；很多公司防范意识差，商业机密和商业安全意识不强。改革开放初期，我们一些传统工艺的精华和部分先进的自主创新技术被外资以合资、考察的方式获取。有的甚至是我们主动送到国外做技术鉴定，人家不费吹灰之力就获得了我们的商业秘密。还有大量商业机密在推杯换盏之间就告诉了别人。宣纸技术、景泰蓝技术、东北大豆品种等流失到国外，甚至抢占了原

---

① 郭世栈：《试论商业秘密权及其法律特征》，《知识产权》，2001（3），31页。

本属于我们的市场份额。

曾经有学者对部分企业的商业秘密保护现状进行了问卷调查，情况不容乐观[①]：了解商业秘密保护的企业只占40%；采取过保密措施的企业只占30%；因技术人员泄密造成商业秘密侵权的约89%；发生泄密事件后选择不了了之的企业约90%；在劳动合同中设置保密条款的企业占60%；发生过泄密事件的企业占80%；与重点员工签订专门保密合同的企业只占20%；与重点员工签订专门竞业限制协议的企业只占13%；有完备保密组织的企业只占10%；定期开展保护商业秘密培训的企业仅占5%。

泄密的主要渠道有电话、手机、互联网、各种办公设备、对外宣传、会议、公开媒体报道、各种资料等。网络泄密是目前中国最严重的泄密渠道。

针对以上情况，我们可以采取多种多样的保密措施。如严格限定知悉商业秘密的人员名单，缩小知密范围；制定企业保密规则，或在员工守则中规定保密条款，或是由企业与职工签订保密协议，或是严格限制非相关人员出入具有商业秘密的场所，加强门卫和监控措施等。这些都是通常情况下权利人所采取的保密措施。然而随着网络技术的发展，电子商务蓬勃开展，使得通过网络传输商业秘密成为可能，同时，网络开放的信息环境也给商业间谍提供了更为直接地窃取商业秘密的机会和可能。保护网络传输中的，甚至存储于商家、科研机构电脑中的商业秘密，无疑首先应当从技术手段入手，即通过运用技术手段保守商业秘密。如运用网络安全技术和密码技术、密钥管理、数字签名、认证技术、智能卡技术、访问控制、防火墙技术等，从技术手段或措施上实现对商业秘密的保护。然而迄今为止，还没有不能被反向工程或其他方法所解密的信息，这使得一些商业秘密权利人在网络面前望而却步，退而求其次地固守传统的保密方式，从而丧失了许多贸易机会。可见，仅有技术手段保护商业秘密是远远不够的，除采取上述技术加密措施外，还应通过法律手段加以保护。譬如，法律应明确规定在网络上采取何种程度的加密措施即为商业秘密的权利人已采取了保密措施，已符合商业秘密的构成条件，商业秘密权利人被侵权后，可以获得何种法律救济、如何寻求救济等等。只有将技术手段和法律手段结合起来加以运用，才能加强在新技术环境下对商业秘密的法律保护。[②]

---

① 欧自义：《企业商业秘密保护问题探讨》，《中国工商管理研究》，2010（9），36页。

② 罗玉中、张晓津：《*TRIPS*与我国商业秘密的法律保护》，《中外法学》，1999（3），24—25页。

（六）商业秘密的侵权与救济

商业秘密民事侵权行为，是指行为人通过不正当手段，非法获取、披露、使用或允许他人使用权利人的商业秘密，侵犯权利人合法民事权益的行为。主要有以下几种：

不正当获取商业秘密。即行为人采取不正当手段直接获得权利人的商业秘密。行为人往往采取盗窃、利诱、胁迫、假合作、假交流等手段，有的采取重金收买的方法，有的甚至派出“工业间谍”长期卧底。

滥用不正当获取的商业秘密。行为人获取商业秘密后往往是自己使用，投入到生产、经营之中。有时会出现行为人受利益驱动，允许第三人使用商业秘密。也存在行为人为削弱商业秘密权利人的竞争优势，故意披露、扩散该商业秘密。

滥用合法掌握的商业秘密。这里的行为人是特定的合法掌握他人商业秘密的人，包括权利人的职工、与权利人有业务关系的单位和个人。行为人违反保密约定或规定，向他人披露、扩散权利人的商业秘密，或擅自使用该商业秘密，或允许他人使用该商业秘密。

第三人间接侵犯商业秘密。即第三人明知或应知行为人侵犯商业秘密的行为，却依然接受、获取该商业秘密，加以使用、披露或扩散。第三人由于实施了上述行为，就成为新的侵权人，只不过其侵权方式为间接而已。

如果产生上面情况，商业秘密的权利人可以采取以下办法：可以向法院对侵权行为提起民事诉讼；要求工商管理机关进行查处；向法院提起刑事自诉，或者要求公安机关介入，再由检察院对犯罪行为提起公诉。

我国现行法律保护体系也存在着一些不足之处，主要体现在我国现行法律对于商业秘密保护的规定过于分散，保护的范围不明确；以民法、刑法等部门法中的相关规定来保护商业秘密，相互之间如何协调，尚不明确。而且现有法律、法规对商业秘密的保护也不够充分，如在民事法律保护方面，《民法通则》针对民事侵权的普遍性、概括性的规定，缺乏具体的、侵犯商业秘密的行为标准，难以界定行为性质、侵权程度，可操作性比较差；并且《民法通则》强调“谁请求谁举证”和“过错责任”原则，但是在网络环境下，商业秘密的权利人很难证明侵权人是否存在过错。[①]

---

① 隋燕：《网络环境下商业秘密的保护》，《经济研究导刊》，2010（26），190页。

第五节　域名权

一、域名权的快速发展

自互联网进入我们的生活以来，网络已成为影响人类社会最快、最深远的技术。近年来全球网络人口迅速扩张，电子商务快速增长，网络不仅成为一种时尚的代名词，更是商业竞技的全新领域。各种商业网站的蓬勃发展，使网上争夺顾客注意力的竞赛日益白热化。为了吸引社会公众查找，定位网站资源，开展网上贸易，许多企业将自己的企业名称或商品名称作为域名进行注册。一些具有超前意识的商家甚至已将域名视为特殊的竞争切入点，动用一切可能的手段，期望先于他人挤入这一炙手可热的领域。而在这场高科技战争中，域名因其所具有的独立的识别功能，开始取得无可比拟的商业实践价值，关于域名注册和使用引发的纠纷大量出现，并成为学术界、司法界关注的热点，也对当今的知识产权立法提出了极大的挑战。

二、域名权的含义

（一）域名权的概念

域名(domain name)又称网址，是与 IP 地址相对应的，用来标示联入因特网的计算机所在位置的一组字符标识。计算机用户真正的网络地址是由一串数字组成的，这些数字是因特网识别用户登陆的技术编码。当一个因特网用户输入类似的数字编码，他就能够将其计算机与因特网相应的计算机联结，从而进行访问、互联。由一串数字组成的网络地址，如同普通的电话号码而没有特定的含义，不便于记忆和使用，于是人们开始用具有相应意义的字符“替代”以数字表示的网络地址。在 20 世纪 80 年代，人们用字母代替数字，创建了域名系统(DNS)。域名接近于自然语言，易识易记，大大方便了网络访问和使用。

域名是分级管理的，一个完整的域名，由以“.”分隔的几组字符串组成，每个字符串称为一个子域。各个子域从后向前依次被称为顶级域名、二级域名、三级域名、四级域名、五级域名等。举例来说，比如搜狐网站，它的域名是“www. sohu. com. cn”，在这里顶级域是“cn”，含义是中国，二级域是“com”，含义是公司，三级域是“sohu”，含义就是“搜狐”。这样连起来，人们一目了然，知道这个域名对应的网站是属于中国的一家名叫搜狐的公司。

顶级域名分为两大类：国家顶级域名（简称 nTLDs）和通用顶级域名（简称 gTLDs）。前者用以区分国别，分配给各国使用，例如中国为“CN”，美国为“US”，英国为“UK”，以此为标志的域名称国内域名。后者用以表示网站的性质，无国别之分，如“COM”表示工商企业，“GOV”表示政府机构，“ORG”表示国际组织，“EDU”表示教育机构，以此为标志的域名称国际域名。由于其独特的商业价值，大多数域名都选用“COM”为顶级域名或二级域名。① 关于域名的纠纷也多与此有关系。

（二）域名权与商标权

域名是企业在国际互联网这个电子空间里的商标，是企业的标志之一。它是企业进入国际互联网的身份证明，也是企业建立自己的 web 站点的第一步。从技术上讲，域名只是一个因特网中用以解决地址对应问题的一种方法，可以说只是一个技术名词。但是，由于因特网已经成为了全世界人的因特网，域名也就成为了一个社会科学名词。

域名系统初创于 1983 年 11 月的美国。随着域名系统应用的推广，1992 年底，美国国家科学基金会（NSF）与私营性的 NSI（Network Solutions，Inc. 网络解决方案公司）公司签署协议，授权 NSI 管理 DNS 的注册和数据库，期限从 1993 年 1 月 1 日至 1998 年 9 月 30 日。美国模式是把域名作为一种知识产权来进行保护，具体办法是域名注册人可以通过《商标法》保护自己的域名。把《商标法》的各项规定引入扩大到对域名的保护上，当域名与商标发生争议时，由负责域名登记的 NSI 公司处理，域名权与商标权是平等的，谁先登记注册，谁就拥有在先权利，获得 NSI 公司的保护。② 1998 年 10 月美国组建了 ICANN，并由 ICANN 逐步接管 NSI 的注册管理服务，ICANN 是一个非盈利性的私营组织。美国还在 1999 年通过了《统一域名争议解决规则》这部重要的法律。ICANN 同样将域名视为一种商标权的客体，将《商标法》的规定扩大到域名进行保护。在程序方面，当域名与商标的冲突时，采取行政程序与司法救济程序并重的方式。

---

① 李垚葳：《论域名权的法律保护》，《重庆工商大学学报》（社会科学版），2009（4），101 页。

② 常敏，邹海林：《关于域名和商标冲突的若干问题》，见陶鑫良主编：《域名与知识产权保护》，242—243 页，北京，知识产权出版社，2000。

域名权与商标、商号权有一定的相似之处，有时还存在一定的内在联系，但域名权利决不依附于任何一种权利。和传统的知识产权领域客体如商标、专利等相比，域名自有其特征：其一，域名具有绝对的唯一性。商标依照分类注册，在不同领域内允许相同或类似商标的存在。而在网络空间，不存在由不同主体拥有相同商标的情况。域名一旦取得，其独占性不因时间、空间的改变而改变。域名的注册只涉及先后性问题，不考虑使用领域与类别，这使得域名成为更为稀缺的资源。① 其二，域名的地域性，保护范围是全球性的。注册商标通常都是由世界各国的国内法予以保护的，而域名的使用是全球范围的，无国别、行业的限制。网络联通世界，某一域名在全球任何一个地方都是可以访问的，这就要求注册域名在全球范围内得到保护。其三，域名的时间性，一经注册获得即可永久使用，无须定期续展，而商标有实效性。此外，各国法律对于注册商标的构成都有诸多限制，如不能使用专有名词及地名、国家名称等，但域名无此限制。

实践中，域名权与商标权可能发生的冲突通常有以下几种②：

域名注册人将他人的在先商标注册为自己的域名。对他人商标的恶意注册，是域名权与商标权冲突中最常见、立法也最完善的一类。

在不同领域拥有相同商标的所有权人之一将其商标注册为域名。如前所述，商标注册分类别进行，而域名在世界范围内绝对唯一，这就可能造成数个合法商标权人对同一域名的争夺。此种情况下，域名注册人对其商标享有合法权益，注册、使用该域名的理由正当，法律也很难否认其注册之合法性，其他商标权人只能另寻途径保护自己的经济权益。

商标的反向侵权。是指商标权人不合理地扩大自己的商标专有权，要求域名注册人将其合法拥有的与其商标相同或相似的域名转让给自己或放弃，以达到自己使用该域名的目的。这就形成了商标权与域名权的另一种冲突。

（三）域名权的特征

随着网络技术的发展，域名的作用越来越大，它代表着一个企业，对一般公众而言，域名具有很强的识别性。因此，法律必须赋予域名注册人以域名权。所谓域名权，是指国际、国家及地区的机构、组织、部门以及个人对自己在国际互联网上依法注册登记的域名所享有的专用权，它具有

---

① 周行：《论域名权的性质及其法律保护》，《法制与社会》，2010（26），82页。

② 周行：《论域名权的性质及其法律保护》，《法制与社会》，2010（26），82页。

版权和工业产权的双重权利属性。具体来说，域名权具有如下法律特征：

专用性或称排他性。域名权的专用性主要有以下两方面内容：一方面，域名权的权利人对域名享有独占的所有权，有权排斥与域名相同的商标或商号的不同持有人使用，也可以排斥第三人使用；另一方面，域名权的专用性是绝对的，它不需要任何法律“保护”，国际互联网本身排斥同一域名以同种表现形式存在，即同一域名在国际互联网上有且只有一种，不论法律主体所从事的业务属于哪一种类，也不管其是否处于不同的国家，均不能注册相同的域名。域名权的这一特点与商标权不同的是，商标权的专用性是相对的。商标权人只在相同或相似的商品上享有专用权；当不同法律主体所生产或经营的商品根本不同时，以及不同国家的不同法律主体就相同商标都可以分别享有商标权。

无地域性。域名权的这项权利突破了传统知识产权法有关地域性的限制。这是因为，域名权的运行载体即国际互联网具有国际性，不受地域限制。域名权虽无地域性，但它要受国际关系影响，国际关系的好坏直接导致域名权能否得以延续或者灭失。

依附性。域名权是一种依附载体运行机制而存在的权利，这一点与商标权是相同的。这是因为，域名权只是应用在国际互联网上的一项特殊权利，这种特殊权利是版权、工业产权或工业版权在特定物质载体（即国际互联网）上的一种特殊形式的体现，它有可能随着物质载体的消失而消失。

随着国际互联网在经济生活中的地位日益提高，域名权保护的现实意义也日益重大。国际互联网产生初期主要是为科研、教育和政府部门服务的，随着用户的增多，各种商业、金融机构，产业部门纷纷上网传送或获取商业信息，国际互联网越来越多地被运用在商业领域，一个全新的网络经济时代已经到来。随着网络商业活动的发展，域名已不仅仅是简单的网络门牌号，它具有重要的识别功能，带有较大的商业价值，成为重要的商业标识。商标注册人可以通过域名体现其本身的巨大价值，并借助其域名良好的商业声誉，在网上网下获得可观的商业利益。

三、域名权的法律保护

（一）域名权的归属与保护

域名权的取得须经过特定程序，即必须经过注册申请并经注册服务机关初步审查核准后才能够取得。根据信息部 2000 年 11 月《关于互联网中文域名管理的通告》，中文域名注册体系结构分为注册管理机构、注册服务机构和注册代理机构。其中注册服务机构负责受理域名注册申请并完成注册，而注册代理机构在注册服务机构授权范围内接受域名注册申请。依《中文域名注册管理办法（试行）》的规定，注册服务机构在受理中文二级域名注册申请时，应按照公平原则和“先申请先注册原则”，并按照《中文域名注册管理办法》及相关政策的规定完成域名注册。申请人可以通过注册服务机构以联机注册、电子邮件等方式递交中文域名注册申请表进行域名申请。申请成功后，申请人就成为该注册域名的持有人和管理人，域名权也随之产生。在域名权取得过程中，申请人（即域名权人）必须遵守国家有关互联网络的法律、法规及相关规定；对其申请的中文域名与该中文域名有关的一切法律问题负全面责任；保证申请资料内容的真实性、准确性和完整性；保证中文域名的注册与使用不是恶意或出于任何非法目的。域名权的取得可以分为原始取得和继受取得。原始取得需要支付规定的注册费用，该费用主要用于维护与管理，在空间资源利用方面的支出较少，甚至被忽略，这主要因为当资源被分配到手时，其价值较小，仍需进一步开发。但是，如果域名运行 60 天内未完成交费的，有关域名将由注册服务机构予以注销。继受取得主要指通过转让而取得域名权。在继受取得中，需要办理相应手续并支付转让费。

中国互联网络信息中心（CNNIC）是由中国科学院计算机网络信息中心管理和领导的一个非营利性管理与服务机构。2002 年 3 月，CNNIC 制定了《中国互联网络信息中心域名争议解决办法》，自此确立了我国的域名保护法律机制。CNNIC 将域名权视为商标权的某种延伸，立法上采取了与商标权类似的规定。如不得使用公众知晓的国家或地区名称、外国地名、国际组织名称，不得使用行业名称或者商品的通用名称，及其对国家、社会或者公共利益有损害的名称等。同时，还将域名注册与商标、企业名称直接联系，域名不得使用他人已在中国注册过的企业名称或商标名称。若一域名和我国的注册商标相同，而该域名又不为商标权人所有时，商标权人可以提出异议。CNNIC 也做出了许多特别规定，包括解决域名争端的非诉解决模式，有助于当事人以较低成本快速解决纠纷。且此种争议解决方式适用于与所有有民事权益的名称或标志之间的冲突，而不仅局限于域名与商标或服务标记权间的冲突。此外，CNNIC 禁止域名有偿转让，在一定程度上限制了域名的恶意注册。①

---

① 周行：《论域名权的性质及其法律保护》，《法制与社会》，2010（26），83 页。

（二）域名权的侵权与救济

在我国现行法律体系中，2001 年出台的《最高人民法院关于审理涉及计算机网络域名民事纠纷案件适用法律若干问题的解释》是目前关于域名侵权纠纷相关立法中法律效力最高的一个。

对域名权的侵权行为主要是：将与他人注册商标相同或者相近似的文字注册为域名，并且通过该域名进行相关商品交易的电子商务，容易使相关公众产生误认的。

人民法院可以适用《民法通则》第 4 条、《反不正当竞争法》第 2 条第 1 款来认定域名注册、使用中的侵权和不正当竞争行为。人民法院做出侵权或不正当竞争认定后，可以判令被告停止侵权、注销域名，或者依原告的请求判令由原告注册使用该域名；被告的行为给权利人造成实际损害的，还可以判令被告赔偿损失。

第六章　纸质传媒产业的知识产权保护

纸质传媒产业作为文化产业中重要的组成部分，它们建立在传播技术基础上，以提供精神产品和传播信息及知识为主要任务，传播活动以纸质媒介作为载体。纸质传媒产业主要指出版业、期刊业和报业。该产业最主要的表现形式就是图书、期刊、报纸等纸质媒介。

纸质传媒产业的发展，不仅能满足社会大众的精神需求，而且对整个社会的进步都有着深刻的影响。纸质传媒产业相比其他的文化产业，有较强的区域性特点，拥有广泛的读者群和较好的社会公信力，因此纸质传媒产业在知识经济时代，仍然有着巨大的发展潜力和空间。面对激烈的市场竞争，纸质传媒产业的健康发展，日益呼唤相应的法律制度予以保障。

第一节　纸质传媒产业的知识产权保护概述

一、我国纸质传媒产业的现状

由于历史的原因，我国纸质传媒产业先前的发展受意识形态等方面的影响，其经营在很大程度上还带有计划经济体制下的一些弊端，如市场主体单一、政府干预产业发展等。然而随着社会主义市场经济的建立和不断发展完善，纸质传媒的经济性和产业性逐渐为人们所认识并予以重视，市场竞争因素被引入到纸质传媒产业的发展中，使之初步形成了既服务于主流意识形态，又自由竞争、有序经营的市场格局。目前，我国的纸质传媒产业已经形成了一定的产业规模，并涌现了一批具有较强实力的传媒集团。从前景看，我国的纸质传媒产业仍有着巨大的发展空间。随着纸质传媒产业市场化进程的推进、相关法律法规制度的健全以及产业结构的调整，我国纸质传媒产业的竞争力将会大大地提升。

随着市场化的不断发展，我国纸质传媒产业出现了前所未有的繁荣景象，也使其面临新的挑战。突出表现就是纸质传媒产业的市场主体之间竞争不断加剧，不同的经营主体想尽一切办法扩展自己的市场份额，扩大自己的影响力。与此同时，纸质传媒产业中的恶性竞争也呈现蔓延趋势，利用不正当的竞争手段打击对手，侵犯其他经营主体的合法权益，同时也侵犯着权利人的合法权益。其中最重要的体现即是知识产权的侵权问题，比如侵犯作者的著作权、侵犯市场主体的商标权等等，这些非法竞争手段的出现严重影响了纸质传媒产业的健康发展。造成这种结果的原因在于产业主体缺乏知识产权观念，没有强烈的自我保护和发展意识。一些企业有"酒香不怕巷子深"的传统观念，认为消费者对其传统的产品有很强的信任感，没有必要在知识产权保护上下工夫和花成本。同时，缺乏专业的知识产权人才和知识产权的管理制度，安于现状，缺乏创新意识。

二、纸质传媒产业中的知识产权侵权类型

纸质传媒产业与其他文化产业相比，具有自己的特点，突出表现为以纸质媒介为载体进行信息与知识的传播。正是基于媒介载体可复制性强等特征，因此在纸质传媒的知识产权领域，不同的市场主体之间为了排挤竞争对手抢夺市场，采用了侵犯著作权与商标权等手段。这也损害了纸质传媒产业的健康发展。

（一）侵犯著作权

纸质传媒产业作为以可复制性强的纸质媒介为载体发展起来的文化产业类型，其载体的特性决定了著作权制度在该产业中的重要地位。在纸质传媒产业中，侵犯著作权集中体现在以下两个方面：

第一，纸质传媒产业的经营者（如出版社、报社等）之间为了竞争，在营利活动中侵犯相关权利人的著作权。

第二，纸质传媒产业的经营者为了独占市场资源，非法限制和侵犯著作权人的合法权益。这也是经常被人们忽视的一个方面。比如在一些期刊中，往往有这样的声明：向本刊投寄文字、图片稿件自发表之日起，其使用权归本杂志社所有，任何自然人、法人不得侵犯……这样的"霸王条款"对作者是否公平呢？作者向杂志社投稿，需要保证作品的合法性；杂志社在刊载作者的作品后，应当按照约定或国家规定的稿酬标准向作者支付报酬。在此过程中，作者授权杂志社行使其作品的复制权和发行权；杂志社获得这两种权利后，才可以刊载其作品、发行期刊。作者和杂志社双方的权利、义务都非常明确。而上述"霸王条款"中的"使用权"往往十

分宽泛，显然是对作者权利的严重侵犯。作者想要发表作品，传播自己的思想，就不得不答应。这既不符合《民法》中的平等原则和公平原则，也违反了《著作权法》中对于著作权人权利的规定。应当说，类似的做法在纸质传媒产业中，包括出版社、报社等，大量地存在。这无疑严重地侵犯了著作权人的合法权益，影响和阻碍了文化资源的合理分配。

（二）侵犯商标权

在纸质传媒产业中，为了适应日趋激烈的市场竞争，作为产业主体的出版社、杂志社以及报社都会开发并使用体现自身特点的商业标记，树立自己的商业品牌。一些运转良好的产业主体因为树立了良好的品牌，社会公众对其形成了一定程度的信赖，这些产业主体凭借自己的品牌在市场竞争中占据有利的地位。品牌(商标)无形中给纸质传媒产业的主体带来了巨大的商机和利润，促使产业主体不断壮大和发展，由此形成良性循环。而那些没有自己的品牌或品牌美誉度较低的产业主体在市场竞争中就会逐渐陷入困境。为了实现短期获利的目标或者打击报复竞争对手，这些实力较弱的产业主体往往会将竞争对手的驰名商标或注册商标用于自己的产品中，以此造成对消费者的误导。这种行为，不仅侵犯了权利人的合法权益，而且对整个纸制传媒产业的发展也产生了不良的影响。

在纸质传媒产业领域，对于知识产权的侵犯主要体现在著作权和商标权两个方面，但并不仅限于此，在市场竞争中可能还会涉及诸如商业秘密等其他的知识产权问题。限于章节的篇幅，在此不予赘述。

三、知识产权保护是纸质传媒产业健康发展的保障

（一）纸质传媒产业的发展需要法律保障

市场竞争日趋激烈，相应的，纸质传媒产业对于安全、有序的法律环境的需求也在不断地增强。

首先，纸质传媒产业的健康发展，需要公平有序的法律环境。市场主体在平等的条件下展开有序的市场竞争，从而优化资源配置；同时，按照市场经济的运作规则，获得市场回报，实现价值，是市场竞争主体的基本权利。而这些都有赖于法律的确认和界定。纸质传媒产业的发展也是如此。随着经济体制的改革，我国的纸质传媒产业逐渐摆脱了意识形态的束缚，取得了很大的发展，趋向繁荣，质量也在逐步提高。与此同时，随着发展的深入，纸质传媒产业对法律制度的需求也在增强，其生产和经营都迫切需要平等竞争、规范有序的外部法律环境，从而发展成为符合市场规

律的竞争强者。

其次，纸质传媒产业的发展离不开该产业生产经营主体自身法律意识的增强。市场经济是法治经济，一切市场主体都要按照法律的要求规范自己的市场行为，依法行使权利和履行义务，否则将受到法律的制裁。同时，市场主体还应当提高自身的法律意识，以此保护自己的合法权益，防范法律风险。纸质传媒产业的市场运作同样也符合市场经济的规律和法则，这就要求纸质传媒产业的生产经营主体按照法律法规的要求参与市场活动，同时要有必要的法律意识，在依法经营的同时，及时地运用法律武器维护自己的合法权益。作为纸质传媒产业的生产经营者，应当建立健全企业的各项规章制度，提高企业自身的法律意识。只有这样，纸质传媒企业才能充分发挥自己的优势，实现新的飞跃。

（二）纸质传媒产业的发展更离不开知识产权制度

从某种意义上说，传媒是对信息和知识的表达，纸质传媒则是利用纸质媒介为载体进行信息的有形传递，纸质传媒的规模式发展便形成了产业。而知识产权是人们基于对信息或知识的劳动所依法享有的权利。由此可以看出，纸质传媒产业和知识产权有着密切的联系。

第一，合理利用知识产权制度能使纸质传媒企业有效地防范法律风险，保护自身的合法权益。在纸质传媒产业的市场竞争中，时常会出现法律问题，最为突出的是知识产权侵权问题。掌握并合理地运用相关法律制度，对于企业有效地防范法律纠纷和风险，具有重要的意义；同时，可以保护自己的合法权益。

第二，纸质传媒企业利用知识产权制度，对于增强自身的实力和提升企业的商业价值具有重要意义。知识产权是权利人基于特定的劳动成果，依据法律的规定所享有的权利。知识产权的重要特征之一就是它的专有性，而专有性则体现了知识产权自身的价值。权利人在有效的期限内可以独享某种权利，其他任何人未经许可不得使用。在他人申请许可行使某项知识产权时，需要通过支付一定的费用等方式进行。纸质传媒企业作为某项知识产权的权利人时也是如此，因此可以通过这种方式增强实力。同时，纸质传媒企业拥有自主的知识产权，如通过注册依法获得商标权，并努力打造成知名品牌，这对企业来说是无形资产，因而提升了自身的商业价值。

第三，合理有效地利用知识产权制度，是我国加入 WTO 后的必然要求。我国加入 WTO 之后，国外的资本逐步进入到我国市场，与本土的企业进行竞争，这使得我国的市场主体面临着巨大的挑战，纸质传媒市场也同样如此。知识产权在未来的市场竞争中扮演着重要的角色，谁拥有更多的知识产权，谁能合理有效地利用知识产权制度，谁就会在市场竞争中获得优势。

第二节 纸质传媒产业知识产权保护的案例分析

因为纸质传媒多年来一直是主要的传播媒介，所以发生的版权纠纷案例非常多，既有报纸、杂志等侵权的案例，又有各类书籍的著作权官司。我们选择几件比较有代表性的案例进行具体分析。

一、典型案例 1：作品的思想是否受《著作权法》的保护

（一）案情介绍：《末代皇帝的后半生》的著作权纠纷①

李淑贤（溥仪遗孀）与贾英华曾为邻居，两家关系较好，经常往来。贾英华曾经帮助李淑贤整理溥仪的日记及其他遗留文字，并整理李的一些口述资料。1979 年到 1980 年，《人物》杂志社约稿，后刊登在《战地》杂志上的有关文章，以“李淑贤”为署名人，同时署名“贾英华整理”。

1980 年 6 月，李淑贤改变了与贾英华合作创作溥仪后半生传记作品的初衷，同意由王庆祥与其合作。存放在李淑贤处的溥仪的日记、其他文稿，以及出自贾英华手笔的整理成果（包括溥仪编年、写作采访线索、溥仪病历摘抄、李淑贤口述资料等共 2 万余字）全部由王庆祥带走。王庆祥获得资料后，于同年 10 月完成了《溥仪的后半生》初稿。1981 年初，天津《八小时以外》杂志连载过两期该初稿，连载时由王庆祥单独署名。

其后，李淑贤、王庆祥达成“著作权共有”协议，1988 年 11 月出版了《溥仪的后半生》一书。该书与 1980 年 10 月完成的初稿并无实质性差别。

1980 年李淑贤改变初衷时，贾英华曾要求继续参与创作《溥仪的后半生》一书，但被拒绝。于是贾英华决心独自创作。他自费采访了三百余人，包括与溥仪一起被特赦、一起从抚顺到北京的人，查阅了大量的档案资料（包括有关的新闻报道等），其收集、笔录的文字已超过千万。1984 年，《末代皇帝的后半生》一书初稿完成。其间又根据出版社及其他方面的意见，几次修改，于 1988 年 9 月向解放军出版社交付定稿，1989 年 6

① 郑成思：《知识产权案例评析》，2—7 页，北京，法律出版社，1994。

月出版。

1990年11月，李淑贤和王庆祥向北京市西城区人民法院起诉，称贾英华的《末代皇帝的后半生》一书抄袭《溥仪的后半生》一书内容达70%以上，侵犯了二人的著作权，要求法院判令贾英华：公开赔礼道歉，销毁存书、不再印刷出版，赔偿经济损失等。贾英华辩称：事实是王庆祥带走并使用了自己的整理成果，用于《溥仪的后半生》的创作；《末代皇帝的后半生》是自己独立创作的，根本不存在抄袭问题。

法院经过审理认定：创作历史人物的传记作品，当需要表现特定历史人物活动的客观事实时，不可能凭空杜撰，由此造成原告、被告所著传记在记述人物、时间、事件时所反映的客观史实和所用史料部分相同。这不能作为抄袭的依据。被告所著图书在创作风格、文学处理等表达形式上，体现了自己的特点，表明了其作品的独创性。原告不能证明这些形式属其所有。被告出于创作历史人物传记作品的需要，直接引用溥仪日记、文稿和个人回忆文章的数量远未超出合理限度。故原告认为被告所著传记抄袭了原告的作品、侵害了原告的著作权的主张不能成立，驳回原告的诉讼请求。

（二）本案焦点

本案中涉及的法律问题主要有以下几个方面：第一，《著作权法》的保护范围为何？著作权的客体，即作品的思想是否也属于《著作权法》保护的范围？第二，贾英华创作的《末代皇帝的后半生》是不是侵犯了李淑贤和王庆祥的著作权？

（三）法律规定

《著作权法实施条例》第2条　著作权法所称作品，是指文学、艺术和科学领域内具有独创性并能以某种有形形式复制的智力成果。

《与贸易有关的知识产权协议》第9条第2款　版权保护应延及表达，而不延及思想、工艺、操作方法或数学概念等。

《最高人民法院关于审理著作权民事纠纷案件适用法律若干问题的解释》第15条　由不同作者就同一题材创作的作品，作品的表达系独立完成并且有创作性的，应当认定作者各自享有独立著作权。

（四）法理分析

著作权是权利人基于文学、艺术和科学技术作品依法享有的专有权利，包括精神权利和财产权利。著作权的客体是作品，即具有独创性并能以某种有形形式复制的智力劳动成果。除了独创性和可复制性两个必要条件之外，《著作权法》侧重于保护思想和情感的表达。因此，独创性和思想表达二分理论是《著作权法》的两大理论基石。

作品的独创性，也称为原创性，是确定作品是《著作权法》保护对象的实质要件。所谓的独创性就是指作品是独立完成而非抄袭之作。对于不同类型的作品来说，独创性的要求也有较大的差别。比如对于编辑作品和翻译作品，其独创性主要体现在编辑和翻译行为的本身就是一种特殊的创作活动，由此产生的编辑作品和翻译作品，相对于原来的作品也产生新的著作权。判断作品是否具有独创性主要在于已经通过某种形式表达出来的作品本身，而不在于作品所要表达的事实以及思想和情感。比如对同一历史事件，不同的作者可以作出不同的表达，而且可以各自独立地享有著作权。其次，《著作权法》对作品独创性的判断主要在于作品是否是原始创作的产物，不同的作者创作出来的作品题材雷同，但具有独创性，各自可享有独立的著作权。

思想表达二分理论是确定《著作权法》保护范围的基本理论。这种“二分法”最先产生于美国，现在已被《与贸易有关的知识产权协议》采纳，我国的著作权理论也深受这一学说的影响。在《著作权法》中，对思想和表达进行二分的目的是为了形成一个思想自由的市场而不是造成对思想不适当的垄断，是要在获得期望报酬的作者利益和对进一步激励创作之间实现更好的平衡。因此，《著作权法》只保护具有独创性的表达，而不保护由作品所体现的思想和情感。尽管在法律上对思想和表达有不同的制度安排，但是应该看到思想和表达之间有着非常密切的联系。离开特定的表达形式，我们就无从知晓作品所要传递的思想情感。因此，从某种意义上讲，《著作权法》并非绝对不保护思想内容，而是通过保护以特定方式表达出来的作品来保护作品所包含的思想内容。然而，各自独立的对某种思想进行表达产生的作品，会产生相互独立的著作权。因此，《著作权法》对于作品思想的保护程度远远不及对以特定方式表达的作品本身的保护。

本案的争议焦点之一在于传记作品所涉及的主题（历史人物末代皇帝溥仪的生平事迹）是否属于《著作权法》保护的范围。本案中关于末代皇帝溥仪的生平事迹属于“思想”，而不是《著作权法》所保护的“表达”。任何人都可以基于类似这样的“思想”、基于客观事实去创作自己的作品。只要作品具有独创性，就享有著作权，受《著作权法》的保护。一般情况下，创作相同主题的历史题材或传记题材的作品，彼此之间不存在侵犯著作权的问题。本案中，为了刻画末代皇帝溥仪，需要表现特定历史人物生平的客观事实，作者不能凭空捏造或杜撰，因此不同的作者在各自的作品中对描述人物、时间、事件等内容及使用的史料有所雷同，不能作为抄袭的依据。据此，李淑贤和王庆祥诉贾英华的《末代皇帝的后半生》一书侵犯著作权，法院不予支持。

另外，在本案中，贾英华创作《末代皇帝的后半生》一书，是通过长期的采访、搜集资料、查阅相关史实档案，了解了溥仪的生平，并以此为主要内容完成作品的创作。同时，贾英华在作品的创作风格、文学处理等表达形式上都体现出了自己的特点，有独创性。这些都说明贾英华的《末代皇帝的后半生》是自己创作的作品，而不是抄袭《溥仪的后半生》一书的内容。相反，本案中，王庆祥带走了贾英华整理的部分资料并用于《溥仪的后半生》一书的写作，实际上构成了对贾英华作品的抄袭。综上，贾英华的《末代皇帝的后半生》一书属于其独立创作的作品，依法享有著作权，原告指控贾英华侵犯著作权的理由不能成立。

（五）简要评论

《著作权法》的立法目的，在于鼓励并奖励人们进行创作，繁荣社会的精神文化生活，以增进公共福祉，而不是单纯授予独占的权利。个人的艺术创作固然应该鼓励，但是私人的动机和目的最终仍然应当符合推广文学艺术、服务大众生活的目标。因此，在《著作权法》中的思想、表达二分学说为著作权人行使权利作出了合理的限制，这实际上是对公共利益和私人利益的平衡和协调。

二、典型案例 2：电视节目预告表是否是《著作权法》保护的对象

（一）案情介绍

广西广播电视报社自 1979 年创办《广西广播电视报》后，经自治区广播电视厅和中国电视报社同意，取得刊登广西电视台和中央电视台节目预告的权利，并向中国电视报社和广西电视台支付报酬。广西广播电视报社每周四出版《广西广播电视报》，在全区各地发行。广西煤矿工人报社未经同意，从 1987 年起，每周星期一在其报纸《广西煤矿工人报》上转载广西广播电视报社报纸中刊登的中央电视台、广西电视台一周的电视节目预告表。广西广播电视报社曾就非广播电视报擅自刊登有关电视节目预告的问题分别于 1988 年 2 月 1 日和 1989 年 5 月 8 日在《广西广播电视报》上发表声明。广西版权局于 1989 年 9 月 22 日下达《关于广播电视节目预告转载问题的通知》后，广西煤矿工人报社向广西壮族自治区版权局作了

汇报，表示可以通过调解的方式处理，愿意支付给广西广播电视报社转载部分电视节目预告（每期付16元）的资料费。广西广播电视报社不同意这一处理意见，协商不成。广西广播电视报社于1990年2月4日向广西壮族自治区版权局提出申诉，要求自治区版权局作出裁决。版权局于1990年7月20日作出裁定，认定广西煤矿工人报社的行为已经构成侵权，裁定：一、立即停止侵权；二、公开向广西广播电视报社赔礼道歉；三、赔偿经济损失6360元。广西煤矿工人报社认为电视节目预告表不属于《著作权法》保护的对象，广西广播电视报社对此不享有版权，请求广西壮族自治区版权局复议。广西壮族自治区版权局于1990年11月8日再次发文，维持原裁定。广西煤矿工人报社认为广西壮族自治区版权局的裁定没有法律依据而拒绝执行。广西广播电视报社于1991年8月15日向法院提起诉讼。

广西广播电视报社在诉讼中称：本报享有刊登广西电视台和中央电视台电视节目预告的权利，中国电视报社还授权本报社代为追究广西境内各种非广播电视报擅自刊登中央电视台节目预告的侵权行为。在《广西广播电视报》上本报社就擅自刊登有关电视节目预告表的问题，多次发表声明进行制止，而被告仍然继续在每周一出版的报纸中刊登广西电视台和中央电视台的节目预告表。被告的行为已经侵犯了原告的版权，其行为直接影响了原告在广西煤矿系统和合山市的发行工作，给原告造成了较大的经济损失。原告请求法院判令被告立即停止刊登广西电视台和中央电视台的一周的电视节目预告表的侵权行为，公开赔礼道歉并赔偿经济损失。

被告辩称：《广西煤矿工人报》从1987年起至今一直刊登广西广播电视节目预告是事实。但是，电视节目预告表是时事新闻。而我国的《著作权法》第5条第2款明确规定，时事新闻不受法律保护。广西煤矿工人报社并没有全部将《广西广播电视报》的电视节目预告和文章翻印，也根本没有将整张广播电视报复印下来出售。因此，广西广播电视报社起诉本报社侵犯了他们的版权是没有法律依据的。

（二）本案焦点

本案的焦点主要涉及以下法律问题：我国《著作权法》保护的对象范围；电视节目预告表是否属于我国《著作权法》的保护对象。

（三）法律规定

《著作权法实施条例》第2条　《著作权法》所称作品，是指文学、艺术和科学领域内具有独创性并能以某种有形形式复制的智力成果。

《著作权法实施条例》第3条　《著作权法》所称创作，是指直接产生文学、艺术和科学作品的智力活动。为他人创作进行组织工作，提供咨询意见、物质条件，或者进行其他辅助工作，均不视为创作。

（四）法理分析

我国《著作权法》对作品的著作权只要求作品具有独创性即可，即使所表达的思想和别人的作品相同也不受《著作权法》的禁止，这就是我们前面提到的思想和表达的二分理论。但这并不意味着只要是作者独立劳动的产物都会受到《著作权法》的保护，作者享有作品的著作权必须付出反映作品独创性的劳动，并体现作者的个性，而通过对事实的堆砌和罗列所产生的成果是不具有独创性的。那么，哪些类型的作品是我国《著作权法》所保护的对象？哪些作品又是我国《著作权法》所不予承认的？本案中的电视节目预告表是否具有独创性，以及是否受著作权保护？以下将逐步进行分析。

1. 我国《著作权法》保护的对象是作品，即著作权的客体是作品

著作权的客体是指受《著作权法》保护的文学、艺术和科学技术作品。对于受著作权法保护的作品的范围，《著作权法》第 3 条作了明确的规定，包括以下作品：文字作品；口述作品；音乐、戏剧、曲艺、舞蹈、杂技艺术作品；美术、建筑作品；摄影作品；电影作品和以类似摄制电影的方法创作的作品；工程设计图、产品设计图、地图、示意图等图形作品和模型作品；计算机软件；法律、行政法规规定的其他作品。此外，对于计算机软件、民间文学艺术作品等几种特殊的作品，保护办法由国务院另行规定。

明确了我国《著作权法》保护的对象，并不意味着《著作权法》没有列举的作品类型得不到法律的保护。不受《著作权法》保护的对象，分为两种类型：不受《著作权法》保护的作品和不适于《著作权法》保护的作品。

首先，不受《著作权法》保护的作品。我国《著作权法》第 4 条规定，著作权人行使著作权，不得违反宪法和法律，不得损害公共利益。国家对作品的出版、传播依法进行监督管理。我国《著作权法》的立法宗旨是既保护作者的合法权益，又鼓励有益于社会主义精神文明建设的作品的创作和传播。因此，违反宪法和法律的作品，反社会的、淫秽的作品违反了国家的法律，损害了社会公共利益，不仅不受法律的保护，而且要受到法律的制裁。但是，在实践中应当注意的是，因为没有办理审批手续或由不具有出版资格的出版机构擅自出版发行某一作品而导致该出版行为被查

处的，属于违反出版管理法规的行政违法行为，并不影响作品受到《著作权法》的保护，作者仍依法享有著作权。

其次，不适于《著作权法》保护的作品。我国《著作权法》第5条列举如下，法律、法规，国家机关的决议、决定、命令和其他具有立法、行政、司法性质的文件，及其官方正式译文；时事新闻；历法、通用数表、通用表格和公式。《著作权法》旨在通过确认和保护作者对于其作品的专有权利，鼓励和促进文学艺术和科学作品的创作。然而，过分地、不加区分地保护这种专有权利，也会使得文学艺术和科学作品的创作举步维艰。所以，法律除了设置限制性规范，还明确规定以上作品不适于《著作权法》的保护。立法及司法性质的文件，是国家意志的体现，应当具有相当的透明度，需要广大人民群众了解，并为每个希望了解的人提供方便，这是法制社会的要求，也是尊重公众权利的体现。另外，这些文件作为一种重要的公共信息资源，是由国家机关使用纳税人缴纳的税金而形成的，因此社会公众使用这些资源不必再支付额外的费用。时事新闻是通过报纸、期刊、电台、电视等媒介报道的单纯的事实消息。《著作权法》将其排除在保护范围之外，是为了使这样的事实消息能真实迅速地传播，满足公众的知情权。单纯的时事新闻只是反映一定客观事实的存在，无需太多的独创性劳动，所以时事新闻不受《著作权法》的保护是妥当的。当然，如果有人将这些时事新闻通过调查或采访，完成诸如报告文学、通讯稿、纪实文学等作品，则这些作品不再属于时事新闻，理应受到《著作权法》的保护。历法、通用数表、通用表格和公式不受到《著作权法》的保护，其原因在于：其一，它们是许多人共同劳动的结果，其原始创作就具有特定的社会公益性目的，它们本身就是为了让人们运用以推动社会的发展；其二，历法、通用数表、通用表格和公式虽然也采取了作品的表达形式，但是这些表达形式属于“唯一表达”，任何人在其作品的创作过程中不可能或者不应该作出与此不一致的表达，否则将会误导社会公众。

尽管我国《著作权法》第4条和第5条对不受《著作权法》保护的作品作了明确规定，但这两条规定并不是封闭的，并不意味着列举之外的作品都将受到《著作权法》的保护。随着社会的发展，新的作品类型不断出现，法律不可能对现实生活中许多根本不具备著作权构成要件的作品加以完全列举。

2. 电视节目预告表是否受《著作权法》的保护

在本案中，被告辩称电视节目预告表属于《著作权法》第5条规定的时事新闻，因此不受保护，被告并没有侵犯原告的著作权。那么电视节目预告表是否属于时事新闻呢？首先我们来看一下时事新闻的含义。根据《现代汉语大辞典》的解释，所谓“时事”，是指“最近期间的国内外大事”。所谓“新闻”，根据《辞海》的解释，是指“报社、通讯社、广播电台、电视台等新闻机构对当前政治事件或社会事件所作的报道”。从以上解释来看，电视节目预告表显然不属于时事新闻的范畴。在本案中，被告的解释是不合理的。

在判定了“电视节目预告表不属于时事新闻”之后，我们也不能就此认定电视节目预告表应当受到《著作权法》的保护。我们还要看电视节目预告表是否满足《著作权法》中作品的构成要件，即是否具有独创性。独创性是一切作品享有著作权的前提。作品的独创性体现在其对作品的表达与他人作品、客观事实以及该思想的通常表达有所不同，反映了作者创作的个性。在实际生活中，并不是付出了智力劳动的成果都享有著作权，作者只有通过其创作赋予作品独创性的表达，这样的作品才是《著作权法》保护的对象。电视节目预告表只是对电视台一定时段内的电视节目按照时间顺序进行排列，不论电视台为调整节目安排付出了多少劳动，但这种劳动都只是对单纯的事实信息进行简单的排列组合，是机械的智力劳动，不能产生《著作权法》规定的作品，因此不能赋予其著作权。当然，如果报社将若干作品、作品的片断等进行汇编，在内容的选择和编排上体现其独创性，则报社对其完成的汇编作品完全可以享有著作权。在本案中，广西广播电视报社所出版发行的报纸，不管从内容的选择还是编排上都体现出一定程度的独创性，因而在整体上享有著作权。广西煤矿工人报社如果将广西广播电视报的整张报纸（包括电视节目预告表和其他的内容）全部翻印并出售，则侵犯了广西广播电视报社的著作权，依法应当承担责任。但广西煤矿工人报社并没有实施此种行为。

综上，广西煤矿工人报社并没有侵犯广西广播电视报社的著作权，原告的主张不能成立。

3. 不受《著作权法》的保护并不等于不受法律保护

从上述分析可以看出，本案中广西广播电视报社对电视节目预告表主张的著作权不能成立，但是这并不意味着广西广播电视报社的权益不能得到法律的有效保护。广西广播电视报社通过有偿形式获得了中央电视台的授权，专有使用其电视节目预告表，在广西地区以报纸的形式向公众传播，是一种应该受到保护的合法权益。而本案被告广西煤矿工人报社在未经授权和许可的情况下，同样以报纸的形式无偿地刊登广西广播电视报的节目预告表，并有偿地提供给社会公众。这种做法显然违反了我国《民法通则》中规定的公平、等价有偿和诚实信用的原则，同时也属于不正当的竞争行为。因此，广西煤矿工人报社应当向广西广播电视报社承担相应的法律责任。

（五）简要评论

我国《著作权法》虽然对其保护对象作出了明确的规定，但这并不说明除此之外的作品都不受《著作权法》的保护，比如计算机软件等。同样，《著作权法》对不受其保护的作品进行了规定，但也不意味着不在其中的作品就必然是《著作权法》所保护的。由此可见，我国《著作权法》对保护对象的有关条文，是开放式的，而非封闭的。随着社会的发展和科技的进步，在现实生活中不断出现新的作品形式和类型，这些作品是否享有著作权，是否受到《著作权法》的保护，不能照本宣科，而是要根据作品的具体情况加以分析。判断作品是否受到《著作权法》的保护，最关键的一点要看完成的作品是否符合我国《著作权法》规定的作品的实质要件，即作品是否具有独创性。并非付出智力劳动创作出来的作品都具有著作权，都受到法律的保护。作者只有付出独创性的劳动，并在作品中体现独创性表达或自己的个性，才能对完成的作品享有著作权。只是对客观事实或事件进行简单的陈述、罗列或堆砌而完成的所谓作品，是不具有著作权的，当然不受《著作权法》的保护。上述案件中的电视节目预告表即是如此。

同时，我们还应当看到，某一事物得不到某一部法律的保护并不意味着其在法律保护上处于真空状态。在本案中，虽然电视节目预告表不是《著作权法》的保护对象，但《民法通则》等其他法律对保护权利人的合法权益提供了依据。

三、典型案例3：汇编作品的独创性如何体现？

（一）案情介绍：《现代汉语词典》侵权案[①]

《现代汉语词典》（以下简称《现汉》）是由中国社会科学院语言研究所编纂的一部词典，由商务印书馆于1978年正式出版发行，该版收录条目56000条。《现代汉语词典补编》（以下简称《补编》）是《现汉》的增

① 最高人民法院中国应用法学研究所编：《人民法院案例选（知识产权卷）》，210—219页，北京，中国法制出版社，2000。

补本，由语言研究所于1988年3月完成，商务印书馆出版发行。《新现代汉语词典》（以下简称《新现汉》）、《现代汉语大词典》（以下简称《大现汉》）是由王同亿主编、海南出版社于1992年12月出版发行的辞典。

语言研究所、商务印书馆向北京市第一中级人民法院起诉，诉称王同亿及海南出版社未经原告同意，在其主编、出版发行的《新现汉》和《大现汉》中，以照抄、略加改动或增删个别无关紧要的词等方式，使用了原告的《现汉》和《补编》两部著作的大量内容，这种抄袭行为严重地侵犯了原告的著作权和专有出版权。被告在《新现汉》上还使用了与原告的《现汉》近似的书名，仅加一“新”字，并通过新闻媒介宣传其为“换代产品”，这种行为已构成了不正当竞争。原告请求法院判令被告立即停止侵权，销毁库存侵权书籍，公开赔礼道歉，消除影响并赔偿损失。

被告王同亿、海南出版社辩称：原告指控的抄袭，是针对《现汉》、《补编》中词条的一个或几个义项而言。这些义项在前人出版物中均能见到，属于约定俗成、可以共享的社会公用的词语材料。语言研究所只是对这些义项进行了“收集”和“记录”，不属于创作，义项并不是独立的作品，语言研究所只能对《现汉》和《补编》享有整体著作权。被告使用这些义项不构成对原告著作权和专有出版权的侵害。《新现汉》与原告的《现汉》、《补编》名称不同、类别不同、装潢不同、内容也不同；“现代汉语”是通用名称，原告无权垄断。自己的行为不构成不正当竞争，并要求法院驳回原告的诉讼请求。

在审理过程中，北京市第一中级人民法院委托北京大学中文系进行了比较鉴定。鉴定结论为：1.《新现汉》有27830余条义项与《现汉》、《补编》相同，分为四种类型：注例皆同的计15930余条；注同，《新现汉》无例句、增加例句或改动例句的计4310余条；例句相同的计2260余条；注或例相同，但增减可有可无字或错误的计5330余条。2.《大现汉》前、中、后共抽样600页，有9280余条义项与《现汉》、《补编》相同，分四种类型：注例皆同的计6570余条；注同，《大现汉》无例句、增加例句或改动例句的计950余条；例句相同的计790余条；注或例相同，但有增减属于可有可无字或错误的计1510余条。对此鉴定报告，原告没有异议。两被告对其中认定的相同义项未直接否认，但认为鉴定报告中所列例词的义项释义在20多本前人或其他同类作品中有记载，因而没有独创性，不属于著作权的客体；况且以个别词条作为例证，不能说明被指控抄袭的全部事实，要求逐条核实重新鉴定。

北京市第一中级人民法院还裁定对被告采取剪贴方式完成的《新现汉》、《大现汉》的原始稿采取了保全措施。经对原始稿审查，可以明显看出剪贴《现汉》、《补编》的情况。

经审理，北京市第一中级人民法院认定：《新现汉》对《现汉》、《补编》进行抄袭的义项约27830余条，抄袭字数约560千字，占《新现汉》全书的13%，占《现汉》、《补编》的14%；《大现汉》前、中、后各抽取200页，共600页，抄袭《现汉》、《补编》的义项约9820余条，《大现汉》全书1888页，故认定抄袭义项约为30900余条，抄袭字数约为1082千字，占《大现汉》的16%，占《现汉》、《补编》的28%。

北京市第一中级人民法院认为：《现汉》、《补编》是语言研究所在对大量词语使用频率、习惯等情况进行研究、筛选后，首次系统地对现代汉语词汇给出了释义和例句，是独立创作完成的一部辞书类作品，语言研究所依法享有著作权。根据辞书类作品的特点，语言研究所对具有独创性的义项也享有著作权。商务印书馆依法享有该书的专有出版权。

根据辞书创作的特点，词条的解释选择范围有限，可能会与前人或他人的词典解释雷同，但基于借鉴出现的一致与基于抄袭而出现的字字相同是有区别的。经过对鉴定报告中列举的例词义项与在先词典相同词条的对比核实，证明原告《现汉》、《补编》中这些例词义项的释义和例句与在先词典不同，具有独创性；而被告《新现汉》、《大现汉》中的这些例词却与《现汉》、《补编》相同。被告没有充分证据证明原告指控的抄袭例词源于公知领域，鉴定报告可以采信。被告要求逐条核实和重新鉴定没有充分的理由，不予支持；鉴定报告中所统计的相同义项的条数应被认定为抄袭条数。被告在作品中将原告词典中大量的词条释义照抄，甚至将过时的例句照搬，被告的抄袭行为是显而易见的。

词典不同于其他作品，它是由一个个词条组成的，词条下又有若干个义项。被告认为义项不是独立作品，不享有著作权的观点不能成立。原因在于判断抄袭行为不以所抄袭的部分是否构成独立作品为要件。被告在《新现汉》、《大现汉》中使用《现汉》、《补编》中的大量词条，没有指明被使用作品作者的姓名、作品名称，不是为了介绍、评论某一作品或说明某一问题，不属于《著作权法》中所规定的合理使用行为。

被告王同亿作为《新现汉》与《大现汉》的主编，在这两部词典中大量使用原告作品《现汉》、《补编》的内容，已构成抄袭。王同亿在该书出版时担任海南出版社的总编，应认定海南出版社明知《新现汉》、《大现汉》有抄袭内容，仍以营利为目的复制发行侵权作品。王同亿、海南出版社的行为已构成对原告著作权及专有出版权的侵害，应依法承担共同侵权责任。

《现汉》经过多年的出版发行，已在广大读者中具有较高的信誉和知名度。但原告未提出被告使用《新现汉》这一书名造成与《现汉》误认的充分依据。因此，对原告提出的被告使用《新现汉》书名的行为构成不正当竞争行为的主张，不予支持。

王同亿、海南出版社不服此判决，向北京市高级人民法院提起上诉。

北京市高级人民法院认为：词典中的有些释义是经过长期实践形成的历史积淀，如同义释义等。用来释义的同义词，在长期使用过程中已形成趋于固定的对应关系，不能轻易调换；某些时间词、称谓词、词义较为简单的词及专业词的释义用语的选择范围也非常有限，对这部分释义不应给予著作权法的保护。一审判决把《现汉》、《补编》中这部分释义划入《著作权法》保护的范围是错误的，应予纠正，并应把《新现汉》、《大现汉》中相应的这部分释义从抄袭中予以排除。但鉴于这部分释义在《现汉》、《补编》中所占数量不多，一审判决赔偿额并不高，更重要的是被上诉人对这部分释义也付出了劳动，而上诉人是直接照搬被上诉人的劳动成果，故对一审判决所判上诉人承担民事责任中的这部分不予排除。综上，一审判决认定事实清楚，处理结果基本正确，上诉人的上诉理由不能成立，驳回上诉，维持原判。

（二）焦点问题

本案主要涉及汇编作品的著作权问题。什么样的作品是汇编作品？在《著作权法》的框定下，汇编作品如何体现其独创性？这些即是本案的焦点。

（三）法律规定

《著作权法》第 10 条　著作权包括下列人身权和财产权：……（十六）汇编权，即将作品或者作品的片断通过选择或者编排，汇集成新作品的权利……

《著作权法》第 14 条　汇编若干作品、作品的片断或者不构成作品的数据或者其他材料，对其内容的选择或者编排体现独创性的作品，为汇编作品，其著作权由汇编人享有，但行使著作权时，不得侵犯原作品的著作权。

《与贸易有关的知识产权协议》第 10 条　……数据或其他材料的汇

编，无论采用机器可读形式还是其他形式，只要其内容的选择或安排构成智力创作，即应予以保护。这类不延及数据或材料本身的保护，不得损害数据或材料本身已有的权利。

（四）法理分析

1. 汇编作品的含义及其著作权归属

对于汇编作品，《著作权法》第 14 条有明确的规定。汇编一般包括文字作品、作品片断的编辑和数据的编辑，前者产生的是编辑作品，而后者产生的是数据库作品，二者统称为汇编作品。在修订前的《著作权法》中，汇编作品相对应的是编辑作品。但随着科技的进步，作品的表现形式也变得多样化。将原本不属于《著作权法》保护的公共信息资源加以汇编整理，成为方便使用的汇编作品——数据库作品，同样享有著作权。所谓汇编，其对象既包括享有著作权的作品，也包括不享有著作权的公共信息资料，由于其汇编加工整理的过程投入了一定的智力劳动，形成了新的作品表现形式，且具有独创性，故应当受到《著作权法》的保护。通过对前后《著作权法》规定的比较可以看出，新《著作权法》规定的汇编作品范围扩大了。这一变化的最大意义在于对具有独创性的数据库作品的保护更加完整了。

关于汇编作品著作权的归属及行使，根据我国《著作权法》第 14 条规定，汇编作品的著作权归汇编人享有，但行使著作权时，不得侵犯原作品的著作权。这就需要汇编人在基于他人的原有作品进行汇编作品的创作时，首先应当取得原有作品著作权人的许可，在原作者的授权下才可以利用其作品进行新的汇编作品的创作。汇编人与原著作权人因此达成的协议，对双方当事人都具有约束力。应当注意的是，受约束和限制的不仅仅是使用他人作品的汇编人，还包括原作品的作者。汇编人在利用他人作品时不得侵犯原作品的著作权，原作品的作者也不得违反双方合同的约定。可见，原作品的作者和汇编作品的作者都享有各自的著作权，但在其各自著作权的行使上都要受到一定的局限。综上，对于原本就享有著作权的作品进行汇编整理，所形成的汇编作品存在双重著作权的问题，汇编作品的汇编人和原作品的作者对自己创作并体现独创性的作品都享有著作权。关于双重著作权的处理，既涉及法律的规定，又有当事人合同的约定。而对于原来不存在著作权的资料或数据进行整理完成的具有独创性的作品，产生了新的著作权，这是修订后的《著作权法》中所体现的。

2. 汇编作品独创性的体现

对作品、作品片断以及其他数据或材料进行编辑整理，是否能够成为汇编作品，最关键的是要看汇编人对材料的选择和编排是否体现汇编人的独创性。对材料或数据的选择没有体现汇编人的独创性，即使汇编人为此付出了艰辛的劳动，也不能成为《著作权法》意义上的汇编作品，不能得到《著作权法》的保护。

在进行汇编作品的创作时，汇编人首先要对汇编作品的内容进行确定。这就需要汇编人根据一定的标准或方法对相关的作品、作品片断以及其他材料或数据进行选择和取舍。在汇编内容确定之后，汇编人还要按照自己的构思依照特定的顺序和结构对自己选定的内容素材进行编排。无论是对素材内容的选择，还是对编排结构和内容的安排，都能够体现出汇编作品的创作者是否具有自己的独立判断和独特创新。因此，只有体现汇编人独特的个性和鲜明的思想，具有独创性的选择和编排的汇编作品才能受到《著作权法》的保护。

在本案中，原告语言研究所对其所编写的《现汉》及《补编》享有著作权，被告的《新现汉》和《大现汉》侵犯了原告所享有的合法权利。在词典的创作过程中某些释义或解释属于公共资源，这些释义有的是经过长期实践形成的历史积淀，有的是在长期使用过程中已形成趋于固定的对应关系等。因此，最高人民法院判定，被告对这些公共资源的使用并没有侵犯原告的著作权。但是被告在其编写的两部词典中，大量抄袭了原告在其《现汉》和《补编》中的内容（其中包括对体现原告独创性的内容选择和编排进行抄袭和照搬），构成了对原告权利的侵犯。《现汉》和《补编》作为汇编作品，是原告语言研究所在对大量词语的使用频率、习惯等情况进行研究筛选后，系统地对现代汉语词汇给出了释义和例句，在内容的选择和编排上都体现了汇编人的独创性，是独立创作完成的辞书类作品，语言研究所应当享有著作权。同时，语言研究所也对具有独创性的义项享有著作权。由此可见，原告语言研究所依法对其汇编作品《现汉》和《补编》享有著作权，被告的行为侵犯了原告的合法权益。

（五）简要评论

我国《著作权法》对汇编作品和汇编作品著作权的归属及行使都做出了明确的规定。汇编作品是在利用原有作品、作品片断以及其他材料或数据的基础上，对素材进行独创性的整理和编排而产生的作品。汇编作品由于其在素材的选择与编排上具有独创性，汇编人在整理创作的过程中付出了自己的劳动和独特的构思，因而汇编人对汇编作品整体上享有著作权。

但对于汇编作品所包含的素材或内容，并不享有著作权，除非是汇编人独立创作产生的。对于作品或作品片断的汇编属于对原有作品的利用，必须经过原有作品著作权人的许可，未经许可而擅自使用会造成对原作者著作权的侵害。

与《现代汉语词典》著作权纠纷相似的案件在我们生活中经常发生。这个案例提醒人们，在实践中应充分重视对汇编作品著作权的保护和防范。对于汇编作品，其本身所涉及的内容或素材可能并不享有著作权，有的甚至是公共资源，但是经过汇编人的劳动，在内容的选择和编排上都体现了汇编人的独立构思和创意，在此基础上形成的汇编作品，汇编人依法享有著作权。因此，其他人在进行类似的创作时，应当注意尊重汇编作品的著作权。不加修改地对汇编作品内容进行照搬或抄袭，本身就意味着非法利用了原作品汇编人在内容选择和编排上所体现出的独创性，相反，在自己的作品中没有独创性可言，侵犯他人汇编作品的著作权也就在所难免了。

四、典型案例 4："清华"商标权的保护

（一）案情介绍：北京两出版社冒用"清华"名义被判侵权[①]

团结出版社和北京市青少年音像出版社因未经"清华"商标持有人的许可，擅自在其出版发行的图书、光盘、磁带等出版物中将"清华"作为名称及标识的最显著部分使用，被清华大学和清华大学出版社以侵犯商标专用权和不正当竞争为由告上法庭。

2003 年 11 月，清华大学出版社出版了由孙瑞玲主编的《清华幼儿英语》，面向 3～7 岁幼儿。2005 年 6 月，团结出版社出版了《清华早读》系列幼儿教育用书，还包括教师用书、小字卡以及配套磁带、光盘等。配套磁带和光盘均由青少年音像出版社出版发行。在《清华早读》（幼儿用书）的封面和第一页中，教师用书的封面、封底和第一页中，除书名为"清华早读"外，均标有由"清华"文字和华表等图案组合而成的图标，在小字卡的第一页和最后一页也标有该图标，在磁带和光盘的外包装以及磁带和光盘上均标有"清华早读"字样，在磁带和光盘的外包装上还标有由"清华"文字和华表等图案组合而成的图标。在 2006 年第 1 期的《学前教育》

---

① 参考《北京两出版社冒用"清华"名义被判侵权》，http://www.chinacourt.org/article/detail/id/220159.shtml。

和《幼儿教育》期刊上，刊登了《清华早读》系列产品的广告。此外，团结出版社和青少年音像出版社还以印刷品的形式发布了《清华早读》系列产品的广告，在这些广告中均标有由“清华”文字和华表等图案组合而成的图标。

原告清华大学、清华大学出版社认为，团结出版社和青少年音像出版社未经清华大学和清华大学出版社许可，在《清华早读》图书、光盘、磁带、字卡、教师用书及宣传中，擅自将“清华”名称、“清华”商标在其出版物上作为名称及标识的最显著部分使用，侵犯了清华大学的商标专用权，构成不正当竞争。

北京市第一中级人民院认为，“清华”作为清华大学的简化称谓，早已广泛地被人们接受并使用，“清华”商标从注册伊始就已经具有极高的知名度，在教育领域具备驰名商标的条件，应当认定为驰名商标。被控侵权的产品《清华早读》作为幼儿教育类图书和音像制品，产品的性质与教育密切相关，在用途、用户、销售渠道等方面与接受教育服务的人群基本一致。因此，团结出版社和青少年音像出版社出版发行的《清华早读》系列产品与清华大学在第41类服务上注册的“清华”商标构成类似。

另外，在《清华早读》系列产品上均标有带有“清华”字样的图标，且系列产品名称中的“清华”与“早读”并不符合汉语修辞的词组搭配，也没有证据表明“清华早读”属于约定俗成的表述方式。团结出版社和青少年音像出版社在其产品上使用与清华大学注册商标完全相同的“清华”字样，或作为图标的一部分，或作为产品名称的一部分，均具有区别商品来源的作用，易使相关公众将其与清华大学联系在一起，并足以造成相关公众对该产品来源的混淆、误认。

因此，北京市第一中级人民法院一审判令两被告在其出版的《清华早读》系列产品上以及广告宣传中停止使用“清华”字样，并赔偿原告清华大学、清华大学出版社共计人民币30万元。

（二）焦点问题

本案中主要涉及以下问题：商标权的含义及内容；关于驰名商标的保护；团结出版社和北京市青少年音像出版社是否侵犯了清华大学和清华大学出版社的商标专用权。

（三）法律规定

《商标法》第3条　经商标局核准注册的商标为注册商标，包括商品商标、服务商标和集体商标、证明商标；商标注册人享有商标专用权，受法律保护……

《商标法》第 51 条　注册商标的专用权，以核准注册的商标和核定使用的商品为限。

《商标法》第 52 条　有下列行为之一的，均属侵犯注册商标专用权：（一）未经商标注册人的许可，在同一种商品或者类似商品上使用与其注册商标相同或者近似的商标的……

《商标法》第 14 条　认定驰名商标应当考虑下列因素：（一）相关公众对该商标的知晓程度；（二）该商标使用的持续时间；（三）该商标的任何宣传工作的持续时间、程度和地理范围；（四）该商标作为驰名商标受保护的记录；（五）该商标驰名的其他因素。

《商标法》第 13 条　就相同或者类似商品申请注册的商标是复制、摹仿或者翻译他人未在中国注册的驰名商标，容易导致混淆的，不予注册并禁止使用。

就不相同或者不相类似商品申请注册的商标是复制、摹仿或者翻译他人已经在中国注册的驰名商标，误导公众，致使该驰名商标注册人的利益可能受到损害的，不予注册并禁止使用。

《驰名商标认定和保护规定》第 2 条　本规定中的驰名商标是指在中国为相关公众广为知晓并享有较高声誉的商标。

相关公众包括与使用商标所标识的某类商品或者服务有关的消费者，生产前述商品或者提供服务的其他经营者以及经销渠道中所涉及的销售者和相关人员等。

《驰名商标认定和保护规定》第 3 条　以下材料可以作为证明商标驰名的证据材料：（一）证明相关公众对该商标知晓程度的相关材料；（二）证明该商标使用持续时间的有关材料，包括该商标使用、注册的历史和范围的有关材料；（三）证明该商标的任何宣传工作的持续时间、程度和地理范围的有关材料，包括广告宣传和促销活动的方式、地域范围、宣传媒体的种类以及广告投放量等有关材料；（四）证明该商标作为驰名商标受保护记录的有关材料，包括该商标曾在中国或者其他国家和地区作为驰名商标受保护的有关材料；（五）证明该商标驰名的其他证据材料，包括使用该商标的主要商品近三年的产量、销售量、销售收入、利税、销售区域等有关材料。

《最高人民法院关于审理商标民事纠纷案件适用法律问题的若干规定》

第1条　下列行为属于《商标法》第52条第5项规定的给他人注册商标专用权造成其他损害的行为：（1）将与他人注册商标相同或者近似的文字作为企业的字号在相同或者类似的商品上突出使用，容易使相关公众产生误认的；（2）复制、摹仿、翻译他人注册的驰名商标或其主要部分在不相同或者不相类似商品上作为商标使用，误导公众，致使该驰名商标注册人的利益可能受到损害的；（3）将与他人注册商标相同或者相近似的文字注册为域名，并且通过该域名进行相关商品交易的电子商务，容易使相关公众产生误认的。

（四）法理分析

1. 商标权的内容

商标，是指商品的生产者、经营者或服务的提供者在其生产、经营的商品或服务上使用的以区别同一种或类似商品或服务的显著标记，通常是由文字、图形或其组合等构成。商标权是指商标所有人依法对其使用的商标所享有的权利。在我国，商标权又称注册商标专用权，是商标注册人对其注册商标所享有的权利。从商标权的范围来看，商标权主要有两方面的权利构成，一是使用的权利，二是禁止他人使用的权利。

值得注意的是，我国《商标法》规定的商标权人的禁止权的范围要大于商标权人的专有使用权的范围。我国《商标法》第51条规定，注册商标的专用权，以核准注册的商标和核定使用的商品为限；同时，第21条规定，注册商标需要在同一类的其他商品上使用的，应当另行提出注册申请。从以上两条看出，我国商标专有使用权的范围限定在核准使用的商品上，不能延伸到同一类的商品上。同时《商标法》第52条规定，未经商标注册人的许可，在同一种商品或者类似商品上使用与其注册商标相同或者近似的商标的行为，属于侵犯商标专有使用权的行为。这说明商标权人禁止权的范围并不局限于核定使用的商品上，还扩及类似的商品。这两方面权利的不对称在商标权领域出现，而在著作权和专利权领域则没有。在后两个领域，凡权利人可以依法禁止他人实施的行为，就是权利人自身应依法实施的行为。[①] 之所以在商标权领域出现这种权利不对称的情形，主要是因为保护商标权的制度，其直接目的不仅仅在于保护商标权人的利益，更重要的是在于保护消费者的合法权利，维持良好的市场竞争秩序。

---

① 郭明瑞、唐广良、房绍坤：《民商法原理（二）》，610页，北京，中国人民大学出版社，1999。

2. 驰名商标

在我国，驰名商标是指经过长期使用，在市场上享有较高信誉并为相关公众广为知晓的商标。驰名商标是英文 well-known trademark 一词的翻译。驰名商标具有较强的认知功能，一般情况下，驰名商标所标识的商品或服务质量优良，并有较好的社会信誉。驰名商标并不是一种特定的商标类型，它只是由市场活动形成的事实状况；驰名商标也并不意味着一种荣誉称号，它只是法院在司法审判中通过相应的证据对商标是否达到相关公众广为知晓的程度的一种事实认定。而在现实生活中，许多商标所有人或者企业借助各种媒介大张旗鼓地宣传自己的商标为驰名商标，以此来提高知名度，增加市场份额。应该说这种做法实际上是对驰名商标的误解和歪曲，不符合驰名商标法律制度的立法宗旨。

《商标法》确立驰名商标，目的在于对驰名商标和普通的注册商标提供不同程度的法律保护。对于普通注册商标的保护范围以相同商品或类似商品为限，而对于驰名商标的保护则远不止于此。我国《商标法》实行的是注册原则，即对于普通的商标来说，只有依法经过注册才能得到法律的保护。而对于驰名商标来说，不经注册同样可以得到保护，只是受保护的程度和经注册的驰名商标有所不同。《商标法》第 13 条规定，就相同或者类似商品申请注册的商标是复制、摹仿或者翻译他人未在中国注册的驰名商标，容易导致混淆的，不予注册并禁止使用。可见，对未注册驰名商标的保护包括制止他人抢注和使用两方面，但仅限于相同或类似商品上，同时以容易导致混淆为条件。其法律后果也仅限于不予注册和禁止使用，不包括损害赔偿。而对已注册的驰名商标实行跨类的特殊保护，对抗范围可以扩展到不相同或不相类似的商品或服务上。其所有人既有权禁止他人在同一种或者类似的商品或服务上使用与驰名商标相同或近似的商标，也有权禁止他人在不同的商品或服务上使用与驰名商标相同或近似的商标。这种保护并不以容易导致混淆为条件，只要存在误导公众，并可能使该驰名商标所有人的利益受到损害即可。对驰名商标的特殊保护还延伸到其他商业标志，即驰名商标所有人有权禁止他人将驰名商标注册为企业名称、域名，或作为商业名称使用。

应当注意的是，对驰名商标的认定都是在纠纷处理的过程中通过个案的形式认定的，并不意味着某一商标一旦被认定为驰名商标之后，就永远享受特殊保护。事物都是不断变化的，驰名商标也是如此。根据我国《商标法》第 14 条的规定，认定驰名商标应当考虑很多因素。因此在处理纠纷的过程中，法院根据法律规定应当对争议的商标进行认定是否属于驰名商标，进而考虑是否对其进行特殊保护。纠纷处理完毕之后，如果商标所有人又和他人发生商标权的争议，要求法院对驰名商标进行保护，法院仍要根据实际情况对该商标是否为驰名商标进行认定。在该案之前争议商标曾被认定为驰名商标只能作为法院在重新认定过程中考虑的一个因素，而不能替代重新认定的过程。

3.“清华”商标注册人的合法权益应当受到保护

在本案中，“清华”商标已经依法经过注册，按照我国《商标法》的规定，该商标的注册人清华大学和清华大学出版社享有商标权，包括商标专有使用权、禁止权、转让权和许可使用权。任何人在未经商标注册人许可的情形下，不得在相同或类似的产品上使用该商标。被告团结出版社和北京市青少年音像出版社在没有经过原告许可的情况下，擅自在自己出版的读物和音像制品中使用“清华”字样，对公众进行误导，侵犯了原告对其商标的专有使用权。况且，“清华”作为清华大学的简化称谓，早已广泛地被人们接受并使用，“清华”商标从注册伊始就已经具有了极高的知名度。审理此案的法院在审理过程中认定，“清华”在教育领域具备驰名商标的条件，应当认定为驰名商标，并进行保护。

（五）简要评论

现实生活中冒用他人商标或使用相似商标进行生产、销售的情形屡见不鲜，近年来在服务业和文化消费领域有愈演愈烈之势，严重侵害了商标所有人和广大消费者的权益。商标法律制度的宗旨不仅在于保护商标所有人的合法权益，还在于保护社会消费者的合法权益，从而培育健康的市场，维持良性的市场竞争环境。

WENHUA CHANYE

第七章　广播影视产业的知识产权保护

广播影视是文化产业中最具影响、最具活力的产业之一，也是发展最为迅速，与人们日常生活关系最为密切的一个文化产业领域。广播影视已初步形成了广播产业、电影产业、电视剧产业、影视网络产业和广播电视广告产业蓬勃发展的格局。从广播影视节目的生产制作量、整体技术水平和规模以及实际覆盖人口来看，我国已经成为广播影视大国。广播影视产业作为文化产业的重要组成部分，正日益发展成为国民经济的新兴产业和新的经济增长点，其制作、发行、刊播等各个环节的运作都需要一个公平竞争与和谐发展的法律环境。

第一节　广播影视产业的知识产权保护概述

一、我国广播影视产业的现状

广播影视产业是文化产业中最为活跃、发展最为迅速的产业之一，也是与人们日常生活关系最为密切、影响最大的产业之一。

中共十一届三中全会之前，国家对广播影视行业也有非常严格的管理措施，广播影视的主要作用在于宣传党和国家的方针政策，并为一个时期的中心工作制造舆论。全国的电视台、电影厂、影院、电台都没有自己的经营收入，全部靠国家财政的拨款。中共十一届三中全会之后，党和国家的工作重心转移到经济建设上来，我国的广播影视行业也伴随着改革开放大潮而发展起来，并逐步产业化。1992 年国务院在《关于加快第三产业发展的若干规定》中明确将广播影视界定为第三产业，这意味着政府开始明确广播影视行业的产业属性。在邓小平同志南方讲话后，我国加速了文化体制改革的步伐，广播影视产业的经营不断市场化。在广播影视产业化发展的基础上，集团化道路成为其又一个发展方向。2001 年 12 月 6 日，我国规模最大的新闻传媒集团——中国广播影视集团正式成立。它是由中央电视台、中央人民广播电台、中国国际广播电台、中国电影集团公司等强势媒体组成的大型国家级综合性传媒集团，它的成立标志着我国广播影视行业向产业化发展迈出了实质性的一步。随后，许多省份也都相继成立了广播影视集团。体制的创新、产业化的经营也使得广播影视产业的竞争更为激烈。

目前，我国的广播影视产业迎来了蓬勃发展的大好时机。在广播电视产业，卫星电视和数字电视的广泛应用不断丰富着人们的文化生活，电视剧和电视节目不断增多，涉及文化生活的方方面面。电影产业中，国产电影的质量在逐步地提高，电影票房收入持续稳定增长；同时，数字电影的规模化发展也成为电影产业发展的方向。在国家有效的调控和市场的调节之下，我国的广播影视行业正朝着健康的方向发展。但我们也应当看到，文化体制改革使得广播影视的发展和竞争逐渐自由化、公开化和透明化；国家融资政策的放宽使得广播影视产业的市场准入门槛较低，更多的社会力量参与到广播影视产业的发展中来，行业整体的法律意识还有待于进一步提高等等，广播影视产业在发展的同时，也出现了一些问题。比如，产业主体在市场中进行恶性竞争；有的产业主体为了获取利润不惜侵犯他人的权利；合法权益为广播影视产业之外的主体所侵犯等。所有这些现象并不是偶然出现的，它们严重影响了广播影视产业健康有序地发展。

二、广播影视产业中的知识产权侵权类型

（一）侵犯著作权

作为广播影视产业的产品，如电视剧、电影作品等，都是我国《著作权法》所保护的对象，其发表权、发行权、署名权、改编权、摄制权等也都受《著作权法》的保护。因此，在发展产业时，首先应当遵循法律的规定。在此领域存在的侵犯著作权的问题和纠纷主要体现在以下两个方面：

第一，非产业主体对广播影视作品著作权的侵害。广播影视产业快速发展，电影、电视剧、动画片、各类栏目等制作量高速增长，在丰富大众生活的同时，也体现了影视产品自身的商业价值。与此同时，一些非产业主体利用品牌栏目、影视作品的商业影响力来经营或炒作，侵犯了影视作品的合法权利。这些行为给影视作品带来了很多负面效应，也成为广播影视产业健康发展的阻碍。

第二，广播影视产业主体对他人著作权的侵害。在广播影视产业中，

产业主体应当规范自身的行为，在注重自身权益保护的同时，也不能侵犯他人作品的合法权利。在影视作品的制作过程中，很多环节都涉及著作权问题，比如题材的选择应当尊重他人的著作权，道具的使用应当取得权利人的同意，影视作品署名权应当依法行使，影视作品的制作不能侵犯他人著作权的邻接权，等等，这对于保证影视作品的质量和声誉是至关重要的。有效地防止此类侵权行为的发生，取决于广播影视产业主体法律意识的普遍提高。

（二）侵犯商标权

品牌的重要性已经被人们所认识，不管是产品的制造商还是产品的销售商。这里的品牌可以理解为商标。商标作为厂商或商品的标记，本身就有很强的商业价值，对于驰名商标来说更是如此。作为一种产业，广播影视行业的角色已经不仅仅是公共产品的提供者，更多的是通过对产品（电影、电视节目等）的生产和销售（制作、发行、刊播等）进行营利。广播影视作品作为文化消费品，具有一般商品的生产、流通、交换、消费的特征。因此，在国家宏观调控下的市场竞争是难免的。产业主体为了能更好地生存，必须学会市场经济的法则。这其中的有效方法就是拥有并充分利用自己的品牌。可喜的是，我国广播影视产业近几年发展迅速，培育了许多优质品牌，比如影视节目中的精品栏目，如“焦点访谈”、“同一首歌”、“今日说法”等等。但与此同时，也存在着侵权与被侵权的情况，可以分为以下两种。

第一，非产业主体侵犯广播影视产业主体的商标权。经过多年的经营，很多广播影视产业的主体拥有了自主品牌，而另一些企业利用这些品牌的商业价值，未经商标权人的许可，将其运用到自己的商业活动中，从而达到谋取非法收益的目的。

第二，产业主体侵犯了他人的商标权。在现今的市场竞争中，相当一部分产业主体具有较高的法律意识和维权意识，对于能够体现自己经营特色或产品质量的商标及时地加以注册，从而获得法律的保护。其他人如果使用与注册商标相同或类似的标记而未经商标权人同意，就有可能造成侵权。

三、广播影视产业的发展离不开知识产权法律制度

法律在一定程度上只是为人们的行为设定最低行为标准。人们的行为应当至少在法律的标准之上，否则就将受到法律的制裁。我国已经完成了经济体制的转变，与市场经济相关的法律法规也已经颁布实施，为我国市

场经济的运行提供了良好的保障。这些法律法规是市场经济主体进行经济活动的最低行为准则，对于符合行为准则的市场主体，法律予以保障，而对于违反行为准则的市场主体，法律将给予严惩。广播影视产业作为市场经济中的产业门类，也适用同样的规则。而且广播影视产业这种新兴的市场主体，更是迫切需要拥有竞争有序、公平自由的外部发展环境和法律环境，希望在市场经济的规则之下以法律的形式确认自己的合法权益。在有法律保驾护航的同时，广播影视产业的发展也离不开人们法律意识的增强，尤其是产业主体法律意识的增强。提高自身的法律意识有利于自身合法权益的保护，能够有效地抵御不法侵害。

现代科学技术的发展，将我们带入了知识经济时代，而广播影视产业也伴随着广播影视技术的不断革新和提高而不断发展。科学技术的发展使得市场经济中的知识、技术含量大大提高，知识产权制度在这种形势下更凸现了其重要性。在广播影视产业的运作中，无论是影视作品的制作还是发行，很多问题都需要知识产权制度的调整。首先，充分利用知识产权法律制度能够合理有效地利用资源，壮大自身的实力。市场竞争是残酷的，只能是强者生存。所有的市场主体都希望自己能够在竞争中获胜而免遭淘汰，因此想尽一切办法发展壮大自己，而其中有效的途径之一就是充分地利用知识产权法律制度。在广播影视产业中，产业主体应当充分利用自身的有利资源，借助于知识产权制度体现竞争优势。比如，广播影视产业主体对影视作品享有著作权及邻接权，除了有效地防止自身的权利受到他人的侵害之外，产业主体还应当合理、充分地利用这些权利，实现它们的商业价值。再如，广播影视产业对自己的品牌应当及时地申请法律保护并加以充分利用。商标本身对经营者来说就意味着商业价值，产业主体应借助于知识产权制度的保护，充分地利用自身的商标并实现其经济价值，充分行使权力也就意味着对非法侵害的防范。其次，我国成功加入 WTO 之后，与国际市场联系得更为密切，外国资本将逐步进入我国的广播影视市场，这就必然使我国的广播影视产业面临着更为严峻的挑战，因而必须充分合理地利用知识产权制度。尽管我国影视作品的质量有很大的提高，一些国产优秀作品也已经进入海外市场，但在总体上与国外的广播影视产业还有很大的差距。国外的广播影视企业在规模、技术水平、人才、管理方式、运作模式等方面都具有较大的优势，最重要的是他们拥有数量众多的知识产权。这一方面值得我国的广播影视企业学习。我国的广播影视企业应当利用本土化优势，注意开发和保护自身的知识产权，防止外国企业对本土资源申请权利保护。只有这样，才能保护本国广播影视资源，在市场竞争中立于不败。

第二节　广播影视产业知识产权保护的案例分析

广播影视产业的侵权案件这些年非常多见。随着影视业的大规模发展，影视剧的数量也不断增多，出现了形形色色的著作权纠纷，我们选择其中比较有代表性的案例进行分析。

一、典型案例1：北京电影学院的行为是否构成侵权？

（一）案情介绍：《受戒》专有使用权纠纷案①

作家汪曾祺于1992年将其小说《受戒》的电影、电视剧改编权、拍摄权转让给北影录音录像公司，双方签订了转让合同。1994年12月，双方又续签了有效期至1998年3月的转让合同。根据合同规定，北影录音录像公司是小说《受戒》改编权和拍摄权的唯一合法享有者。

1992年10月，北京电影学院文学系学生吴琼为完成改编课程的作业，将汪曾祺的小说《受戒》改编成电影剧本。北京电影学院对在校学生上交的改编作业进行审核后，选定将吴琼改编的剧本《受戒》用于学生毕业作品的拍摄。吴琼与北京电影学院教师赵风玺通过电话和汪曾祺取得联系。汪曾祺表示小说《受戒》的改编权、拍摄权已经转让给北影录音录像公司。赵风玺与北影录音录像公司协商，该公司未明确表示同意北京电影学院拍摄《受戒》一片。1993年4月，北京电影学院投资人民币5万元，并组织该院八九级学生联合摄制电影《受戒》。1993年5月拍摄完成。影片全长为30分钟，用16毫米胶片拍摄，片头字幕为“根据汪曾祺同名小说改编”，片尾字幕为“北京电影学院出品”。该影片摄制完成后，曾在北京电影学院小剧场内放映一次，用于教学观摩，观看者系本院教师和学生。1994年11月，北京电影学院经广播电影电视部批准，组团携《受戒》等片参加法国朗格鲁瓦国际学生电影节。在该电影节上放映了《受戒》一片，观看者系参加电影节的各国学生和教师，也有当地的公民。放映该影片时，电影节组委会对外公开出售少量门票。

---

① 《北影录音录像公司诉北京电影学院侵犯作品专有使用权纠纷案》，《最高人民法院公报》，1996年第1期。

1995年1月14日，北影录音录像公司在总第729期《戏剧电影报》中读到了“《受戒》入围法国短片电影节”的报道。据此，北影录音录像公司得知北京电影学院未经权利人的许可，擅自将小说《受戒》改编、摄制成电影作品，并组团携该片参加法国朗格鲁瓦国际学生电影节。北影录音录像公司认为，自己是小说《受戒》改编权和拍摄权的唯一合法享有者。北京电影学院的行为公然侵犯了北影录音录像公司依法享有的作品改编专有使用权，并将其侵权行为由校内扩展到校外，由国内扩展到国外，给北影录音录像公司带来无法弥补的精神和财产损失，故要求法院判令北京电影学院承担侵权责任。

海淀区人民法院认为，原告北影录音录像公司依法取得的以拍摄电视剧、电影方式改编小说《受戒》的专有使用权受法律保护。未经该专有权利人的许可，任何人不得以同样的方式改编、使用该作品，否则即构成对其专有使用权的侵犯。北京电影学院改编并拍摄《受戒》影片，虽然没有取得北影录音录像公司的许可，但是被告是从教学实际出发，组织应届毕业生拍摄毕业电影作品，用于评定学生的学习成果。而且在作品拍摄完成后，在国内的使用方式仅限于在北京电影学院内进行教学观摩和评定，并未将作品投放到社会公共领域。因此，在此阶段，被告改编、拍摄《受戒》一片属于合理使用他人作品，不构成对原告权利的侵犯。但是，此后该片参加国际学生电影节，电影节组委会放映此片，观看者除了教师和学生外，还有当地的公民，而且还出售了少量的门票。该行为已超出了校内教学使用的范畴，违反了《著作权法》的规定，构成了对原告北影录音录像公司依法取得的小说《受戒》专有使用权的侵犯。判决被告北京电影学院向原告北影录音录像公司以书面形式赔礼道歉；被告北京电影学院制作的电影《受戒》拷贝及录像带自判决生效之日起只能在其学院内供教学使用，不得投入公共领域；被告北京电影学院赔偿原告北影录音录像公司经济损失人民币1万元。

原告北影录音录像公司不服一审判决，向北京市第一中级人民法院提出上诉。北京市第一中级人民法院经过审理认为上诉人的上诉理由不足，不予支持。判决驳回上诉，维持原判。

（二）本案焦点

本案中主要涉及以下法律问题：什么是《著作权法》中的合理使用行为？北京电影学院改编、拍摄小说《受戒》的行为是否属于对作品的合理使用？

（三）法律规定

《著作权法》第22条　在下列情况下使用作品，可以不经著作权人许可，不向其支付报酬，但应当指明作者姓名、作品名称，并且不得侵犯著作权人依照本法享有的其他权利：……（六）为学校课堂教学或者科学研究，翻译或者少量复制已经发表的作品，供教学或者科研人员使用，但不得出版发行……

《著作权法》第47条　有下列侵权行为的，应当根据情况，承担停止侵害、消除影响、赔礼道歉、赔偿损失等民事责任：……（六）未经著作权人许可，以展览、摄制电影和以类似摄制电影的方法使用作品，或者以改编、翻译、注释等方式使用作品的，本法另有规定的除外……

《著作权法实施条例》第21条　依照《著作权法》有关规定，使用可以不经著作权人许可的已经发表的作品的，不得影响该作品的正常使用，也不得不合理地损害著作权人的合法利益。

（四）法理分析

1. 我国著作权法上的合理使用制度

按照我国《著作权法》的规定，所谓的合理使用行为，是指为了特定的目的，采用法律规定的方式，在法律允许的范围内，不经权利人许可无偿使用受《著作权法》保护的作品的行为。合理使用制度是对著作权人行使权利的限制，合理使用受《著作权法》保护的作品并不存在侵犯著作权人的权利问题。法律之所以规定合理使用行为，其目的是为了保障作品的广泛传播和有效利用，这也符合大多数著作权人的创作意图。在实际生活中，如果学习、研究或欣赏他人已经发表的作品都必须经过著作权人的同意并支付报酬，必然会减少读者的数量，这对于作者来说就失去了创作的意义。因此，《著作权法》上的合理使用制度，既有利于公众对作品的利用，也有利于实现作者的创作目的。

我国《著作权法》对合理使用行为的规定采用的是列举式，除了规定各种法定的情形外，同时还对合理使用行为限定了一些条件和前提。我国《著作权法》规定，在法律规定的情形下合理使用作品，可以不经著作权人的许可，也不向其支付报酬，但应当指明作者姓名、作品名称，并且不得侵犯著作权人依照著作权法享有的其他权利。同时《著作权法实施条例》还规定，合理使用不得影响该作品的正常使用，也不得不合理地损害著作权人的合法利益。我国《著作权法》对合理使用行为列举了12种情形，以下进行简要的分析。

第一，为个人学习、研究、欣赏的目的而使用他人已经发表的作品。值得注意的是，个人对作品的学习、研究或者欣赏并非《著作权法》意义上的使用，也不受《著作权法》的调整。此条规定说的合理使用行为，是指为个人的学习、研究或者欣赏而对他人作品进行复制、演绎等《著作权法》意义上的使用。

第二，为介绍、评论和说明目的而引用他人已发表的作品。为了介绍、评论某一作品或说明某一个问题，在作品中适当地引用他人已经发表的作品，属于《著作权法》上的合理使用行为。其中所谓引用的“适当”，并没有具体的标准，一般情况下引用的比例不能过高，但也不是一概而论，比如对于摄影作品等。具体在判断是否适当时，应当考虑引用行为是否影响了作品的正常使用、是否不合理地侵害了著作权人的合法权益等方面的因素。

第三，新闻报道中对已发表作品的合理使用行为。为报道时事新闻，在报纸、期刊、广播电台、电视台等媒体中不可避免地再现或者引用已经发表的作品的行为属于合理使用行为。

第四，时事性文章的刊登或播放。即报纸、期刊、广播电台、电视台等媒体刊登或播放其他报纸、期刊、广播电台、电视台等已经发表的关于政治、经济、宗教问题的时事性文章，属于合理使用行为，但是作者声明不许刊登、播放的除外。

第五，公众集会上发表的讲话的刊登或播放。即作者在没有声明不许刊登、播放的情况下，报纸、期刊、广播电台、电视台等媒体可以刊登或播放其在公众集会上发表的讲话。

第六，为学校教学或科学研究的目的对已发表作品的合理使用。为学校教学或科学研究，翻译或者少量复制已经发表的作品，供教学或科研人员使用，属于《著作权法》上的合理使用，但不得出版发行。应当注意的是，学校教学仅限于校内面授教学活动，远程教育则不适用此项规定。

第七，为执行公务的目的使用已经发表的作品。国家机关在执行公务的过程中，在合理范围内使用已经发表的作品，属于合理使用。其中应当注意的是此项规定中，主体只能是国家机关，国有企业或科研单位不属于国家机关。国家机关在使用作品时不能超出合理的范围，至于“合理”的界定，要看特定国家机关的公务范围和是否影响作品的正常使用等因素。

第八，为陈列或保存版本的需要而为的使用。图书馆、档案馆、纪念馆、博物馆、美术馆等为陈列或者保存版本的需要，复制本馆收藏作品的行为，属于合理使用。此项规定对于主体有特殊的要求，同时使用的方式只限于复制本馆收藏的作品，不能复制本馆收藏以外的作品，也不允许出版发行。

第九，免费表演的行为。免费表演已经发表的作品，未向公众收取费用，也未向表演者支付报酬的行为是合理使用行为，不构成对作品著作权的侵犯。此项规定的关键是对“免费表演”的理解。下列表演不属于免费表演：由企业赞助的演出，即使没有向观众收取费用；不向表演者支付报酬但向观众收取门票的义演；本身免费但直接或间接服务于营利目的的表演，如企业为宣传活动进行的免费表演，等等。

第十，对室外公共场所艺术作品的使用。对设置或陈列在室外公共场所的艺术作品进行临摹、绘画、摄影、录像等属于合理使用行为。根据最高人民法院的司法解释，所谓室外公共场所，是指公园、广场、公共道路等室外社会公众活动场所，火车站的候车室、机场的候机大厅不属于室外公共场所。所谓艺术作品，应当是永久性陈设的艺术作品。

第十一，将已发表的汉语作品翻译成少数民族语言的作品的行为。即将中国公民、法人或其他组织已经发表的汉语作品翻译成少数民族语言文字作品在国内出版发行的行为，是合理使用行为。相反，将少数民族语言文字的作品翻译成汉语作品，必须征得著作权人的同意并支付报酬。

第十二，改成盲文出版的行为。将已经发表的作品改成盲文出版的行为，属于合理使用。此项规定并不要求是否本国人的作品，以何种语言创作以及是否在国内出版，只要求是已发表的作品即可。

2. 北京电影学院的行为分析

在本案中，北影录音录像公司和汪曾祺达成协议，依法取得了以拍摄电影、电视剧方式改编小说《受戒》的专有使用权，原告是这一权利的唯一合法享有者，应当受到法律的保护。这是讨论本案的前提。在这一案件中，我们可以将北京电影学院的行为作以下分解：学生吴琼将小说《受戒》改编成电影剧本的行为；北京电影学院将电影剧本拍摄成电影，并在校内放映的行为；北京电影学院将《受戒》送到国际学生电影节上参展的行为。下面对这几个行为分别加以分析。

（1）学生吴琼将小说《受戒》改编成电影剧本的行为。北京电影学院学生吴琼为完成改编课程的作业，将汪曾祺的小说《受戒》改编成电影剧本。根据我国《著作权法》第22条的规定，为个人学习、研究或者欣赏，使用他人已经发表的作品的行为，属于合理使用，不构成侵犯著作权。

（2）北京电影学院将电影剧本拍摄成电影并在校内放映的行为。北京电影学院为了评定学生的学习成果，决定拍摄《受戒》。《著作权法》第22条第1款第6项规定，为学校课堂教学或者科学研究，翻译或少量复制已经发表的作品，供教学或者科研人员使用（但不得出版发行），属于合理使用。从这条规定看，我国法律将作品的使用方式限定为“翻译或少量复制”，北京电影学院“拍摄电影”的行为显然不在其中。但是依据本案的特殊性，被告北京电影学院是培养电影人才的艺术院校，电影拍摄应当是其教学活动中必不可少的环节。北京电影学院从教学实际出发，为检验在校学生的毕业作业和实践能力，挑选吴琼改编的《受戒》剧本拍摄成电影，属于学校的教学活动。因此，将北京电影学院的行为认定为侵权是欠妥的。我国《著作权法》的目的是为了保护著作权人的合法权益，但是法律同样也鼓励公众以合理的方式使用和传播作品。合理使用制度的目的就在于此。《著作权法》应当在作者和使用者之间寻求平衡，当严格按照法律条文的规定不能达到这种利益平衡时，可以通过合理的法律解释来实现此目的。具体到本案，如果将北京电影学院拍摄电影的行为认定为侵权行为，无益于文学艺术作品的创作和传播，也不利于学校教学活动的开展。由此，可以对《著作权法》第22条规定的“翻译和少量复制”进行扩张解释，将为了学校教学活动而进行的“拍摄电影”的行为认定为合理使用。

在将北京电影学院拍摄电影的行为认定为合理使用之后，再来看将影片在校内放映的行为。北京电影学院将影片《受戒》在校内小剧场放映，同样是评定学生学习成果的一个步骤，影片放映是为了更好地进行教学观摩和成绩评定，是教学活动的组成部分。而且北京电影学院只将电影在校内进行了放映，并没有使影片进入公共领域，属于合理使用，不构成对北影录音录像公司依法取得的小说《受戒》专有使用权的侵犯。

（3）北京电影学院将《受戒》送国际学生电影节上参展的行为。北京电影学院将电影《受戒》送往朗格鲁瓦国际学生电影节参展，在此期间，对《受戒》一片进行了放映，观众除特定的学生、教师外，还有少数当地的公民，而且组委会还出售了少量的门票。这一行为已经超出了“为学校教学活动或科研”的使用范围，不属于《著作权法》的合理使用，构成了对北影录音录像公司依法取得的小说《受戒》专有使用权的侵犯，应当承担相应的法律责任。

（五）简要评论

从以上的分析来看，法院对本案的判决是正确的。《著作权法》在充分保障作者著作权的同时，还要鼓励和促进文学艺术作品的使用和传播。只有很好地平衡作者和公众使用者之间的利益关系，才能从真正意义上实现科学文化领域的繁荣和发展。合理使用制度在一定程度上限制了作者的著作权，但是有效地促进了作品的传播和利用，符合《著作权法》的立法目的和宗旨。合理使用制度只针对已经发表的作品，并且仅限于《著作权法》规定的12种具体情形（当然有时可能根据实际情况对法律条文进行解释）。在对作品进行合理使用时，应当指明作者的姓名、作品名称，不得侵犯著作权人的其他权利，尤其是著作人身权。同时，对于合理使用制度，同样适用于邻接权，比如出版者权、表演者权、录音录像制作者权、广播电台和电视台的权利等等。

二、典型案例2：导演身份已表明是否还侵犯其署名权

（一）案情介绍：《隋唐演义》导演署名案[①]

1995年5月，华诚文化传播公司投资拍摄大型电视连续剧《隋唐演义》，聘请北京电影制片厂导演张华勋及其儿子张扬为导演。1996年8月，在前20集基本完成的情况下，张氏父子惊讶地发现四处张贴的华诚文化传播公司印刷的《隋唐演义》电视剧海报上印有“武打导演刘某某”的字样。张氏父子认为海报的内容和事实不符，是对导演工作成绩的侵占，遂以华诚文化传播公司为被告向北京市海淀区人民法院起诉。

海淀区人民法院于1997年4月18日做出了判决。法院认定：被告华诚文化传播公司与两原告张华勋、张扬及刘某某签订聘用合同，明确规定了各方在拍摄电视连续剧《隋唐演义》前20集中的身份，故上述协议应作为确认和调整原告和被告之间权利义务关系的基本依据。在拍摄电视连续剧《隋唐演义》的过程中，两原告对被告负有保证其导演的电视连续剧《隋唐演义》的质量符合公司要求的义务，同时享有对整个摄制工作全面监管负责的权利。在摄制过程中，两原告实际上履行了协议规定的内容，因此根据我国著作权法关于“电影、电视、录像作品的导演、编剧、作词、作曲、摄影的作者享有署名权”的规定，在本案中，只有两原告具有导演身份，才有在其创作完成的作品上署名为总导演、导演的权利；同

---

① 张嘉林：《知识产权诉讼判例的法官评述》，87－89页，北京，中国政法大学出版社，1999。

时，具有排斥无导演身份的非作者在其创作的作品上署名为导演的权利。

被告华诚文化传播公司在电视连续剧《隋唐演义》的海报中，虽然为张华勋、张扬的导演身份作了正确的署名，但违反了合同约定，擅自把在该电视剧中不具有导演身份的武打指导刘某某署名为武打导演。随着该海报的公开传播和宣传，势必引起公众对两原告在导演电视连续剧《隋唐演义》过程中所付出的创造性劳动而依法享有的社会评价产生质疑，事实上淡化了两原告在该剧中的导演身份。这种署名不当的行为混淆了作者的制作分工，侵害了两原告在作品中的署名权。

（二）本案焦点

本案中主要涉及以下几个法律问题：什么是署名权？其权利内容有哪些？在本案中两原告的导演身份已经被正确标明，被告的行为是否仍侵犯了原告的署名权？为什么？

（三）法律规定

《著作权法》第 10 条　著作权包括下列人身权和财产权：……（二）署名权，即表明作者身份，在作品上署名的权利……

《著作权法》第 15 条　电影作品及类似摄制电影的方法创作的作品的著作权由制片者享有，但编剧、导演、摄影、作词、作曲等作者享有署名权，并有权按照与制片者签订的合同获得报酬……

《著作权法》第 47 条　有下列侵权行为的，应当根据情况，承担停止侵害、消除影响、赔礼道歉、赔偿损失等民事责任：……（三）没有参加创作，为谋取个人名利，在他人作品上署名的……

《著作权法》第 48 条　有下列侵权行为的，应当根据情况，承担停止侵害、消除影响、赔礼道歉、赔偿损失等民事责任；同时损害公共利益的，可以由著作权行政管理部门责令停止侵权行为，没收违法所得，没收、销毁侵权复制品，并可处以罚款；情节严重的，著作权行政管理部门还可以没收主要用于制作侵权复制品的材料、工具、设备等；构成犯罪的，依法追究刑事责任：……（八）制作、出售假冒他人署名的作品的。

《伯尔尼公约》第 6 条第 2 款　不受作者经济权利的影响，甚至在上述经济权利转让之后，作者仍保有要求其作品作者身份的权利，并有权反对对其作品的任何有损其声誉的歪曲、割裂或其他更改，或其他损害行为。

（四）法律分析

1. 署名权的一般理论

根据我国《著作权法》的规定，所谓署名权，是指作者为表明其作者身份，在作品上注明其姓名或名称的权利。它与发表权、修改权和保护作品完整权共同构成了著作人身权。

署名权最重要的意义就在于它是确认作品作者的重要依据，在没有相反证据的情况下，在作品上署名的人即视为作品的作者。在作品上署名，即指在作品上签署自己的姓名或其他名称，以表明作者的身份。署名权的权利内容包括：作者在自己的作品上署名和不署名的权利、作者禁止未参加作品创作之人署名的权利以及作者禁止他人冒名发表或发行作品的权利等。

第一，作者有权在自己创作的作品中署名和不署名。作者在署名时，不仅可以决定是否署名，还有权决定署名的方式。作者可以签署自己的真实姓名，也可以签署艺名、笔名或者别名等等。作品完成后，作者有权主张自己作为作品的作者并决定是否署名及署名方式。因此，署名权是保护作者能够以自己选择的方式表示自己的身份，从而体现尊重作者的意愿。第二，作者有权禁止未参加作品创作的人在作品上署名。这体现了署名权的排斥性，与上述署名权第一项权利内容共同构成署名权的两个方面。如果有人利用工作便利或权势在他人的作品上签署自己的名字，不管是试图表明其作为单独作者还是合作作者的身份，都侵犯了真实作者的署名权。当然，版权自始即不归作者所有的部分除外。[①] 第三，作者有权禁止他人冒名发表或发行作品。这是从署名权禁止他人不正当署名的角度延伸出的更深层的含义。《著作权法》所管辖的冒名不是一般的冒名，也不同于商品的假冒。作品是经过作者独创性劳动而产生的精神智力成果，假冒知名作家的名义发表低劣的作品，对作家的声誉造成了严重的损害，侵害了作家的精神权利。如果此种行为不为《著作权法》所调整，也就意味着对作者精神权利的保护是不完整的。因此，禁止他人冒名发表或发行作品的权利应当是《著作权法》署名权的应有含义。

署名权除了有表征作者身份的意义外，还表明作者在作品的创作过程中所作贡献的大小，尤其是在合作作品的创作中。在多名作者完成创作的作品中，署名权行使不当可能会导致对作者贡献不正确的表示，从而侵犯作品其他作者的署名权。比如将合作作者署名为助理或整理者、将主要作者排在次要作者之后等，这些情况都有可能侵犯作者的署名权。

---

① 郑成思著：《知识产权法》（第二版），315页，北京，法律出版社，2003。

2. 本案署名权的分析

在本案中，被告华诚文化传播公司与两原告张华勋、张扬及刘某某通过签订聘用合同，明确规定了各方在拍摄电视连续剧《隋唐演义》前20集中的身份，张华勋及儿子张扬为电视连续剧《隋唐演义》的导演，刘某某为武打指导，双方的合同合法有效。这是处理本案问题的基础和前提。原告和被告之间的权利义务关系应当按照双方的合同进行调整。

作为电视连续剧《隋唐演义》导演的张华勋、张扬父子，按照合同的约定，对《隋唐演义》的整个摄制工作进行全面的负责，付出了自己的劳动，最终完成了该电视连续剧的摄制工作，《隋唐演义》的质量符合华诚文化传播公司的要求。因此，张氏父子的工作内容和成果完全符合原被告合同的规定。根据我国《著作权法》第15条的规定，电影作品及类似摄制电影的方法创作的作品的著作权由制片者享有，但编剧、导演、摄影、作词、作曲等作者享有署名权，并有权按照与制片者签订的合同获得报酬。本案中，作为导演的张氏父子依法享有对电视连续剧《隋唐演义》的署名权。按照署名权的一般理论，张氏父子有权利在《隋唐演义》中署名为导演及决定以何种方式署名，同时有权禁止非导演身份的其他人署名为导演。

此案中，被告华诚文化传播公司在电视连续剧《隋唐演义》的海报中，将在该电视剧中不具有导演身份的武打指导刘某某署名为武打导演，尽管在广告宣传中被告也为张华勋、张扬的导演身份作了正确的署名，但被告的行为违反了法律规定和合同约定，侵犯了张氏父子的署名权。错误的广告宣传，会让公众对原告张氏父子在《隋唐演义》中所付出的创造性劳动产生质疑，导致公众对原告的创作贡献产生误解，从而淡化了两原告的导演身份。因此，被告华诚文化传播公司的行为混淆了该剧中工作人员的分工，侵害了两原告对该作品的署名权，依法应当承担相应的责任。

（五）简要评论

我国《著作权法》上的署名权是在作品上表征作者身份的权利，但是严格地说，在作品上表明作者身份的方式并不仅署名这一种，比如在以表演等方式传播作品时就无法使用署名，只能以口头方式来表明作者的身份。同时，署名权不仅涉及作者身份的表征，还涉及如何正确地表明作者身份的问题。在这一问题上，《著作权法》体现了对作者自主意愿的充分尊重，作者既有权决定是否署名，也有权决定以何种方式署名。违背作者的意愿使用不当的方式进行署名可能会侵犯作者的署名权。作者的署名权还体现为禁止未参与作品创作的其他人在作品上署名，本案就是例证。同时，一般情况下，署名方式还应当准确地反映作者在作品创作中所付出的劳动和所作贡献的大小，对于署名的顺序、作者的分工等问题处理不当也可能会产生有关署名权的纠纷。

三、典型案例3：影视道具是否受著作权法的保护？

（一）案情介绍：影视道具纠纷案①

于耀中系陶艺美术作品《支柱》的作者，该作品完成后曾在中央工艺美术学院科技艺术开发中心展厅（对外开放并兼作展售）展览。1994年6月，北京成象影视制作公司与广西两面针股份有限公司签约合拍电视连续剧《东边日出西边雨》（以下简称《东》剧）。因剧情需要，《东》剧剧组于1994年底与中央工艺美术学院科技艺术开发中心联系，借用部分美术作品作为道具使用。经该中心同意，剧组挑选了包括《支柱》在内的十余件美术作品，作为《东》剧的道具使用。在《东》剧的拍摄过程中，根据剧情的需要，剧组选用了《支柱》作为演绎剧中男女主角爱情故事的主要道具，多次使用。同时，剧组还复制了一件石膏质的《支柱》，作为原件的替代品在拍摄中使用，《东》剧拍摄完成后即毁。《东》剧中出现《支柱》作品近80次。《东》剧拍完后，剧组将所借物品返还，并向中心支付了管理费1000元人民币。《东》剧在播放时由5位制片人署名，为联合摄制，至诉讼时已经在全国47家电视台播放。

于耀中向北京市第二中级人民法院诉称：被告在共同摄制《东》剧过程中，未经作者同意，将其尚未公开发表的美术作品《支柱》在《东》剧中作为主要道具使用，并在使用中进行了非法复制，给作品原件造成了一定程度的损害。被告的行为侵犯了其对作品的发表权、署名权、作品完整权、使用权和获酬权。请求法院判令被告赔偿经济损失，在全国发行的报刊上向其公开赔礼道歉。

被告北京成象影视制作公司和北京文化艺术音像出版社辩称：他们在拍摄过程中确实使用了原告的《支柱》作品，但只是作为一般环境道具使用，是对物品本身的使用，不属于《著作权法》意义上的使用。《支柱》作品在展销厅向公众展示，已等同发表。剧组在使用中根据剧情需要复制过该作品，但在完成拍摄后已销毁。借用品归还时，出借人未提出任何异

---

① 张鲁民、陈锦川主编：《著作权审判实务与案例》，460－466页，北京，中国方正出版社，2001。

议，现原告提出的作品原件损害与被告无关；如有损害也只是物权意义上的损害，不属于《著作权法》意义上的损害。鉴于确实使用了原告的作品，同意付给5000元的使用费。

北京市第二中级人民法院经过审理认为：原告于耀中是美术作品《支柱》的作者，系该作品的著作权人。5名被告系《东》剧的共同制片人，是该剧的著作权人。《东》剧剧组借用《支柱》作品作为道具使用，中央工艺美术学院科技艺术开发中心出借《支柱》作品，均未取得于耀中的许可，侵害了于耀中对作品的著作权。《东》剧制片人在未合法取得《支柱》作品使用权的情况下，擅自将该作品复制、传播，且未署名，构成了对于耀中著作权中署名权、使用权和获酬权的侵害。5名被告作为《东》剧的共同制片人，除承担侵权责任并赔偿经济损失外，还应支付使用作品的费用。鉴于于耀中已放弃追究出借人的侵权责任，故扣除出借人应承担的赔偿数额外的部分，应由5名被告承担。关于于耀中主张侵犯其发表权，因出借人中央工艺美术学院科技艺术开发中心展厅系公开接待不特定公众并兼作展售的经营场所，于耀中将其作品交付该展厅展览，应视为其作品已发表，故对该主张不予支持。北京成象影视制作公司和北京文化艺术音像出版社所持对《支柱》作品的使用不属于《著作权法》意义上的使用的观点，缺乏法律依据，不予采纳。判决5名被告在《中国电视报》上向于耀中公开赔礼道歉；向购买《东》剧录像带及播放权的单位和个人具函，说明作为道具使用的《支柱》作品作者的情况，在尚未销售的录像带上加贴“本剧拍摄采用了于耀中的美术作品《支柱》”的文字说明；共同付给原告于耀中作品使用费；共同赔偿于耀中的经济损失。

（二）本案焦点

本案主要涉及以下法律问题：第一，著作权的侵权行为有哪些构成要件？第二，作品作为道具使用是否是《著作权法》意义上的对作品的使用？中央工艺美术学院科技艺术开发中心和北京成象影视制作公司的行为是否侵犯了于耀中的著作权？

（三）法律规定

《著作权法》第3条　本法所称的作品，包括以下列形式创作的文学、艺术和自然科学、社会科学、工程技术等作品：……（四）美术、建筑作品……

《著作权法》第47条　有下列侵权行为的，应当根据情况，承担停止侵害、消除影响、赔礼道歉、赔偿损失等民事责任：……(六)未经著作权人许可，以展览、摄制电影和以类似摄制电影的方法使用作品，或者以改编、翻译、注释等方式使用作品的，本法另有规定的除外……

《著作权法》第48条　有下列侵权行为的，应当根据情况，承担停止侵害、消除影响、赔礼道歉、赔偿损失等民事责任；同时损害公共利益的，可以由著作权行政管理部门责令停止侵权行为，没收违法所得，没收、销毁侵权复制品，并可处以罚款；情节严重的，著作权行政管理部门还可以没收主要用于制作侵权复制品的材料、工具、设备等；构成犯罪的，依法追究刑事责任：(一)未经著作权人许可，复制、发行、表演、放映、广播、汇编、通过信息网络向公众传播其作品的，本法另有规定的除外……

(四) 法理分析

1. 著作权侵权行为的构成要件

按照我国《著作权法》的规定，著作权分为著作人身权和著作财产权。著作人身权又称著作权人的精神权利，指作者对其作品所享有的与其人身联系密切而又无直接财产内容的权利，包括发表权、署名权、修改权和保护作品完整权。著作财产权又称著作权人的经济权利，指著作权人对其作品享有的通过某种形式获得财产利益或者经济报酬的权利。

对于著作权的侵权行为，也相应地分为侵犯著作人身权的行为和侵犯著作财产权的行为。前者即侵犯著作权人的发表权、署名权、修改权和保护作品完整权的行为，后者则是指未经著作权人许可及在无法定事由的情况下，以《著作权法》规定的方式利用权利人作品的行为。虽然在理论上可作此分类，但是在实际生活中，侵权行为往往既侵犯了作者的著作人身权，也侵犯了作者的著作财产权，属于复合式的侵权行为，因此在实际处理著作权侵权纠纷时应当引起注意。如未经著作权人许可发表其作品的行为，除了侵犯作者的发表权外，根据其发表作品的方式不同，可能还侵犯了作者的广播权、信息网络传播权等等。

在理论上，著作权的侵权行为还可以分为直接侵犯著作权人的行为和间接侵犯著作权人的行为。直接侵犯著作权人的行为是指未经著作权人的许可，也没有其他合法理由，直接从事了《著作权法》规定的属于著作权人排他权利范围内的行为。间接侵犯著作权人的行为是指故意为直接侵权行为提供帮助或条件的行为，如故意为他人从事作品的复制、发行、播放、展览等行为提供帮助或条件。

对于著作权的侵权行为，我国《著作权法》第47条和第48条作了明确规定，著作权人之外的人未经著作权人的许可，实施了上述两条规定的行为就侵犯了著作权。那么对于某一个行为，达到何种程度就构成了著作权侵权行为，换言之，法律是根据行为的哪些方面来规定著作权侵权行为的呢？这就是著作权侵权行为的构成要件。著作权侵权行为的构成要件主要有以下几个方面：

第一，侵权行为所侵害的对象为《著作权法》所保护。符合我国《著作权法》所规定的作品的条件，是受《著作权法》保护的前提。我国《著作权法》对于受保护的作品范围进行了列举，同时对于不受保护的范围也进行了明确。如果侵权行为侵害的对象不属于《著作权法》保护的范围，当然也就不构成著作权的侵权行为。

第二，受害人依法享有著作权。在著作权侵权案件中，受害人往往是作为原告来起诉的，在原告提起诉讼时，首先要解决的问题就是必须证明自己享有合法的著作权。如果没有证据证明自己享有著作权，或者是通过非法途径获得的著作权，受害人将不能提起著作权侵权诉讼。

第三，受害人须证明对方有侵权行为。受害人提起侵权诉讼，必须证明对方非法实施了著作权人享有的排他性权利，不管是著作人身权还是著作财产权。如果对方是通过合法途径或者法定抗辩事由正当地使用了受害人的作品，并没有侵犯著作权人的合法权益，也不属于著作权的侵权行为。

第四，著作权以外的人没有法定的抗辩事由。著作权以外的人实施了《著作权法》许可的行为，虽然在事实上对著作权人的权益造成了一定的影响，但法律并不因此就认定此行为是侵权行为。如果侵权人在没有合法的抗辩事由的情形下对著作权人的利益造成了损害，就构成了著作权侵权行为。

对任何一个著作权侵权行为的认定必须满足以上四个构成要件，缺少任何一个要件，都不能认定为侵害著作权的行为。

2.《支柱》作品作为道具使用属于《著作权法》意义上的对作品的使用

《支柱》作品在本案中作为道具使用是《著作权法》意义上对作品的使用，还是物权法上对一般物的使用，是本案的焦点。所谓《著作权法》意义上对作品的使用，是指以《著作权法》规定的方式使用作品的行为，如复制、表演、播放、展览等。在本案中，被告北京成象影视制作公司和北京文化艺术音像出版社在所拍摄的电视剧中使用作品《支柱》，将其作为剧中演绎主人公爱情故事的主要道具，并多次在剧中出现。作品《支柱》作为道具，已经成为电视剧不可缺少的组成部分。被告对《支柱》作品的这种使用（如在剧中复制作品、播放作品等行为）已经构成《著作权法》意义上对作品的使用。这种使用在不存在抗辩事由的情况下就构成了对著作权人著作权的侵犯。当然在本案中，也存在物权法意义上对一般物的使用，如中央工艺美术学院科技艺术开发中心将《支柱》作品出借给北京成象影视制作公司的行为就属于一般的物权行为，但是这并非本案所要解决的问题。

在明确了本案的焦点之后，对于本案被告北京成象影视制作公司是否侵犯了原告于耀中的著作权问题就更为清楚了。首先，原告的美术作品《支柱》属于《著作权法》保护对象的范围，应当受到保护。其次，原告于耀中对其作品《支柱》享有著作权，依法应当受到法律的保护。第三，本案中，被告未经原告的许可擅自在其拍摄的电视剧中使用原告的作品，擅自将该作品复制、传播，且未署名，也没有支付报酬。原告有充分的证据证明被告的侵权行为，被告也承认在剧中使用了原告的作品。第四，被告使用原告《支柱》作品没有合理的抗辩事由。被告对原告作品的使用既不是《著作权法》规定的合理使用，也没有得到法定许可或原告的许可。因此，对被告行为侵权的认定是不存在疑问的。

此外，中央工艺美术学院科技艺术开发中心在未经原告于耀中许可的情况下，擅自出借《支柱》作品，也侵害了于耀中对作品的著作权。鉴于本案原告已经放弃追究中央工艺美术学院科技艺术开发中心的责任，在此不再赘述。

（五）简要评论

任何侵权行为都要符合一定的构成要件，对于著作权的侵权行为也不例外。通过本案，我们清楚地认识了著作权侵权行为的类型和构成要件，这对于今后有关著作权侵权行为的认定会有所帮助。具体到本案，从表面上看是因为作品的出借而引发的纠纷，但是鉴于出借物的特殊性，被告的行为构成了对著作权的侵犯。作品作为道具使用是属于《著作权法》意义上的使用还是一般物的使用，是本案的关键所在。这个问题的认定取决于对作品的使用方式。我国《著作权法》中明确规定了侵犯著作权行为方式，如复制、播放、发行、表演、展览等。如果对作品的使用属于我国《著作权法》中规定的使用方式，且没有合理的抗辩事由，就构成对现存著作权的侵犯。

第八章　网络文化产业的知识产权保护

网络文化正在逐步形成产业链条，作为一种新兴的产业形式，在市场的运作、竞争等方面还有许多不尽如人意之处。目前网络文化产业在很多方面亟待法律法规的规范，以此促进其健康快速地发展。

第一节　网络文化产业的知识产权保护概述

一、我国网络文化产业发展的现状

与其他文化产业类型不同，网络文化产业是一个新兴产业。随着技术的发展，网络文化产业从无到有，现在已经发展成为一个产值额数以亿计的巨大市场。在信息数字化的今天，网络文化的出现，深刻地影响甚至改变了人们的生活方式和欣赏习惯，它集中体现为对文化内容、表现形式和传播手段的全方位创新。同时，网络也极大地充实了人们的生活和娱乐空间。

所谓的网络文化产业，是指依托网络对各种文化产品进行生产和服务的一系列营利活动。网络文化产业是一个外延比较宽泛的概念，它是集网络、信息、内容于一体的跨领域的产物，其内涵需要人们不断地进行阐释和丰富。网络文化产业既包括原有文化产业的产品和服务利用网络进行的传播和延伸，如原有影视作品在网络上的传播、在线点播影视作品等，也包括基于互联网而产生的新的文化形态，如网络游戏产业、网络动漫产业、网上购物等等。网络文化产业是一种较为特殊的产业形式。从其发展内涵上说，网络文化产业首先是文化生产，其次是文化传播，它是网络技术和文化艺术相结合的文化现象，是在表现形式、文化内容上全面创新。

20 世纪 90 年代以来，互联网在我国得到了飞速的发展，新兴的网络文化产业已经超越了其他传统的文化产业类型，成为“领头羊”。时至今日，互联网已经广泛地影响着中国人的生活。根据中国互联网络信息中心（CNNIC）的统计摘要①：

◇截至2010年12月，中国网民规模达到4.57亿，较2009年底增加7330万人；互联网普及率攀升至34.3%，较2009年提高5.4个百分点。

◇宽带网民规模为4.5亿，有线（固网）用户中的宽带普及率达到98.3%。

◇我国手机网民规模达3.03亿，较2009年底增加了6930万人。手机网民在总体网民中的比例进一步提高，从2009年末的60.8%提升至66.2%。

◇农村网民规模达到1.25亿，占整体网民的27.3%，同比增长16.9%。

◇30岁以上各年龄段网民占比继续上升，从2009年底的38.6%攀升至41.8%。初中学历网民增加明显，占比从26.8%提升到32.8%；高中学历的网民占比首次下降，从40.2%下降到35.7%，降低了4.5个百分点。

◇网民在家上网的比例仍显著高于其他地点，有89.2%的网民在家上网。在网吧、单位和学校上网的网民分别有35.7%、33.7%和23.2%，还有16.1%的网民在公共场所上网。

◇网民的上网工具更加多元，各类上网设备使用率普遍上升。使用台式电脑上网的网民有78.4%，仍然居于首位。使用手机和笔记本电脑上网的网民分别为66.2%和45.7%。

◇我国网民平均每周上网时长为18.3个小时。

◇虽然我国有线（固网）用户中宽带普及率已经高达98.3%，但是全国平均网络连接速度仅为100.9 KB/s。各省中河南、湖南和河北的连接速度排名前三，分别为131.2 KB/s，128.2 KB/s和124.5 KB/s。

◇搜索引擎使用率达到81.9%，用户规模3.75亿，成为网民第一大应用。在互联网信息迅速膨胀的今天，传统门户网站地位有所下降，而搜索作为互联网发展的引擎，越来越显现出其“新门户”的特点。

◇商务类应用用户规模继续领涨。网络购物用户规模年增幅48.6%，是增幅最快的应用。网上支付、网上银行的使用率迅速提升，更多的经济

① 中国互联网络信息中心：《中国互联网络发展状况统计报告》第27次发布，2011年1月。

活动已步入了互联网时代。

◇娱乐类应用使用率普遍下降。网络音乐、网络游戏和网络视频的用户渗透率分别下降4.2、2.4、0.5个百分点，网络娱乐在实现用户量的扩张之后进入相对平稳的发展期。

◇微博客和团购的用户数已初具规模，我国微博客用户规模达到6311万，在网民中占13.8%；团购用户规模达到1875万，在网民中占4.1%。

◇网民手机网络应用继续发展，手机即时通信使用率仍位居首位，达到67.7%；手机新闻和手机搜索分别以59.9%和56.6%的使用率分别排名第二、三。

◇截至2010年12月，有94.8%的中小企业配备了电脑，无电脑的中小企业仅占5.2%。92.7%的中国中小企业接入互联网。中小企业曾有建站行为(含网上商铺和独立网站)的比例达到了43%。

◇然而，中小企业网站的运营水平偏低，58.8%的中小企业网站更新频率超过一个月；有分工明确的专职团队负责运营的中小企业网站仅22.5%。

◇42.1%的中小企业曾经利用互联网进行过营销和推广工作；中小企业利用电子邮件进行营销的比例达到了21.3%，利用电子商务平台推广的比例达到了19.3%，利用搜索关键字广告进行营销的比例达到了15.4%。

◇互联网已经成为了中小企业与客户沟通和为客户服务的主要渠道之一，57.2%的中小企业正在利用互联网与客户沟通及为客户提供咨询服务。

◇接入互联网的中小企业对于互联网安全防护的总体水平比较高。其中，安装了杀毒软件的中小企业达到91.7%；加装防火墙的中小企业达到76.5%；仅5.4%中小企业未采取任何安全防范措施。

◇接入互联网的中小企业中，互联网知识培训的比例偏低。仅22.3%的接入互联网的中小企业过去一年中进行过互联网相关知识的培训。

作为一种新的产业形态，网络文化最开始是从网站和网络广告开始的，但是近年来网络游戏的异军突起，成为网络文化产业主体新的盈利增长点。网络游戏综合了图像、视频、音频等多种媒介符号，给网络游戏玩家全新的视觉和听觉体验。在进行网络游戏时，玩家可以进行多层次的信息交流和互动，最大限度地满足了年轻人的视听要求。正因为此，网络游戏的玩家不断增加，同时也成就了网络游戏产业的蓬勃发展。网络游戏不仅在我国，即使在全世界，也越来越受到了人们的青睐，已经超越了年龄、种族和国家的界限。目前，网络游戏产品投入市场的数量在急剧地增加，令人欣慰的是，其中国产网络游戏产品的比例正在不断上升，与此同时，也在积极地拓展海外市场。

同时，网络文化产业正在形成一个完整的产业链，并蕴藏着巨大的商机。网络文化产业的发展并不是孤立的，其发展也受到其他产业的影响；网络文化产业发展到一定阶段，也必定对其他产业有积极的促进作用。网络文化产业的发展是以信息技术产业为基础，以信息内容产业为主导的，因此，信息技术产业（如各种信息终端等）、信息服务产业（如电子商务、远程医疗等）、信息通信业（如电子邮件、网络电话等）和信息内容业等四个产业，都将与网络文化产业产生相互作用。

二、我国网络文化产业存在的问题

互联网作为一种新的媒介形式，以其全方位的创新，不仅是在内容安排，还是在表现形式、传播方式等方面都给人们带来了全新的体验和感受。网络在我国发展至今，正在逐渐地改变着人们的生活方式。目前，由于人们对网络文化的巨大需求、通信产业基础设施和服务质量的改善以及各种网络终端的改进，促使了我国网络文化产业的超速发展。在这种超常规速度发展的情形下，网络文化产业逐渐暴露出了多方面的问题，有的问题甚至严重影响到了整个产业的发展。人们对网络的认识往往有一定的偏差，对网络文化产业中存在的问题有夸大化和忽视化两种极端认识，以至于无法正确地定位这些问题。网络中所存在的色情、赌博、暴力、迷信及危害国家安全的内容，对网络的健康发展造成了极大的负面影响。对于这些问题，还缺乏健全的法律制度加以规范；即使有相关的规定，也起不到应有的约束作用等。

目前我国网络文化产业存在的问题，相当一部分都与我国相关法律法规缺失有关。目前，我国的网络文化产业已经形成了相当的规模，产业的规模造就市场，成熟的市场才能促进产业的发展，因此对网络文化产业的规范更多地应体现为对网络文化市场的约束。

由于有关网络法律法规的缺位，在网络文化产业及现实的网络使用中产生了很多的法律问题，主要有以下几个方面：第一，网络媒体发布虚假信息和有害信息的法律问题。有些网站为了提高点击率，擅自发布一些虚假信息和有害信息，影响了网络文化的健康发展。第二，有关电子商务的法律问题。网络的发展使得很多交易都可以在网上实现，当事人往往采用电子合同对交易进行约束，但网络交易的无界性和法律的约束往往存在着冲突。第三，网络文化产业运营中侵犯人格权的问题。在网络经营中，往往需要搜集某些人的个人资料和信息加以公布，有些情形下会出现侵犯他人隐私权、人格权等问题。第四，网络文化市场中不正当竞争的法律问题。在网络文化产业超速发展的今天，大量新型的不正当竞争行为在现实中存在。我国虽然有《反不正当竞争法》，但是对调整网络文化产业市场已经不再适用。第五，网络文化产业运营中的网络犯罪问题。运用网络和先进的信息技术进行犯罪活动，也是网络文化产业发展中的突出问题之一。

除此之外，还有一个网络文化产业中的法律问题也很突出，那就是有关网络文化产业的知识产权问题。网络文化产业作为新兴的产业类型，是以科技进步和科技产品的不断更新为依托的，其自身产业和市场中存在着大量涉及知识产权保护的问题。

首先，网络上的著作权问题。网络上传播的信息，其中有相当一部分是受《著作权法》保护的作品的数字化形式，而且基于网络的特性，这种数字化作品更容易复制和传播。随着互联网络的发展，作为一种新兴的媒介和载体，网络所传播的作品也越来越多，与此相对应的，作品的数字化形式在网络上享有的著作权问题日益受到人们的重视。网络上的著作权纠纷主要包括以下三种情况：作品的作者和网站之间的著作权纠纷；传统媒体和网站之间的著作权纠纷；网站之间的著作权纠纷。

其次，关于域名的保护问题。域名是用户在计算机网络中的名称和地址，是用于区别其他用户的标志，具有识别功能。具体到网络文化产业，域名在其中占有重要的地位。网络发展到今天，已经被广泛地运用到了生产和生活中。不少企业都在网络上注册了自己的域名，这些域名往往与企业的商标或名称相同或相似，具有自己的企业文化特色，以此与其他经营主体加以区别。而在目前，对域名的侵害行为屡见不鲜，如将他人的商标，尤其是驰名商标抢注为自己的域名，侵犯了权利人的合法权益。

再次，关于商标的保护问题。对于商标在网络文化产业中的保护，和上述域名的问题类似。商标作为商品或服务的一种标记，用来区分不同的生产经营者和服务者。除此之外，商标还意味着对商品和服务品质的保障，尤其是驰名商标，对于生产经营主体来讲更是一笔巨大的无形资产。现在很多经营主体都借助网络进行自己品牌的宣传或产品的生产销售，因而侵犯商标权的情况也时有发生。

三、网络文化产业的健康发展离不开知识产权的保护

（一）网络文化产业的发展需要法律的保障

首先，目前我国网络文化产业发展的现状需要法律的参与并发挥作用。我国的网络文化产业正处于超速发展阶段，科学技术的日新月异使得网络产业也在不断的变化中，新事物不断出现，不可能有现成的法律对这一切进行及时调整。也就是说，法律从某种意义上讲总是带有滞后性，不可能对所有新出现的事物进行完全的调整。但正像我们前面提到的那样，目前网络文化产业中存在着诸多问题，比如虚假和有害信息、对电子合同的管理、网络运营中对公民人格权的侵犯、不正当竞争问题以及网络犯罪等，妥善合理地解决这些问题需要不断适应社会发展的法律法规。

其次，网络文化产业主体也需要不断地增强自身的法律意识，维护自己的权益。目前，我国的网络文化产业已经形成了巨大的市场，市场经济是法治经济，一切经济活动都要在法律许可的范围内进行。这就需要网络文化产业主体了解市场经济活动中的法律规则，知道哪些事情可以做，哪些事情禁止做。同时，目前我国的网络文化市场还有很多不完善的方面亟待解决，这其中最重要的表现是，在市场竞争中产业主体不能很好地按照法律规定或诚信原则进行经营活动，往往对同行业的产业主体造成权利上的侵犯。在这种情况下，网络产业主体提高自身的法律意识还有助于在经营活动中保护自己，以免受到不法侵害。

（二）网络文化产业的发展离不开知识产权制度

在知识经济时代，经营主体乃至国与国之间的竞争说到底是知识产权的竞争。谁拥有更多的、价值更大的知识产权，谁就在竞争中占有优势。在目前的国际竞争中，自主知识产权的竞争已经成为竞争中的最高形态。文化产业，尤其是网络文化产业更是如此。在以高科技为依托而发展起来的网络文化产业中，面对激烈的市场竞争，经营主体都在竭尽所能地利用各种资源，尤其是知识产权资源，以求自身实力的不断壮大。此外，知识产权制度作用的发挥对整个网络文化产业的发展有重大的影响。

第一，知识产权对于任何参与市场竞争的主体都是巨大的资产，拥有高质量的知识产权是经营主体实力的表现。网络文化经营主体在市场经营过程中，对于自主的知识产权，同样要有自主占有和自主保护的意识，如通过及时申报来确认此项权利等。自主知识产权对于经营主体自身的实力和层次都是一个很好的提升，充分合理地利用知识产权制度对网络文化产

业的健康发展有积极意义。

第二，合理利用知识产权制度，提高知识产权意识，有利于企业防范经营风险。经营主体必须具有一定的知识产权意识，不仅要拥有和保护好企业自身的知识产权，更不能在市场经营活动中侵害其他主体的知识产权。只有这样，才能有效地防范经营风险；也只有这样，整个网络文化产业才能健康有序地发展。

第三，掌握并运用知识产权制度是世界经济一体化的要求。我国已加入世界贸易组织，在全球统一的市场中更要自觉地遵守市场规则和贸易惯例。虽然我国的网络文化产业正飞速发展，但是和国外的网络产业相比，在各个方面还有较大的差距，尤其是在自主知识产权的占有上。这势必影响我国网络文化产业主体的竞争力。正因为此，我国的网络文化产业主体必须具有相当的知识产权意识，在防范知识产权诉讼的同时，更应当注重自身实力的提升。

第二节　网络文化产业知识产权保护的案例分析

由于知识产权侵权案件侵犯的是权利人的无形资产，隐蔽性、规避性强，权利人举证难，赔偿数额更是难以计算，所以在知识产权案件中法官的自由裁量权很大，判决的随意性也很明显。当今，互联网迅速发展，由于网络传播信息的特点，知识产权的保护面临着更大的挑战，有些网络侵权案的被告难以确定。本节选择了几件比较有代表性的案例进行分析。

一、典型案例 1：网页链接是否构成侵权

（一）案情介绍：刘京胜诉搜狐案①

原告刘京胜 1995 年发表其译著《唐吉诃德》。2000 年 10 月，刘京胜在上网访问搜狐网站时发现，点击该网站首页上“文学”栏目下的“小说”，并继续点击“外国小说@（5064）”、“经典作品（86）”、“唐吉诃德——［西班牙］塞万提斯”、“译本序言”后，可在页面上看到自己翻译的《唐吉诃德》。10 月 18 日，经原告申请，北京市公证处对以上操作过程和路径，以及终端监视器上显示的页面内容进行了公证。11 月 6 日，被告也向北京市公证处申请，按

① 参考《刘京胜诉搜狐爱特信信息技术（北京）有限公司侵犯著作权纠纷案》，http：//www.gsfzb.gov.cn/FLFG/SFJS/200504/28607.shtml。

照原告上网的过程和路径的操作过程进行公证。15日，被告再次向北京市公证处申请，在该处对上 www.cj888.com、www.chenqinyrice.com、www.yifan.net 网站访问《唐吉诃德》中文版的过程和路径进行公证以证明：1.该作品不是被告上载的，也不在被告网站的网页上；2.直接访问 www.cj888.com、www.chenqinyrice.com、www.yifan.net，在网站上即可看到以原告作品为内容的页面。以上两个证据可以证明，因搜狐网站与上述三个网站有链接关系，所以通过搜狐网站，能够访问这三个网站上以原告作品为内容的网页。在法庭上，被告再次按原告所提交的公证书中载明的过程和路径上网进行了演示，当屏幕出现"《唐吉诃德》［西班牙］塞万提斯　刘京胜译"页面时，该页面的地址栏中不是搜狐网站的地址，而是其他网站的网址。

法院认为：本案争议的焦点是搜狐网站对其上述链接行为所产生的结果是否应当承担法律责任。

首先，被告这种链接行为本身是否构成侵权。链接是在互联网上实现快捷的传递和获取各种信息的一种技术手段，是互联网的重要功能。网站的经营者利用这个技术，将网站甚至各个网站的信息内容连接在一起，以实现信息资源共享的目的，极大方便了上网用户。本案被告开办的网站是以提供信息内容为主的网站，通过设置搜索引擎，建立与其他网站的链接，使上到其网站的用户可以快捷地搜索，并进入到其他网站获取信息。本案双方当事人提交的公证文件载明，当显示器上出现"《唐吉诃德》［西班牙］塞万提斯　刘京胜译"页面时，该页面的地址栏中并不是搜狐网站的网址，而是其他网站的网址。这一事实证明，被告提供的只是分类搜索引擎链接服务。被告网站利用这种链接技术，将用户引导到提供信息内容服务的网站。从直观的表象上看，访问者是通过被告网站上网，并浏览到相关信息，被告是信息提供者。但是从技术角度上讲，被告网站提供的是搜索服务的工具，引导用户利用这个工具到其他网站或网页上去浏览相关的信息。此时这些信息并未存储在被告的服务器上，而是在上网用户自己的计算机上，临时生成被链接网站所载信息内容的复制件。因此，被告提供链接服务并不是将原告作品直接上载的复制行为，也不是传播。此外，由于在互联网上网站之间具有互联性、开放性，网上的各种信息内容庞杂，载量巨大，要求网络服务提供者对所链接的全部信息和信息内容是否存在权利上的瑕疵先行作出判断和筛选是不客观的。网上的信息内容有权利上的瑕疵时，主要应当由信息提供者或传播者承担法律责任，仅提供网络技术或设施的服务商，一般不应当承担赔偿责任。因此，本案被告设置链接的行为不侵害原告的著作权。

其次，原告明确提出停止链接被侵权的作品后，设链者未积极作为，是否应承担侵权责任。本院认为：本案原告对1995年漓江出版社出版的译著《唐吉诃德》所享有的著作权，应当受到法律的保护。未经著作权人许可使用其作品，是对其著作权的侵害。当得知侵权行为发生或可能发生时，任何与该侵权行为或结果发生关系的人，都有义务采取积极的措施，防止侵权行为结果的扩大。本案原告在发现自己的作品被网站上载后，于2000年10月24日向被告提出侵权指控，被告理应在向原告做出解释的同时，积极采取措施停止与非法上载原告作品的网站链接，但被告却以法律未规定链接是一种侵权行为为由，继续与上载原告作品的网站维持链接，直到11月30日才停止链接。应指出，被告虽难以对其网站链接的信息内容加以控制，但完全有技术能力控制其网站与其他网站或网页的链接。在原告人提出其链接的网页上有未经权利人许可上载的作品的指控时，被告有责任及时地采取技术措施，停止链接，并抑止侵权。但被告得知原告的权利被侵害后，仍未积极地采取措施，使侵权状态得以延续。这种结果对权利人是不公平的，有悖于民事主体的合法权利不受侵害的法律原则，被告应对其过错承担相应的法律责任。

综上所述，法院判决：被告搜狐爱特信信息技术（北京）有限公司书面向原告刘京胜赔礼道歉，赔偿原告刘京胜人民币3000元，案件受理费3510元由被告搜狐爱特信信息技术（北京）有限公司负担2000元，原告刘京胜负担1510元。

（二）本案焦点

本案的焦点在于：链接的法律性质为何？网站在其网页中设置链接是否会侵犯著作权人的著作权？具体到此案中，搜狐在其网站上设置的链接是否侵犯了刘京胜的著作权？是否需要承担过错侵权的责任？

（三）法律规定

《著作权法》第10条　著作权包括下列人身权和财产权：……（五）复制权，即以印刷、复印、拓印、录音、录像、翻录、翻拍等方式将作品制作一份或者多份的权利；……（十二）信息网络传播权，即以有线或者无线方式向公众提供作品，使公众可以在其个人选定的时间和地点获得作品的权利……

《著作权法》第48条　有下列侵权行为的，应当根据情况，承担停止侵害、消除影响、赔礼道歉、赔偿损失等民事责任；同时损害公共利益的，可以由著作权行政管理部门责令停止侵权行为，没收违法所得，没收、销毁侵权复制品，并可处以罚款；情节严重的，著作权行政管理部门还可以没收主要用于制作侵权复制品的材料、工具、设备等；构成犯罪的，依法追究刑事责任：……（六）未经著作权人许可，复制、发行、表演、放映、广播、汇编、通过信息网络向公众传播其作品的，本法另有规定的除外……

《最高人民法院关于审理涉及计算机网络著作权纠纷案件适用法律若干问题的解释》第4条　提供内容服务的网络服务提供者，明知网络用户通过网络实施侵犯他人著作权的行为，或者经著作权人提出确有证据的警告，但仍不采取移除侵权内容等措施以消除侵权后果的，人民法院应当根据《民法通则》第一百三十条的规定，追究其与该网络用户的共同侵权责任。

《最高人民法院关于审理涉及计算机网络著作权纠纷案件适用法律若干问题的解释》第5条　提供内容服务的网络服务提供者，对著作权人要求其提供侵权行为人在其网络的注册资料以追究行为人的侵权责任，无正当理由拒绝提供的，人民法院应当根据《民法通则》第一百零六条的规定，追究其相应的侵权责任。

《最高人民法院关于审理涉及计算机网络著作权纠纷案件适用法律若干问题的解释》第6条　网络服务提供者明知专门用于故意避开或者破坏他人著作权技术保护措施的方法、设备或者材料，而上载、传播、提供的，人民法院应当根据当事人的诉讼请求和具体案情，依照《著作权法》第四十七条第六项的规定，追究网络服务提供者的民事侵权责任。

《最高人民法院关于审理涉及计算机网络著作权纠纷案件适用法律若干问题的解释》第7条　著作权人发现侵权信息向网络服务提供者提出警告或者索要侵权行为人网络注册资料时，不能出示身份证明、著作权权属证明及侵权情况证明的，视为未提出警告或者未提出索要请求。

著作权人出示上述证明后网络服务提供者仍不采取措施的，著作权人可以依照《著作权法》第四十九条、第五十条的规定在诉前申请人民法院作出停止有关行为和财产保全、证据保全的裁定，也可以在提起诉讼时申请人民法院先行裁定停止侵害、排除妨碍、消除影响，人民法院应予准许。

《最高人民法院关于审理涉及计算机网络著作权纠纷案件适用法律若干问题的解释》

干问题的解释》第8条　网络服务提供者经著作权人提出确有证据的警告而采取移除被控侵权内容等措施，被控侵权人要求网络服务提供者承担违约责任的，人民法院不予支持。

著作权人指控侵权不实，被控侵权人因网络服务提供者采取措施遭受损失而请求赔偿的，人民法院应当判令由提出警告的人承担赔偿责任。

（四）法理分析

我国《著作权法》在著作权中规定了复制权。所谓的复制是指将作品重新显现于任何有形的物质载体之上，使人们可以直接或借助于该设施来再现该作品。复制权，即以印刷、复印、拓印、录音、录像、翻录、翻拍等方式将作品制作一份或者多份的权利。应当说，随着科学技术的发展和进步，复制的方式已经远不止上述所列的几种方式，很多新的形式已经出现并在实践中广泛应用了，比如将作品数字化之后以磁、光信号的方式存储于各种介质中。我国现行的《著作权法》不可能列举所有的复制方式，因此，符合这一内涵的复制方式都应当受到《著作权法》的保护。复制，是对作品进行利用的最基本的前提，正因为如此，复制权应当是作者著作权中最基本的权利。在很多情况下，对作品是否存在复制，是判断是否构成著作权侵权的关键因素。在实践中，一些新型的复制行为是否侵犯了作者的著作权，关键在于分析这些复制行为的性质。

本案中涉及的复制形式为网络链接。所谓网络链接，是指运用网络语言 HTML 将各网站的名称或者网页等直接写在主网站网页上的行为。运用网络语言写成的这种文字或表示等可以指示计算机将点击链接点的使用者带领进入所链接的网站或网页，并不需要被链接网站的任何技术上的帮助，根据互联网络的运行惯例，也不需要经过被链接许可。[①] 网络链接技术是网络文化产业相较传统文化产业所具优势的一大技术原因。网络链接技术使得我们可以很方便地在一个网站带有多个页面链接的一个页面上，直接进入相关的网页，从而获取有用的信息和资料。

网站对其他网站侵权网页设置了链接，但侵权内容存储于其他网站的服务器内，是由他人复制上载的，设置链接只是为互联网的访问者提供了一种浏览网上内容的便捷方式。在网站间设置链接的情况下，被链接的内容并不是由设链者上载到网络上的。虽然网络的访问者可以通过设置链接的网站看到网络上传播的内容，但事实上，直接实施传播的并不是设置链

① 郭庆存编著：《知识产权法》，251页，上海，上海人民出版社，2002。

接的网站，而是登载被链接内容的网站。同时，要求设置链接的网站对其链接的所有内容是否存在权利瑕疵进行实质性的审查或判断是不现实的。如果网站之间页面的链接也会构成侵权的话，那对于门户网站，甚至是互联网都是一种发展的障碍，有违网络传播的特性和意义，因此网站不应对页面的链接的非法性承担责任。总而言之，设置链接的行为并不属于《著作权法》上的复制行为，因此不能认定为侵权。同时，链接行为也不属于直接传播，而更接近于帮助传播，那些将被链接的内容上载于网络的行为人才是真正的复制、传播的实施者。因此，在本案中搜狐网站对其他网站设置链接的行为，并没有侵犯原告刘京胜的著作权。

网络链接的行为不属于《著作权法》上的复制，而且不认定为侵权，这是否意味着在互联网上，作者的著作权得不到法律的有效保护呢？答案是否定的。虽然网络链接的行为并不构成侵权，但是如果网站明知自己链接的内容属于侵权性质或者权利人对侵权的网络链接提出异议，网站就应当立即将侵权链接删除，否则就要开始承担侵权责任。是否构成侵权，是以网站是否知晓所链接的内容的违法性为标准。很显然，在此适用一般侵权行为的过错责任原则。在本案中，被告搜狐网站在接到原告刘京胜的指控后，有责任立即停止对侵权页面的链接，从而停止侵权。但是搜狐网站并没有立即采取有效措施，导致了对原告侵权状态的延续，因此，法院判定被告搜狐网站应当承担过错责任是没有问题的。

（五）简要评论

互联网络技术的出现使得对作品的侵害更加多样化，对于著作权人的复制权的保护，在网络时代也变得愈加复杂。网络链接作为互联网发展的重要技术，在互联互通、信息共享等方面起着重要作用。因此，我国现行的法律制度也应适时地加以改变以适应不断发展的信息社会，在今后的法律、法规及司法实践中承认网站的合法链接权。互联网的特色和使命就在于运用现代科技实现资源和信息的最大范围的共享。如果加以限制，既无益于网络经营者的合法权益，也会对网络技术的发展设置障碍。

网站经营者在拥有合法链接权的同时，还应当在遵守诚实信用原则、不损害他人和社会公共利益的前提下进行经营和市场竞争。此外，网站经营者应当形成良好的自律习惯、熟悉相关规则，以避免不必要的法律纠纷。对于明知链接的内容侵犯了他人的合法权益或者在权利人提出警告的情况下，网站经营者应当立即采取相应的措施，阻止侵权状态的延续，否则网站经营者应当对此承担过错责任。

二、典型案例2：著作权集体管理组织能否作为诉讼主体？

（一）案情介绍：手机铃声侵权案[①]

苏越是歌曲《血染的风采》的曲作者，其于1994年1月18日与中国音乐著作权协会签订了音乐著作权合同，将其上述作品的公开表演权、广播权和录制发行权委托中国音乐著作权协会管理。2001年10月9日，苏越又与中国音乐著作权协会签订了补充合同，将其上述作品在互联网络上载、下载及传输的权利授权中国音乐著作权协会管理。

网易公司在其开办的www.163.com网站中，设置了“网易短信中心”的推荐服务项目，其中包括“铃声传情”栏目，收录了众多音乐作品，提供给全国移动电话用户，作为移动电话的振铃选择下载使用。网易公司在将歌曲《血染的风采》收录在“民歌小调”曲目中时，未经苏越许可，亦未向苏越支付报酬。

网易公司为实现上述服务，与移动通信部门进行了技术合作，并利用了该部门开设的特定技术条件和设备，即移动短信网关。移动用户在从www.163.com网站选择、下载所需的振铃歌曲时，首先要通过拨号进入中国电信部门的公众互联网，并登录www.163.com网站，选择所需歌曲，然后由网易公司的服务器将该歌曲编辑为二进制编码，通过公众互联网发送至移动短信网关，最后由移动通信部门通过其掌握的移动电话网，即GSM网络发送至移动电话用户。全国各地的移动电话用户须通过本地区的移动通信部门实施上述下载过程。在www.163.com网站页面上所显示的公众对某一音乐作品的点击次数，即代表全国各地的移动电话用户通过本地区移动通信部门试听或下载的次数。移动用户从www.163.com网站每下载一首歌曲，网易公司的收费标准为：普通质量的铃声为1元，高保真质量的铃声为2元。

2001年11月21日，网易公司与中国移动通信公司签订合作协议，双方约定由中国移动通信公司代网易公司收取上述移动用户的下载费用，中国移动通信公司向网易公司收取15%的服务费，以中国移动通信公司计费系统出账的当月应收信息费的全部金额为准。此外，中国移动通信公司另向网易公司收取每条0.05元的不均衡通信费。

---

① 参考《未授权歌曲或手机铃声　网易今日被判侵权》，http://tech.sina.com.cn/i/c/2002-09-20/1731139948.shtml。

另经查明，根据现有技术条件，如果中国移动通信公司试图停止传输网易公司发送的某一特定信息，则须完全停止与网易公司之间的短信业务。截至 2001 年 11 月 28 日，在 www.163.com 网站上，对歌曲《血染的风采》显示的点击次数为 15091 次。

中国音乐著作权协会起诉称：苏越是歌曲《血染的风采》的曲作者，他已将该作品的公开表演权、广播权、录制发行权和信息网络传播权委托中国音乐著作权协会管理。现发现网易公司未经作者许可，将该歌曲提供给移动电话用户供音乐振铃下载使用。中国移动通信公司向移动电话用户提供增值服务项目，使任何一个移动电话用户均可以利用其收费项目下载涉案歌曲。二被告上述商业性使用行为，构成了对作者著作权的侵害。中国音乐著作权协会根据与作者签订的委托协议，以中国音乐著作权协会的名义提起诉讼，要求二被告立即停止使用音乐作品《血染的风采》，公开向中国音乐著作权协会和作者苏越赔礼道歉，共同赔偿因侵权行为造成的经济损失 113182.50 元，以及原告为制止侵权行为所花费的合理支出 6300 元。

网易公司辩称：原告提供的苏越在中国音乐著作权协会登记的权利依据证据无法证明其是《血染的风采》歌曲的著作权人。由于中国移动通信公司收取一定数额的服务费和不均衡通信费，因此不能以在网易公司相关网页上显示的歌曲点击数量作为网易公司的收益。此外，原告以网易公司盈利的 5 倍作为赔偿额，没有法律依据。

中国移动通信公司辩称：中国移动通信公司是电信运营商，在移动服务中仅起传输管道的作用，在从事服务的过程中没有过错，因此原告要求我公司承担民事责任是没有法律依据的。

（二）本案焦点

本案中主要涉及以下法律问题：第一，中国音乐著作权协会的性质是什么？它能否以自己的名义向网易公司和中国移动通信公司提起诉讼？第二，本案中中国移动通信公司为网易公司提供网络运营支持的行为是否也侵犯了原告的著作权？

（三）法律规定

《著作权法》第 8 条　著作权人和与著作权有关的权利人可以授权著作权集体管理组织行使著作权或者与著作权有关的权利。著作权集体管理组织被授权后，可以以自己的名义为著作权人和与著作权有关的权利人主张权利，并可以作为当事人进行涉及著作权或者与著作权有关的权利的诉讼、仲裁活动。

著作权集体管理组织是非营利性组织，其设立方式、权利义务、著作权许可使用费的收取和分配，以及对其监督和管理等由国务院另行规定。

《著作权法》第10条　著作权包括下列人身权和财产权：……（十二）信息网络传播权，即以有线或者无线方式向公众提供作品，使公众可以在其个人选定的时间和地点获得作品的权利……

《著作权法》第48条　有下列侵权行为的，应当根据情况，承担停止侵害、消除影响、赔礼道歉、赔偿损失等民事责任；同时损害公共利益的，可以由著作权行政管理部门责令停止侵权行为，没收违法所得，没收、销毁侵权复制品，并可处以罚款；情节严重的，著作权行政管理部门还可以没收主要用于制作侵权复制品的材料、工具、设备等；构成犯罪的，依法追究刑事责任：（一）未经著作权人许可，复制、发行、表演、放映、广播、汇编、通过信息网络向公众传播其作品的，本法另有规定的除外……

《著作权集体管理条例》第3条　本条例所称著作权集体管理组织，是指为权利人的利益依法设立，根据权利人授权、对权利人的著作权或者与著作权有关的权利进行集体管理的社会团体。

著作权集体管理组织应当依照有关社会团体登记管理的行政法规和本条例的规定进行登记并开展活动。

《著作权集体管理条例》第4条　《著作权法》规定的表演权、放映权、广播权、出租权、信息网络传播权、复制权等权利人自己难以有效行使的权利，可以由著作权集体管理组织进行集体管理。

《著作权集体管理条例》第19条　权利人可以与著作权集体管理组织以书面形式订立著作权集体管理合同，授权该组织对其依法享有的著作权或者与著作权有关的权利进行管理。权利人符合章程规定加入条件的，著作权集体管理组织应当与其订立著作权集体管理合同，不得拒绝。

（四）法理分析

随着传播和复制方式的多样化，作品的使用方式也日益繁多，著作权人对自己的作品，尤其是已经发表的作品的使用情况很难全面地了解并加以控制。正是在此情况下，为了切实保护著作权人的合法权益，产生了著作权集体管理制度。对于著作权集体管理制度，我国《著作权法》第8条进行了规定，同时我国还专门制定了《著作权集体管理条例》。根据以上法律规定，所谓著作权集体管理，是指著作权集体管理组织经权利人授权，集中行使权利人的有关权利并以自己的名义进行相关活动。这些活动包括：与使用者订立著作权或者与著作权有关的权利许可使用合同；向使用者收取使用费；向权利人转付使用费以及进行涉及著作权或者与著作权有关的权利的诉讼、仲裁等。著作权集体管理组织，是指为权利人的利益依法设立，根据权利人授权，对权利人的著作权或者与著作权有关的权利进行集体管理的社会团体。著作权集体管理组织应当依照有关社会团体登记管理的行政法规和相关规定进行登记并开展活动。

一方面，作品公开发表之后，著作权人对于在此基础上的使用很难控制，单凭著作权人一己之力往往事倍功半。另一方面，使用人有时不容易找到著作权人并获得许可，更谈不上支付报酬了。因此，通过著作权集体管理机构为著作权人主张权利，成为一种便捷的途径。

中国音乐著作权协会作为著作权管理的一个成功范例，成立于1992年，属于非营利性的民间组织。它是由中国音乐家协会和国家版权局共同发起，经国家民政部登记为自主经营的社团法人，其主要任务就是从事音乐著作权集体管理，专门维护曲作者、词作者和其他著作权人的合法权益。中国音乐著作权协会会员基本上囊括了当今中国音乐创作的主体，同时，该协会已和30多个国家和地区的音乐著作权协会签约，彼此管理对方的音乐作品，并已基本控制了绝大多数外国作品在中国的使用权。中国著作权协会的音乐著作权集体管理，解决了许多音乐作品著作权人仅靠个人难以解决的问题，收到了良好的效果。

根据我国法律的规定，著作权集体管理组织和著作权人之间在法律上应当认定为信托关系。基于此，著作权人将自己作品的相关著作权交由著作权集体管理组织行使，著作权集体管理组织有权以自己的名义行使由著作权人授权的相关权利，如著作权人享有的表演权、放映权、广播权、出租权、信息网络传播权、复制权等，同时有权以自己的名义进行诉讼和仲裁等活动。本案中，《血染的风采》曲作者苏越与中国音乐著作权协会依法签订了著作权委托管理合同，双方办理的相关登记手续也真实有效。中国音乐著作权协会依据苏越的授权以及《著作权法》和《著作权集体管理条例》的规定，有权以自己的名义向网易公司和中国移动通信公司提起诉讼，是合格的诉讼主体。

根据我国《著作权法》第10条第1款第12项的规定，著作权人享有信息网络传播权，即通过互联网或其他有线或者无线的信息传输网络向公众提供作品的权利。未经许可，将他人的作品上网传播、供人使用的行为构成对著作权人的信息网络传播权的侵害。网易公司未经苏越许可，将其谱曲的《血染的风采》收录在其网站开办的栏目中，并有偿向移动电话用户提供下载使用，这一商业行为构成了对著作权人苏越信息网络传播权的侵犯，被告网易公司应承担停止侵害、赔偿损失的民事责任。

那么，对于向网易公司提供网络技术运营支持的中国移动通信公司的行为，是否也侵犯了原告的权利呢？根据我国民事责任的归责原则，构成侵害著作权的行为人必须在主观上具有过错。本案原告要求移动通信公司承担侵权责任，须证明中国移动通信公司是涉案侵权作品的发布者，或者移动通信公司对接收的信息的法律状态具有审查义务却疏于审查，或者在权利人告知其传输了侵权信息后，移动通信公司有能力删除侵权信息而不作为。在本案中，移动通信公司为网易提供的网络信息传送服务是技术性的和被动的，其行为只是为接收网易公司发送的信息及向移动电话用户发送该信息提供技术链接服务，从而实现移动电话到互联网、互联网到移动电话的双向沟通功能。移动通信公司接收的信息是由网易公司选择后发布的，移动通信公司并不对信息内容进行筛选。而网易公司向移动通信公司传输包括涉案侵权歌曲在内的生成消息是以二进制编码信息形式通过互联网发送的。在当时的技术能力下，移动公司无法对所传输的二进制信息进行识别、编辑等处理，也不能将已知的侵权信息予以删除。在实施信息的接收和发送行为过程中，移动通信公司始终是被动的，仅利用自身的行业特点和经营优势提供设备，对信息进行传递。另外，移动通信公司因其向公众和网络公司提供基础设备服务并因此而收取费用的行为，不能成为其承担侵权责任的依据。所以，移动通信公司在主观上对侵权行为的发生不存在过错，并没有和网易公司构成共同侵权。结合本案的实际情况，如责令提供基础设备的服务商停止相关服务，则对社会公众利益和网络技术的应用与发展都是无益的。而责令侵权信息的提供者网易公司立即停止发布涉案侵权信息，足以制止侵权行为的继续。因此，移动通信公司的行为不构成对原告著作权的侵犯。

（五）简要评论

著作权集体管理制度首先对著作权人的权利提供了有效的保护。近年来随着数字技术、网络技术的发展，对作品进行复制和传播相当方便，著作权集体管理制度已经成为《著作权法》的重要组成部分。在我国的第一部《著作权法》中并没有具体的著作权集体管理的问题，只在其《实施细则》中规定“著作权人可以通过集体管理的方式行使其著作权”。由于缺乏具体的法律规定，我国的著作权集体管理活动一直受到较大的限制。新修订的《著作权法》对著作权集体管理制度作了比较明确的规定，突出了著作权集体管理机构的地位和权限，使其诉讼主体资格得到了进一步的确认，这对我国著作权集体管理制度的发展有重大意义。

同时，对于著作权的侵权行为，认定的标准还是应当依据过错责任原则。在网络环境下的著作权侵权中，认定行为人是否有过错主要看以下几个方面：行为人是否涉案侵权作品的发布者；行为人对涉案侵权作品的法律状态是否具有审查义务而确疏于审查；在权利人告知其传输了侵权作品后，行为人是否及时停止侵权行为等。正如此案中对网易公司和中国移动通信公司各自行为的性质判断，认定网络侵权也是如此。

三、典型案例3：恶搞影片引发网络版权保护大讨论

（一）案情介绍：《无极》和《一个馒头引发的血案》

随着影片《无极》的公映，在网络上也开始流传一个名为《一个馒头引发的血案》(以下简称《馒头血案》) 的网络短片。该片将《无极》中的一些镜头进行了重新编辑，讲述了一个杀人案件的侦破过程，搞笑指数极高。该片在给网民带来快乐的同时，其所涉及的法律问题也引起了人们的关注。

网络短片《馒头血案》署名为“胡戈制作”，片中截取了大量《无极》中的画面，通过重新组合和再次配音，以搞笑的方式，对《无极》一片做了大量改动。某电视台的《中国法制报道》也被剪辑利用，其主持人还在片中“现身说法”。

据了解，很多看过电影《无极》的观众对《馒头血案》十分感兴趣，觉得“特别搞笑有趣”。《馒头血案》的制作者胡戈说：“前不久，我在电影院里看完《无极》后，突然有了一种强烈的冲动，想利用自己在这方面的特长把这个电影改一改。我用了一个投机取巧的办法，用电视片的形式来做，大约用了几天时间就完成了。绝对没预计到今天这个结果。”胡戈表示，他也不知为什么大家这么喜欢看。而作为影片《无极》的导演，陈凯歌则表示了极大的愤慨。在接受记者采访时，陈凯歌称：“已经起诉他(胡戈）了，我们一定要就这个问题解决到底!”说完还意犹未尽地补充：“我觉得人不能无耻到这样的地步。”

对于短片《馒头血案》是否侵犯了影片《无极》的著作权，各方说法不一。

有人从《宪法》的角度认为胡戈的行为是行使言论自由的权利。这是一种宪法权利，在宪法权利和民事权利发生冲突的时候，首先应该考虑的是宪法权利。也有人认为《馒头血案》是一个独立的作品，胡戈利用现代科技以一种简洁的方式制作了一个完整的视频作品，这种作品不构成对陈凯歌的著作权或者名誉权的侵权。还有人认为，《馒头血案》是胡戈采取评议、学习和评论的方式所制作的一个新的作品，属于合理使用，不构成侵权。还有一种观点认为，从民事纠纷侵权的四个要件来分析，他没有损害事实，胡戈的行为和《无极》影片之间没有形成法律上的因果关系，所以不构成侵权。

国家版权局有关人士解释说，如果说用于介绍情况或者阐明观点，适当地或者少量地引用他人的作品是《著作权法》所允许的，属于合理使用的范畴。但是，超出了这个前提，大量引用他人的作品，则是法律所不允许的。就《馒头血案》这个个案来看，是否超出了合理使用的范畴，应该由司法机关通过民事诉讼的方式来解决。

也有部分法律专家认为，胡戈的做法可能侵犯了著作权。他们认为，《馒头血案》是在《无极》原有作品基础上进行修改，属于一种侵权行为。这种行为侵犯了原有作品的完整权，这是著作权的内容之一。《馒头血案》虽然是免费下载，但不能否定网站在利用这部短片来增加点击率，所以，网站在此方面也侵犯了著作权。

《无极》宣传总监黄斌对此则表示，《无极》的网络版权和音像制品版权已卖给相关发行商，对这方面有没有侵权应该由发行商来判断。

而胡戈则称，他是以个人学习为目的的，这在《著作权法》里有规定，不构成侵权的。片子给自己几个熟人和朋友看了，然后他们觉得有意思，就把这东西给放到了网络上。

另据报道，胡戈在天涯论坛谈及自己对陈凯歌要起诉一事的感受。胡戈说在事发后就有人向他转述，说陈凯歌方面希望他能站出来道歉并承认侵权，可是他觉得不能随便承认侵权，于是又和朋友商量了一下，觉得自己应该表示歉意，但自己的行为并不构成侵权："我并没有什么恶意，只是以学习为目的练习了一下视频剪辑技术，而且又没有营利，也不是自己放到网络上传播的，我不认为这是侵权。侵不侵权不是我说，相信也不是他说了算的，有没有构成侵权应该是法官说的，现在法官还没有说呢。"记者问，如果中影集团要求他在承认侵权的基础上道歉呢？胡戈马上接过去说："那就没得说，那打官司就打官司啦，侵权是不能随便说的。"[①]

（二）本案焦点

在本案中主要涉及以下几个法律问题：首先，类似于胡戈这样创作视频短片的行为是否属于《著作权法》上的合理使用？其次，胡戈的这种创作形式是否构成对电影作品的侵权？侵犯了谁的权利？

（三）法律规定

《著作权法》第 10 条　著作权包括下列人身权和财产权：……(三)修改权，即修改或者授权他人修改作品的权利；(四)保护作品完整权，即保护作品不受歪曲、篡改的权利……(十二)信息网络传播权，即以有线或者无线方式向公众提供作品，使公众可以在其个人选定的时间和地点获得作品的权利……(十四)改编权，即改变作品，创作出具有独创性的新作品的权利；(十五)汇编权，即将作品或者作品的片段通过选择或者编排，汇集成新作品的权利……

《著作权法》第 12 条　改编、翻译、注释、整理已有作品而产生的作品，其著作权由改编、翻译、注释、整理人享有，但行使著作权时不得侵犯原作品的著作权。

《著作权法》第 14 条　汇编若干作品、作品的片段或者不构成作品的数据或者其他材料，对其内容的选择或者编排体现独创性的作品，为汇编作品，其著作权由汇编人享有，但行使著作权时，不得侵犯原作品的著作权。

《著作权法》第 15 条　电影作品和以类似摄制电影的方法创作的作品的著作权由制片者享有，但编剧、导演、摄影、作词、作曲等作者享有署名权，并有权按照与制片者签订的合同获得报酬。

电影作品和以类似摄制电影的方法创作的作品中的剧本、音乐等可以单独使用的作品的作者有权单独行使其著作权。

《著作权法》第 22 条　在下列情况下使用作品，可以不经著作权人许可，不向其支付报酬，但应当指明作者姓名、作品名称，并且不得侵犯著作权人依照本法享有的其他权利：(一)为个人学习、研究或者欣赏，使用他人已经发表的作品……

《著作权法》第 40 条　录音录像制作者使用他人作品制作录音录像制

---

① 引自《〈馒头〉作者向陈凯歌道歉　但不承认侵权》，http://it.people.com.cn/GB/42891/42894/4112657.html。

品，应当取得著作权人许可，并支付报酬。

录音录像制作者使用改编、翻译、注释、整理已有作品而产生的作品，应当取得改编、翻译、注释、整理作品的著作权人和原作品著作权人许可，并支付报酬。

录音制作者使用他人已经合法录制为录音制品的音乐作品制作录音制品，可以不经著作权人许可，但应当按照规定支付报酬；著作权人声明不许使用的不得使用。

《著作权法》第47条　有下列侵权行为的，应当根据情况，承担停止侵害、消除影响、赔礼道歉、赔偿损失等民事责任：……（四）歪曲、篡改他人作品的……

（四）法理分析

对于胡戈的行为到底属于什么性质，争议较大。很显然，胡戈的行为并没有得到影片《无极》制作方的许可，我们认为胡戈的行为不应属于著作权中的合理使用，对影片《无极》构成了侵权。

1. 相关法律基础理论

本案主要涉及影视作品的著作权问题。对于本案中胡戈的行为是否构成对影片《无极》著作权的侵犯，我们可以从合理使用制度、修改权和保护作品完整权、改编权以及影视作品的著作权归属等几个方面进行分析。

（1）著作权法上的合理使用制度。合理使用制度是著作权限制的重要内容。依据《著作权法》的规定，合理使用是指他人可以不经著作权人的许可，也可以不向其支付报酬而使用著作权人的作品。合理使用产生与公平正义观有关，公平正义观在《著作权法》中表现为一种均衡思想。[①] 合理使用的目的在于充分发挥作品的使用效益，从而协调作者和社会公众的利益关系，这与《著作权法》的立法宗旨并不矛盾。合理使用是一种合法的事实行为，但在使用他人作品时应当指明作者姓名、作品名称，并不得侵犯著作权人的其他合法权益，也不得影响作品的正常使用。我国《著作权法》第22条对合理使用制度做了规定并列举了具体的情形。由于本案主要涉及其中的一种类型，即“为个人学习、研究或者欣赏，使用他人已经发表的作品”，故在此只对该条进行说明。“为个人学习、研究或者欣赏，使用他人已经发表的作品”的合理使用，必须满足以下条件：第一，

① 冯晓青、杨利华主编：《知识产权法学》，172页，北京，中国大百科全书出版社，2005。

使用作品是为了学习、研究和欣赏；第二，限于使用者本人(包括家庭)自己使用，不能延及第三者；第三，仅限于使用已经发表的作品。此外，《伯尔尼公约》对作品的合理使用也作出了总的要求，即“正当目的所需要范围”和“善良习惯”。

（2）修改权和保护作品完整权。这其实是一个事物的正反两个方面，简单地讲，修改权就是作者有修改或授权他人修改自己的作品，保护作品完整权即是作者有禁止他人修改、增删或歪曲自己作品的权利。

作品作为作者思想和情感的表达，体现着作者的人格利益，因此作者应该享有修改作品的权利。修改权实质上是作者是否修改作品的决定权。他人修改作者的作品必须取得授权或符合法律的规定，否则就构成对作者修改权的侵犯。同时，作者享有保护作品完整的权利，就是为了防止作品被歪曲和篡改，从而使作者所表达的感情和思想被改动、曲解、贬低或丑化。对作品的篡改或歪曲必然会破坏作品的完整性，损害作者的人格利益。

（3）改编权。即改编作品以创作出具有独创性的新作品的权利。所谓的改编是对原来作品的再创作，是在不改变作品基本内容的前提下，通过改变作品的类型或形式而创作的具有独创性的新作品。改编他人的作品但没有新意，就可能被视为抄袭。改编权实质上是作者对其作品通过改变形式创作新作品的决定权，作者有权自行改编其作品，也可以授权他人改编其作品，并获得报酬。任何人未经许可擅自改编他人作品的，属于侵权行为。改编人对经过许可改编他人作品而创作的新作品享有著作权，但以其改编作品的著作权不损害原作品著作权人的权利为前提。

（4）关于电影作品和以类似摄制电影的方法创作的作品的著作权归属。电影作品和以类似摄制电影的方法创作的作品是具有综合性的特殊艺术作品，它是由众多作者参与创作并经合成产生的作品。按我国《著作权法》第15条规定，作品的著作权由制片者享有。同时为了兼顾其他创作者的利益，我国法律赋予编剧、导演、摄影、作词、作曲等作者署名权及获酬权。

2. 对本案事实的具体认定

（1）胡戈制作视频短片《馒头血案》不符合我国《著作权法》上所规定的合理使用。我国《著作权法》第22条第1项规定，“为个人学习、研究或者欣赏，使用他人已经发表的作品”属于著作权的合理使用。胡戈在事发后解释“想利用自己在这方面的特长把这个电影（即《无极》）改一改”，“自己也是为了个人学习的目的”，所以他认为这属于《著作权法》中的合理使用，不构成侵权。前文已经明确了“个人学习、研究或者欣赏”的界定。在此，对于胡戈抱着学习的态度制作《馒头血案》应当没有疑问，但是“个人学习、研究或者欣赏”，其使用范围应限定于使用者本人或家庭成员，其使用方法也应具有非公开性。在该案中，即使不是胡戈本人将短片上传到网络中，至少没有尽到必要的通知和保护义务（如没有向朋友做出版权说明）。因为大家都知道互联网是一个开放的空间，应当对作品的传播做出必要的声明。同时胡戈的行为也有违《伯尔尼保护文学和艺术作品公约》规定的“正当目的所需要范围”和“善良习惯”，给电影《无极》造成了一定的负面影响。综合上述分析，胡戈的行为并非合理使用。

（2）《馒头血案》侵犯了著作权人的修改权和保护作品完整权。作品的著作权人有权控制其作品，享有对作品的修改权和保护作品完整权，这是著作权人的精神权利。这种精神权利的实质是反对对该作品的任何歪曲、毁损或修改，而《馒头血案》在客观上达到了歪曲、毁损影片《无极》的客观效果。很多人看完《无极》后，再去看改编而成的《馒头血案》时，觉得很滑稽。这就说明，《馒头血案》完全扭曲了原有作品的思想表达方式和内容。但是，精神权利的侵犯更主要的是体现在对作品的贬损与评价上。在本案中，对修改权和保护作品完整权的侵害，是一个综合的权利保护问题。这是因为电影不像文字的剽窃、抄袭那样可以认定得比较清楚，电影是综合性的艺术，这种艺术形式由多种艺术元素共同组成，很难认定对电影作品的侵权是以一种什么方式进行的。在这方面，还存在法律漏洞，需要不断地完善。修改权和保护作品完整权主要体现在对整个作品的思想和创意的保护上。在影视作品中，思想和创意体现在画面上，体现在人物的造型等一整套电影语言中，电影《无极》的情节、画面的完整性，被《馒头血案》搞得支离破碎，整个思想已经发生质的变化。《馒头血案》所反映的主题，是对影片《无极》的一种丑化。因此，胡戈的行为侵犯了著作权人的修改权和保护作品完整权。

（3）胡戈的行为侵犯了著作权人的改编权。改编权是著作权人的财产权利之一，著作权人以外的第三人对作品进行改编必须取得著作权人的许可，否则就构成侵权。胡戈在进行《馒头血案》的制作时，大部分画面都来自电影《无极》，可以说是对《无极》的改编。但他并没有征得电影《无极》著作权人的许可，否则也不会引发相关当事人的强烈不满。同时，胡戈制作的《馒头血案》在剪辑并添加其他元素后，已经彻底颠覆了原作品的思想表达，构成对原作品的篡改和歪曲，侵害了原著作权人的著作权。

(4) 关于影片《无极》的著作权归属问题。事实上，影片《无极》的著作权人并不是陈凯歌，他只拥有在影片《无极》中署名和获得报酬的权利。电影《无极》的著作权人应该是制片人陈红。陈红和胡戈之间形成侵权和被侵权的法律关系，侵权的主体是胡戈，被侵权的民事主体是陈红。该片导演陈凯歌，也应当认定是该片的著作权人之一，但其著作权有所局限，仅限于署名权和获得报酬权。由于胡戈在短片中已经对陈凯歌的导演作了注明，所以没有侵犯其署名权。至于胡戈的行为是否侵犯陈凯歌的名誉权，有待进一步分析。

综上所述，胡戈制作《馒头血案》的行为并不属于《著作权法》上的合理使用，构成了对影片《无极》的侵权。

（五）简要评论

关于《馒头血案》，一个现象值得思考：自从陈凯歌表示要就此打官司后，网友的观点几乎一面倒地支持胡戈，甚至在胡戈向陈凯歌表示道歉后，仍有网友认为胡戈不应该这样。这其实是公众同情弱者的表现。他们之所以有如此的反应，是基于道德而不是法律的立场。由此可以看出，公众对知识产权的法律意识还是很淡薄。知识产权尽管表现为某个人或者某团体的权利，但在促进文化和人类社会的发展方面起着重要作用。社会的进步和文化的发展离不开全社会力量的参与，共同保护知识产权。

任何权利都是有限度的，它要受到诚信原则和公共秩序、善良风俗的限制，知识产权的保护同样应遵循以上原则进行利益衡量，这一点在《伯尔尼保护文学和艺术作品公约》中已经明确地表明了。网络环境下对影视作品的侵权，最普遍的是盗版，即通过网络非法传播他人的影视作品；但更为复杂的一种，是对原作品主题的完整性加以破坏、侵害原著作权人的精神权利。通过《馒头血案》这一案例，我们应当深刻认识到，在网络环境下使用或利用他人的影视作品，应对他人的权利给予足够的认识与尊重。

第九章　广告产业的知识产权保护

与发达国家相比，我国的广告产业起步较晚，真正意义上的广告直到1979年才开始萌芽。广告业起初的规模是很小的，但是随着改革开放和经济体制改革的深入，在此后的十几年中得到了飞速发展，以年平均52%的速度增长，成为国民经济增长速度最快的行业之一。

知识密集、技术密集、人才密集的广告业是现代服务业的重要组成部分，是创意经济中的重要产业，在服务生产、引导消费、推动经济增长和社会文化发展等方面，发挥着十分重要的作用，其发展水平直接反映一个国家或地区的市场经济发展程度、科技进步水平、综合经济实力和社会文化质量。广告业日益成为文化产业的重要一极，显示出不可估量的发展潜力。广告业在飞速发展的同时，法律的相对滞后问题凸显出来。

第一节　广告产业的知识产权保护概述

一、我国广告产业发展的现状

广告，简而言之就是“广而告之”，由英文 advertising 翻译而来，其本意是吸引人注意，有通知、诱导、披露的意思。最初对广告的理解是“通知某人某件事情，以引起人们的注意”，最原始的广告活动就是这样的，主要是一种劝服和提醒的活动。当然，现在的广告活动已经远远超出了单纯的说服和提醒，而成为企业营销的重要组成部分。广告的标准定义包括五个基本要素[①]：广告是一种有偿的传播方式，但公益广告等一些广告形式使用免费的时间和版面；不仅传达信息是有偿的，而且出资人也是

① 威廉·威尔斯等：《广告学原理与实务》，桂世河、王长征译，5页，北京，中国人民大学出版社，2009。

可识别的；广告是目标驱动型的战略性传播活动，而且这些目标能够被检测，以便评估广告是否有效；能到达大量的潜在消费者；讯息可以通过许多不同类型的大众传媒进行传播，大多数的大众媒介是非个性化的，这意味着广告不是直接面向具体的个人，尽管这种情况随着互联网和更多的互动媒介的出现正在发生改变。

因此，新的广告定义应是：广告是使用非个性化的大众媒介和其他互动传播形式传达信息给广大受众，从而把可识别的出资人与目标受众连接起来的说服性、有偿性的传播方式。

广告活动发展到现在，已经成为一种产业形态，而不仅仅是一种文化形态。当今世界，广告无处不在，已经渗入到现代社会经济生活的各个方面，并深刻影响着人们的生活方式和思维模式。广告产业不仅已经成为文化产业重要的组成部分，而且也是其他文化产业健康快速发展的有力推动。文化产业中的其他产业，无不借助广告作为进入市场的先导，并持续不断地借助广告来维护其商誉。

到2003年，我国广告业的营业总额达到1078亿元，突破了千亿大关，实现了历史性的突破。应当说，广告产业正是得益于经济体制改革的深化和市场竞争的加强而发展起来的。广告作为其他经济产业发展的辅助工具，在发挥自身作用的同时，也成为经济发展中不可或缺的力量。我国的广告产业在短暂的发展历程中，也呈现出了自己的特点。

首先，大众媒介主导广告经营市场。电视、广播、报纸、杂志、网络等媒介为广告产业快速发展提供了广阔的舞台。电视媒体仍然占据广告经营市场的首位，电视节目的内容和广告经营活动联系日益紧密。报纸广告的提升开始动摇电视媒体在广告经营市场的最强势地位。此外，新技术的运用，设计制作水平的提高，使得户外广告等媒介形式被看好。同时，随着网络市场的逐渐成熟，网络广告业也在渐渐地走向正轨，扮演着越来越重要的角色。人们已经开始习惯于使用网络搜索引擎，来进行信息的查询。其次，广告公司发展迅猛，外资企业占据竞争优势。广告产业从产生到现在，广告公司已经达到几十万家，设计和制作的专业化水平也有明显的提高。而外资广告公司进入中国市场，也给我国的广告经营主体带来了严峻的挑战。从2002年开始，国际知名广告集团就开始在我国兼并本土广告公司。在通过资本进行广告经营主体本土化的同时，外国广告企业更注重推动客户资源和服务的本土化，将自己的经营目标锁定在国内企业，尤其是国内知名企业上。同时，外资广告公司在经历了一线城市的广告竞争之后，也开始关注二三线城市的广告市场，在新的营销网络中开发新的客户资源。因此，我国的广告产业要确立在市场竞争中的优势，必须整合资源，实现规模化经营，通过强强联手或兼并等途径提高竞争力。第三，广告产业的发展与地区经济和行业的发展程度密切相关。我国的广告产业中心集中在东部和中部经济比较发达的地区，西部地区广告产业虽然有所发展，但是相比之下仍不明显，因此地区经济发展水平和广告产业的发展有紧密联系。同时，行业的景气程度也会影响广告的投放量，成正比关系，比如在房地产、汽车、家电、服装等市场活跃的产业领域，广告的投放量也在不断地增长。

在经历了30年的市场磨炼之后，我国的广告产业已经初步具备了自己的经营特色和市场规模，也积累了一些市场经验。但是总体而言，我国的广告产业发展还不充分。这不仅体现在广告产业所带来的经济效益，更重要的是我国的广告产业在广告经营机制和广告理念上，还有待于进一步提升。

二、我国广告业发展的应有方向

我国目前的广告业与经济发达国家的广告业相比还有相当大的差距，这种差距主要体现在广告产业的经营体制、广告人才、法律规范以及行业自律等方面。

第一，我国广告产业布局应当更趋于合理化。目前，我国广告产业经营主体的适应市场的能力较弱，尤其是一些国有的广告企业，体制方面的改革力度不大，在广告营销理念、专业化分工、主体的规模效益等方面都有待于加强和提高。较为成熟的广告产业布局应该是广告业结构趋于合理、专业分工更加明确、全面代理型的广告公司成为业内支柱。而目前我国的广告产业主体大多是“小而全”、“小而弱”的经营主体，无力和全球知名的专业化广告公司相抗衡。我国的广告业主体只有面向市场，有针对性地抓好广告策划和创意、媒介投放等环节，全方位、多元化地实行现代广告的运营模式，才能在专业化分工协作的基础上实现整个行业效益的提升。

第二，我国广告产业应当注重对行业人才素质的提升，同时更要注意广告人才的培养。目前我国的广告在艺术性和商业性的结合方面、广告和文化背景及周围环境的协调方面与欧美等西方国家相比，还存在较大的差距：有的一味作商业促销而忽视了广告的艺术性，有的广告和我国的文化背景未能较好地协调，使得公众产生反感情绪，等等。为此，必须注重整个广告产业素质的提高，实现广告品质的提升。同时，广告业是知识密集、人才密集的高新技术产业，产业主体必须改善用人机制，培养优秀的专业人才，为我国广告产业赶超世界先进水平储备充足的人才力量。

第三，应当健全相关法律法规，完善广告行业的自律机制。我国广告产业要走出无序的不正当竞争，就必须完善广告方面的立法。目前我国在此行业中最主要的法律《广告法》在很多方面已经不再适应市场需求，健全和完善法律法规是广告产业自身良性发展的需要。另外，广告行业的有序竞争和良性发展更离不开广告行业本身的自律和公众的监督。广告行业本身应当建立一套自我管理、自我约束和自我协调的机制，在激烈的市场竞争中，规范产业主体的市场行为，提高竞争力。同时，充分发挥消费者的监督作用，使行业自律、政府调控和公众监督结合起来，切实推动我国广告产业市场的规范运作。

三、广告产业的健康发展离不开知识产权制度

在广告产业中，有关侵犯知识产权的问题主要以不正当竞争和侵犯著作权为主，侵犯其他类型的知识产权相对较少。

1. 在广告产业中的不正当竞争行为

这是在该产业中最为常见的侵害知识产权的行为。我国《反不正当竞争法》第2条规定，不正当竞争，是指经营者违反《反不正当竞争法》相关规定，损害其他经营者的合法权益，扰乱社会经济秩序的行为。具体到广告产业中，比如制作比较广告，捏造或故意夸大某些事实，损害竞争对手商誉的行为；制作广告虚假宣传，误导消费者的行为；广告内容影射不当，侵犯他人合法权益的行为等等，都属于不正当竞争行为。

2. 广告产业中的侵犯著作权的行为

著作权作为在文化产业中涉及最多的知识产权类型，在广告产业中也有很多被侵犯的情况。例如，使用电影作品中个别静止画面是否会构成侵权？拍摄公益广告是否可以以“公益”或“免费”为由，而不经著作权人的许可，也不支付报酬呢？广告语作为文字作品受到著作权的保护，广告语的著作权到底由谁来享有？广告制作完成但是没有发布，是否也会侵犯他人的著作权？等等。

在世界经济一体化，国际竞争愈加激烈的态势下，我国的广告产业主体也面临一个共同的课题，即如何保护自己的知识产权。长期以来，知识

产权的保护问题在广告产业并不被人们所重视。但是从该产业相关的侵权案件看，这些纠纷或多或少都与广告产业主体的知识产权意识淡薄有关，有的可能只要稍加注意就可以避免。因此，在广告产业中，提高产业主体的知识产权意识，渲染知识产权保护的法律氛围，不仅是重要的，而且是紧迫的。

第二节　广告产业知识产权保护的案例分析

尽管经过30年的努力，与广告相关的法律体系已初步建立，但随着广告行业新问题、新情况的不断出现，尤其是一些涉及知识产权的问题，严重影响了该产业的发展，也凸显了法律法规相对滞后的问题。这些知识产权问题涉及专利、商标、反不正当竞争、著作权、植物新品种、地理标志和商业秘密等方面。

一、典型案例1：比较广告要客观

（一）案情介绍：裕兴公司与小霸王公司不正当竞争案[①]

北京市海淀区裕兴电子技术公司（以下简称“裕兴公司”）与中山市小霸王电子工业公司（以下简称“小霸王公司”）均为学习机类产品的经营者。1995年3月，裕兴公司在原裕兴学习机的基础上，推出升级换代产品，并将该产品取名为“磁盘式普及型电脑”。1995年4月10日，小霸王公司在其主办的内部刊物《小霸王人》报（1995年第2期、总第6期）“选购指南”栏目中以专家点评的形式，刊登了该公司职员何一斌撰写的《要么买真正的电脑，要么买名牌学习机》及李文造撰写的《走出利用磁盘驱动器的误区》两篇文章。两篇文章均指出“磁盘式普及型电脑”学习机使消费者走入了误区。例如，该机无从换代；文字备量太小，图表功能远不如真正微机WPS软件功能强；该机无操作系统，管理磁盘很麻烦，并且数据的读写速度慢，纠错能力差，容易丢失数据，性能不稳定，质量不太可靠；售后服务困难，配件难以在本地买到；键盘外面拖拖拉拉一大堆线，插头又不明方向，卡上插卡，麻烦一大堆等等。何一斌在文章中说：“一个朋友到北京出差，在前门一家个体商店转悠，一不小心被摆在

① 参考《北京海淀区裕兴电子技术公司与中山市小霸王电子工业公司不正当竞争纠纷案》，http：//www.110.com/panli/panli_53165.html。

柜台上的‘磁盘式普及型电脑’宣传单迷惑，花 800 多元钱，得意洋洋地抱回一台‘电脑’，自以为捡了便宜货。经笔者一看，细说一遍电脑之 ABC，并辅之以权威报刊，该朋友才以手抚额，大呼上当。”在两篇文章的结尾处，分别写道：“不要盲目追求高价格及一些华而不实的新鲜玩意。”“要么买真正的电脑，要么买名牌学习机，千万别被那些花里胡哨的不切实际的宣传所迷惑，买既不是真正的电脑，又不是学习机的玩意。”至上述文章发表时止，国内学习机同行业中仅有裕兴公司的产品使用“磁盘式普及型电脑”的名称。《小霸王人》报系广东省批准（印准字第 212 号）的内部报刊，核准印数 2000 份。小霸王公司将载有上述两篇文章的《小霸王人》报在北京市、中山市等地销售小霸王学习机时随机附送给消费者。

1995 年 5 月 30 日，裕兴公司以小霸王公司实施不正当竞争行为为由，诉至北京市海淀区人民法院。裕兴公司诉称，我公司与小霸王公司均是学习机类产品的经营者。我公司于 1995 年 3 月将新开发的学习机产品“磁盘式普及型电脑”推向市场。小霸王公司为达到垄断市场的目的，违背公平、诚实、信用的竞争原则，利用其主办的内部报刊《小霸王人》刊登何一斌的文章《要么买真正的电脑，要么买名牌学习机》及李文造的文章《走出利用磁盘驱动器的误区》。两文采用对比的方法，大量使用讽刺、贬低和攻击性语言，指责我公司的“磁盘式普及型电脑”“功能低、速度慢，性能很不稳定，质量不太可靠，售后服务困难，麻烦一大堆”，并讽刺我公司的产品是“既不是真正的电脑，又不是学习机的玩意”。小霸王公司将刊登有上述文章的报纸随其产品销售向消费者发送，扩大了影响，使消费者在不明真相的情况下，对我公司的产品在性能、质量、售后服务方面产生误解。小霸王公司的行为损害了我公司的商业信誉和商品声誉，构成对我公司的不正当竞争，请求法院判令小霸王公司停止侵害、赔礼道歉、消除影响，恢复我公司名誉；赔偿经济损失 49 万元；承担律师费及诉讼费。

小霸王公司辩称，我公司为使消费者对微机及相关产品，包括学习机的性能、构造、软驱装入学习机等问题有较清楚的认识，在内部报刊上发表技术性意见，分析有关带软驱学习机的优劣，是完全正当的，并未针对任何一个生产学习机或普通微机的厂家，更没有损害任何一个竞争对手商业信誉和商品声誉的意图。这两篇文章是本着科学、客观的态度发表相关论述的，根本不构成对裕兴公司的不正当竞争，请求法院驳回裕兴公司的诉讼请求。

一审法院经审理认为，裕兴公司与小霸王公司均是学习机类产品的经营者。小霸王公司在其内部刊物上刊登的文章以不客观、不公正、不科学的态度对“磁盘式普及型电脑”进行评价，对应使用不同技术标准的产品采用相同技术标准进行对比，混淆了两种不同类型产品的区别，并且随商品的销售向消费者赠送载有该文的《小霸王人》报，使其影响扩大。小霸王公司的行为违反了公平、平等、诚实信用的经营原则，对裕兴公司的“磁盘式普及型电脑”产品从质量、性能等方面进行贬低，以抬高自己商品的声誉，足以给裕兴公司带来商业信誉上的损失，已构成不正当竞争。1995 年 9 月，一审法院作出判决：小霸王公司停止发放刊载有何一斌、李文造文章的《小霸王人》报（1995 年第 2 期、总第 6 期），并将已寄送其经销商、尚未发送给消费者的该报收回销毁；小霸王公司在一家全国发行的非专业性报纸上刊登声明，向裕兴公司赔礼道歉，消除影响，恢复名誉；小霸王公司赔偿裕兴公司经济损失 10 万元，并承担裕兴公司因诉讼而支出的律师费人民币 1 万元。

小霸王公司不服一审判决，提出上诉，理由是：“磁盘式普及型电脑”的称谓只是某一类产品的名称，并非专指某一厂家的某一特定产品，两篇文章本着科学、客观的态度以对比的方式如实地反映出类属磁盘式普及型电脑的产品与普通微机电脑在性能、用途等方面的差异，根本不存在一审判决认定所谓以不科学方法对不同技术标准产品使用相同技术标准进行对比，以混淆两种不同类型产品的区别的情况；《小霸王人》报作为内部刊物，其影响范围不可能损害对方的商业信誉和声誉，一审法院判令我们在全国公开发行的非专业性刊物上公开道歉，显失公平；判令我们赔偿毫无根据。故要求二审法院依法撤销原审判决，驳回对方的一切诉讼请求。

裕兴公司答辩认为，至我公司起诉时，唯有我公司的产品称“磁盘式普及型电脑”，小霸王公司的诋毁行为针对性是明确的。另外，根据《最高法院关于审理名誉权案件若干问题的解答》规定，“恢复名誉、消除影响的范围一般应与侵权所造成的不良影响范围相当”，小霸王公司已将该报纸随机发送到全国各地，也应在全国范围内消除对我公司的影响，故一审判决认定事实清楚，审判程序合法，适用法律正确，请求二审法院维持原审判决。

二审法院经审理认为，商品经营者在经营活动中应当遵循平等公平、诚实信用的原则。任何人不得在竞争中采取诋毁方式损害竞争对手的商业信誉、商品声誉。小霸王公司在其内部刊物刊登的其公司职员的文章中，虽然未指明所点评的是裕兴公司的产品，但在这篇文章发表时仅有裕兴公司一家的产品使用“磁盘式普及型电脑”的名称，因此可以认定文章所指向的就是裕兴公司的产品。小霸王公司认为该名称并非指某一厂家的某一特定产品，但未举出相应的证据支持其主张。

小霸王公司出于竞争目的，在《小霸王人》报上刊登有明确指向的评论文章，文章片面强调竞争对手产品的弱点，多处使用带有贬损、指责色彩的语言，贬低裕兴公司的产品；而且随产品散发刊登该文章的报纸，其行为客观上贬损了竞争对手的信誉，构成了不正当竞争。小霸王公司应当承担相应的法律责任，原审法院对此行为的定性是准确的，应予维持。裕兴公司的“磁盘式普及型电脑”虽已通过国家有关部门的鉴定，属于合格产品，但并非不能将其与公众一般观念意义上的电脑进行比较。对使用不同技术标准的产品在使用效果上进行对比，不属于不科学的方法，亦不属于虚假宣传。对小霸王公司的法律责任，应根据其所实施的行为及损害后果依法确定，故小霸王公司应承担书面赔礼道歉、消除影响和赔偿损失的责任。由于原告的损失及被告的非法获利难以确认，故赔偿数额以原告支付消除影响所需的费用来确定。原审法院判决被告在全国性报纸上公开赔礼道歉、消除影响、恢复名誉欠妥。

（二）本案焦点

在本案中主要涉及以下几个焦点问题：第一，什么是比较广告？我国是否承认比较广告？第二，如果在比较广告中所使用的事实是客观的，但是对竞争对手产生了不良影响，是否也构成不正当竞争？第三，小霸王公司的行为是否构成对裕兴公司的不正当竞争？

（三）法律规定

《反不正当竞争法》第 2 条　经营者在市场交易中，应当遵循自愿、平等、公平、诚实信用的原则，遵守公认的商业道德。

本法所称的不正当竞争，是指经营者违反本法规定，损害其他经营者的合法权益，扰乱社会经济秩序的行为。

《反不正当竞争法》第 14 条　经营者不得捏造、散布虚伪事实，损害竞争对手的商业信誉、商品声誉。

《广告法》第 12 条　广告不得贬低其他生产经营者的商品或者服务。

《广告法》第 14 条　药品、医疗器械广告不得有下列内容：……（三）与其他药品、医疗器械的功效和安全性比较的……

《广告审查标准(试行)》第31条 比较广告应符合公平、正当竞争的原则。

《广告审查标准(试行)》第32条 广告中的比较性内容，不得涉及具体的产品或服务，或采用其他直接的比较方式。对一般性同类产品或服务进行间接比较的广告，必须有科学的依据和证明。

《广告审查标准(试行)》第33条 比较广告中使用的数据或调查结果，必须有依据，并应提供国家专门检测机构的证明。

《广告审查标准(试行)》第34条 比较广告的内容，应当是相同的产品或可类比的产品，比较之处应当具有可比性。

《广告审查标准(试行)》第35条 比较广告使用的语言、文字的描述，应当准确，并且能使消费者理解。不得以直接或影射方式中伤、诽谤其他产品。

《广告审查标准(试行)》第36条 比较广告不得以联想方式误导消费者，不得造成不使用该产品将会造成严重损失或不良后果的感觉（安全或劳保用品除外)。

（四）法理分析

1. 比较广告概述

随着市场竞争的不断加剧，商业广告作为促销商品和服务的一种形式已经渗透到经济生活的各个领域，广告的形式也愈加多样化，比较广告等随之出现。

比较广告，我们可以定义为商品经营者或服务提供者在商业广告中用自己的产品或服务在质量、性能、用途等方面与同行业竞争对手的同类产品或服务进行比较，以便说明自己产品或服务的优势，从而获得消费者的信赖或更多市场份额的商业广告形式。比较广告在不同的国家有不同的含义。目前，在我国现有的法律中，还没有给比较广告下一个明确的定义，但是随着比较广告侵权行为的频繁出现和不断增加，这一类型的广告引来了越来越多的关注。

比较广告是随着市场经济以及广告业的发展而出现的。比较广告的出现，作为一种特殊的广告形式，在给消费者购买决策提供信息、满足消费者知情权以及改善产品或服务质量等方面发挥着积极的作用，但是不容忽视的是，比较广告业存在消极的一面。在市场竞争中，有些比较广告难以保证其真实性，反而成为不正当竞争的手段，损害了竞争对手和消费者的权益。如果不对违法比较广告予以有效制裁，将会对正常的市场竞争秩序造成破坏。

虽然我国现行法律中没有明确地对比较广告作出定义，但是在《反不正当竞争法》和《广告法》中的一些规定适用于比较广告。同时，在《化妆品广告管理办法》等法规中也有禁止比较的规定。由此可见，我国比较广告的适用范围应当遵循以下两点：第一，比较广告不得捏造事实，损害竞争对手的商业信誉和商品声誉。第二，一些特殊商品如药品、医疗器械、化妆品等禁止比较广告的出现。

2. 比较广告造成的不正当竞争

所谓不正当竞争行为，是一种违反公平公正原则的非法的市场竞争行为。在市场经济活动中，市场主体违反诚实信用的原则，采取欺诈、虚假等不正当手段谋取经济利益，以致损害竞争对手和消费者的利益，扰乱市场秩序，即构成不正当竞争。

比较广告作为一种广告形式，根据不同的标准，可以进行不同的分类。比如依据比较对象的不同，可以分为直接比较和间接比较。前者明确比较特定产品或经营者，“指名道姓”地与竞争对手的产品或服务进行比较；后者则指与不特定的同类商品或服务进行比较的广告。但是无论哪种比较广告形式，作为竞争手段的广告，总会不可避免地直接或间接地涉及其他商品或经营者的声誉。一旦用词不当，往往会造成对消费者的误导，并损害竞争对手的利益，容易被指控为不正当竞争行为。司法实践中这类案件不少。

因此，在实践中充分发挥比较广告的积极作用，有效地防止利用比较广告进行不正当竞争，必须把握以下几个原则：首先，比较广告必须符合公平和正当竞争的原则。比较广告的用意在于凭借自己的优势，压倒竞争对手，但应排斥恶意贬低，给消费者提供真实的信息。所以，任何带有不良动机的比较广告都有可能被指控为侵权。其次，比较广告所列举的事实，必须是可以证明的、没有争议的事实，用捏造、虚构和待证实的事实进行比较，就会构成侵权。再次，即使比较广告中没有比较，但广告所用的语言、文字的描述模棱两可，使消费者产生歧义，并不自觉地与某种商品进行，也是法律不允许的。第四，比较广告只限于事实上的比较，对竞争对手的产品或服务作出事实以外的评价也会构成侵权。第五，比较广告不得采取直接比较的方式，也不得涉及具体的产品和服务，同时对一些特殊的产品或服务禁止比较。

3. 小霸王公司的行为构成不正当竞争

商品经营者在经营活动中应当遵循平等公平、诚实信用的原则，在竞争中不得采取诋毁方式损害竞争对手的商业信誉、商品声誉。裕兴公司与小霸王公司作为同类产品的经营者，应该在市场经营中公平公正地进行竞争。在本案中，小霸王公司在其内部刊物上刊登本公司职员的文章，对“磁盘式普及型电脑”进行评价，文章虽然未指明所点评的是裕兴公司的产品，但在这篇文章发表时仅有裕兴公司一家的产品使用“磁盘式普及型电脑”这一名称，因此可以认定文章所指向的就是裕兴公司的产品。虽然这两篇文章并不直接以广告的形式出现的，但其广告目的是明显的。文中多处使用了“便宜货”、“花里胡哨”、“不切实际”等带有贬损色彩的词语，片面强调竞争对手产品的弱点，但实际上，小霸王公司无法证明其比较内容所依据的事实的真实性和客观性。而小霸王公司随产品的销售和宣传散发刊登该文章的报刊，其行为在客观上贬损了竞争对手的信誉。小霸王公司的行为构成了不正当竞争，应当承担相应的法律责任。因此，法院最后的审理和判决是合理、恰当的。

（五）简要评论

应当指出，我国现行法律并没有禁止对竞争对手的产品或服务进行客观、公正的评价，也就是说不禁止比较广告的存在，但是必须满足一个前提条件，即必须保证内容的客观性。比较行为，本身就是一个有意识的故意行为，因此要注意在比较广告中尽量不使用带有强烈主观色彩的词句，尤其是带有贬损性的词句。

同时，必须保证在比较广告中所列举事实的真实性和可证明性。在认定比较广告是否正当、合法时，关键的问题是其所依据的事实是否真实可靠，对于真实可靠的事实，必须有证据加以证明。只有保证比较的内容和事实真实可靠，才能在合法的范围内发挥比较广告的效用。

二、典型案例2：广告语的著作权保护

（一）案情介绍：征集广告语的著作权归属[1]

1992年7月3日，被告上海东方商厦有限公司在上海《每周广播电视》报上刊登广告语有奖征集活动启事，向社会公开征集企业广告语，要求文字短小简洁、流畅、易记、易上口，充分体现“东方”的企业形象。

---

① 参考《王定芳诉上海东方商厦有限公司广告语著作权案》，http：//www.110.com/ziliao/article-45205.html。

奖励办法为：一等奖1名，奖2000元；二等奖2名，各奖500元；三等奖3名，各奖200元；纪念奖20名，给予一定奖励。截稿日期为当年7月27日。原告王定芳看到该启事后，在规定投稿期限内，以“世界风采，东方情韵——上海东方商厦”一稿应征。被告共收到应征广告语3万余条，经初评、复评、终评，原告应征的广告语经到会专家润色修改为“世界风采东方情——上海东方商厦”后，被评为二等奖。同年9月4日，被告在上海《解放日报》上刊登企业标志、广告用语评选结果公告，宣布“世界风采东方情——上海东方商厦”为企业广告用语之一，作者王定芳；该公告中刊有“获奖作品版权归公司所有”字样。1993年1月8日，原告接到被告工作人员的电话后，始知自己应征的广告语被录用获奖。两天后，原告参加了被告举行的开张典礼。在庆祝晚宴上，原告应邀上台畅谈了获奖广告语的创意构思，并接受了被告颁发的“录用奖”荣誉证书及奖金500元。事后，原告发现被告已在广播、电视、报刊、出租汽车、商品包装袋等处使用该广告语，遂向被告提出异议。因协商未果，原告于1993年7月向上海市徐汇区人民法院提起诉讼，要求确认“世界风采东方情”广告语著作权归其所有；被告立即停止擅自使用该广告语的侵权行为并公开赔礼道歉；同时以被告半年营业收入逾3亿元为理由，要求被告赔偿经济损失人民币1万元。

被告上海东方商厦辩称：广告语是商务标语，而非《著作权法》所指文字作品，故原告本不享有著作权；被告所刊登的广告语有奖征集活动启事属悬赏性质，双方权利义务一经实现，均不应再提任何主张；被告以奖金形式支付报酬后使用原告创作的广告语，是行使所有权的权能，并不构成对原告的侵权，更无需赔偿原告任何损失。因此，要求依法驳回原告的诉讼请求。

上海市徐汇区人民法院受理案件后，就广告语是否属于《中华人民共和国著作权法》第3条所指文字作品范畴致函国家版权局，该局法律处以书面形式明确答复：广告语如果具备文字作品的要件，也应属于文字作品；广告语“世界风采东方情”具有作者的创作个性和法律规定的其他要件，因此，这一广告语属于《著作权法》保护的文字作品。

上海市徐汇区人民法院经审理认为：被告上海东方商厦有限公司以征集启事的方式，通过报刊向社会提出了征集广告语的具体要求及有关奖励办法，原告王定芳依照被告的要求创作应征，并被被告录用授奖，双方之间因此已形成实践性的委托创作合同关系。由于被告在征集启事中对所录用获奖作品的著作权归属未有明确约定，原告在投稿应征时也未作出放弃或转让著作权的允诺，依照法律规定，委托创作作品的著作权仍应属受托人即原告所有。从双方之间所形成的委托创作合同关系看，被告通过录用、授奖等方式，已当然、合法地取得了对获奖广告语的使用权。被告只要是在本企业广告业务范围内使用“世界风采东方情”广告语，就不构成对原告的侵权。原告以被告半年营业收入逾3亿元为理由要求赔偿人民币1万元，因无损失的事实依据，理由不能成立。但是，被告在评选结果公告中单方面宣布“获奖作品版权归公司所有”，超出了双方之间委托创作合同约定的内容，应属无效行为，对此，被告应承担相应的民事责任。另外，在原、被告双方所形成的委托创作合同中，对原告获取使用报酬权、被告对获奖广告语的专有使用权及使用期限等均未加以明确，这些缺陷的存在，不利于维护双方当事人的合法权益，应依照《著作权法》的有关规定予以调整、充实。

（二）本案焦点

本案主要涉及以下几个法律问题：第一，广告语是否属于《著作权法》上的作品从而享有著作权？第二，在广告语的征集活动中，王定芳和上海东方商厦有限公司之间存在怎样的法律关系？第三，上海东方商厦有限公司是否侵犯了原告王定芳的合法权利？

（三）法律规定

《著作权法》第2条　中国公民、法人或者其他组织的作品，不论是否发表，依照本法享有著作权。

《著作权法》第3条　本法所称的作品，包括以下列形式创作的文学、艺术和自然科学、社会科学、工程技术等作品：（一）文字作品……

《著作权法实施条例》第2条　著作权法所称作品，指文学、艺术和科学领域内具有独创性并能以某种有形形式复制的智力成果。

《著作权法》第9条　著作权人包括：（一）作者；（二）其他依照本法享有著作权的公民、法人或者其他组织。

《著作权法》第17条　受委托创作的作品，著作权的归属由委托人和受托人通过合同约定。合同未作明确约定或者没有订立合同的，著作权属于受托人。

《著作权法》第24条　使用他人作品应当同著作权人订立许可使用合同，本法规定可以不经许可的除外。

许可使用合同包括下列主要内容：（一）许可使用的权利种类；（二）

许可使用的权利是专有使用权或者非专有使用权；（三）许可使用的地域范围、期间；（四）付酬标准和办法；（五）违约责任；（六）双方认为需要约定的其他内容。

《著作权法》第 27 条　许可使用合同和转让合同中著作权人未明确许可、转让的权利，未经著作权人同意，另一方当事人不得行使。

《著作权法》第 49 条　侵犯著作权或者与著作权有关的权利的，侵权人应当按照权利人的实际损失给予赔偿；实际损失难以计算的，可以按照侵权人的违法所得给予赔偿。赔偿数额还应当包括权利人为制止侵权行为所支付的合理开支。

权利人的实际损失或者侵权人的违法所得不能确定的，由人民法院根据侵权行为的情节，判决给予五十万元以下的赔偿。

（四）法理分析

1. 广告语属于《著作权法》所保护的作品

根据《著作权法》和《著作权法实施条例》的规定，作品应当符合以下要件：

（1）作品必须是作者思想或情感的表达。作品首先是人类的智力成果，并以传播思想和信息为其主要目的。作者创作作品的过程就是对其思想和情感以某种形式进行表达的过程，作品是作者将信息或情感传递给社会公众的载体，也是获得社会认可的重要途径。如果没有思想或情感的表达不会产生作品。值得注意的是，这里的思想和情感必须是在文学、艺术和科学领域内的成果，即作品必须能传播文艺或科学思想。

（2）必须具有独创性。独创性要件要求作品必须是作者独立创作完成，并体现出自己的创作个性。这就是独创性要件的具体体现，即独立创作和创造性。作者以自己的独立思维，通过观察、体验、构思、选择、设计等来表达其思想或情感的活动，即为独立创作，这种劳动体现了作者的个性，而不是对既有作品的复制。作品的创造性，主要体现在作品的思想内容上，但是《著作权法》的保护并不以作品的思想具有创造性为要件，相反，一件作品只要在表现形式上具有创造性就会受到《著作权法》的保护。在某种程度上，作品的思想决定内容，内容决定形式，因此一件作品的内容和思想都具有创造性，形式就应当具有创造性，理应受到《著作权法》的保护。

（3）必须具有客观的表现形式。在某种意义上讲，作品主要是借助文字、语言、符号、声音等载体表现出来的，这些形式都是客观的。它们使作品通过具体的形式为人们所感知和接受，从而成为《著作权法》保护的对象。这是作品的本质所在，不以具体形式体现的思想和情感的表达就不能称其为作品。作品不是作者的思想和情感，而是思想和情感的表达形式。

2. 委托作品的著作权归属

委托作品，是指依据委托创作合同的约定，由受托人按照委托人的意志和要求而创作完成的作品。本案中上海东方商厦有限公司委托他人创作广告语并予以征集即属于此类。委托作品产生的基础在于委托创作合同的存在。通常情况下，委托合同是平等的民事主体之间的合同关系，受托人按照合同的约定进行相关活动，并依合同义务完成其创作行为，合同因履行完毕而终止。因委托作品的特殊性，在其著作权归属上也和其他的作品有所不同。我国《著作权法》规定，受委托创作的作品，著作权的归属由委托人和受托人通过合同约定。合同未明确约定或者没有订立合同的，著作权属于受托人。在委托作品著作权属于受托人的情形下，委托人在约定的使用范围内享有使用作品的权利；对方没有约定使用作品范围的，委托人可以在委托创作的特定目的范围内免费使用该作品。

3. 本案中上海东方商厦有限公司侵犯了原告王定芳的著作权

在上述案件中，原告以“世界风采，东方情韵——上海东方商厦”应征被告上海东方商厦有限公司的广告语征集活动，在经过与会专家的润色将其修改为“世界风采东方情——上海东方商厦”后获得二等奖，并作为企业的广告语进行使用。首先，对于“世界风采东方情”这一广告语，是通过作者的独创性构思和劳动创作出来的，体现了作者的思想和情感，并以文字符号为具体的表现形式，可加以复制，完全符合《著作权法》对于作品的要求。因此，“世界风采东方情”应当属于《著作权法》所规定的作品，其作者王定芳依法享有著作权。

此外，“世界风采东方情”这一文字作品应当被认定为委托作品。本案中，被告上海东方商厦有限公司以征集启事的方式，通过报刊向社会提出了征集广告语的具体要求及有关奖励办法，希望通过这种形式完成广告语的制作。原告王定芳根据被告提出的要求创作广告语并进行应征，获得相应的奖项，并被告知其创作的广告语被录用，双方实际上已经形成了委托合同关系。由于被告上海东方商厦有限公司在征集活动中对所录用获奖作品的著作权归属未有明确约定，原告在应征时也未作出放弃或转让著作权的允诺，所以依照法律规定，该委托创作作品的著作权仍应归受托人享有。因此，法院认定原告王定芳依法享有广告语的著作权是没有疑问的。同时，依据法律规定，在委托作品著作权属于受托人的情形下，委托人在约定的使用范围内享有使用作品的权利；双方没有约定使用作品范围的，委托人可以在委托创作的特定目的范围内免费使用该作品。从本案双方形成的委托创作合同关系看，被告有征集使用广告语的意图，并通过录用、授奖等方式决定了最终的广告语，因此被告对获奖广告语的使用是在委托创作的特定目的范围内，是合法的。被告只要是在本企业广告业务范围内使用“世界风采东方情”广告语，并不构成对原告的侵权。

（五）简要评论

在实践中，类似本案的法律纠纷并不少见，此类案件涉及的法律关系并不复杂，只要规范相关的商业行为，明确著作权的归属，应该可以较好地避免类似案件的发生。

首先，应当规范广告语的征集行为。征集者不管是通过何种形式征集广告语，首先必须规范其征集行为。这其中包括征集广告语的形式、宣传的对象、权利的归属、报酬的支付、评定的标准、结果的公布等环节。同时，作为广告语的应征者，应当保证广告语自身的独创性，避免抄袭、剽窃以及其他侵犯他人合法权益的行为。在做好以上工作的同时，相关证据的保存也是必要的，这在证明当事人身份、对其他权利进行抗辩等方面都具有积极作用。

其次，广告语的征集活动要对广告语的权利归属进行明确。明确广告语的著作权归属，不管是对广告语的充分利用，还是更好地宣传产品和服务，都有积极的意义。我国《著作权法》已经对委托作品的著作权归属做了规定，但是为了更好地避免著作权纠纷的发生，还应当对于著作权的许可使用、转让等行为签订相应的著作权协议，并按照法律规定完善合同条款，从而规避法律风险。

二、典型案例3：公益广告没有特权

（一）案情介绍：公益广告也侵权[①]

宋先生是中国民俗摄影协会会员。2003年2月的某一天，宋先生路过豫园时，偶然发现悬挂在某临时建筑上的一幅大型图片广告非常眼熟。经

---

① 参考《公益广告侵权广告公司赔偿》：http://law.eastday.com/epublish/gb/paper147/5/class014700003/hwz674032.htm。

对比，广告上的图片竟与他在 8 年前拍摄的豫园九曲桥夜景照片如出一辙。该摄影作品曾收入上海人民出版社出版的《上海新景观》摄影作品集。为此，宋先生找到图片制作者上海老街企业发展有限公司讨说法，几经交涉未果，便一纸诉状递到上海市第二中级人民法院，要求老街公司支付赔偿金 1.5 万元，销毁底稿并公开赔礼道歉。

对宋先生提出的上述要求，上海老街企业发展有限公司表示难以接受，认为宋先生所指的户外广告实际上是社区公益宣传图片，他们是受有关行政部门委托制作的，目的是美化环境，与老街公司自身的经营业务无关联，纯属公益宣传性质，没有任何盈利。

经查明，2002 年 10 月，上海老街企业发展有限公司受有关行政部门指派，在豫园地区环境较差的临时建筑上制作了一些图片广告，用以美化环境，图片的具体内容是由老街公司从互联网上下载的，没有支付过费用。2003 年元宵节过后，这些图片广告已全部拆除。

法院经审理后认为，根据宋先生提交的豫园九曲桥夜景摄影作品及底片等相关证据，应当认定宋先生是该摄影作品的作者，对该作品享有著作权。上海老街企业发展有限公司未经作者的许可擅自使用该摄影作品，其行为构成对宋先生摄影作品著作权的侵害，应当承担停止侵害、赔礼道歉以及赔偿损失的民事责任。虽然老街公司辩称图片是用于公益宣传，但是，这不能成为侵犯他人著作权的合法理由。由于相关图片广告已于 2003 年拆除，老街公司客观上已经停止了侵权行为。至于宋先生要求老街公司销毁底稿的诉讼请求，因为宋先生没有证据证明老街公司目前确实存有底稿，且此请求属于民事裁定的范畴，而不属民事责任的承担方式，故法院对此请求难以支持。关于赔偿金额，法院除依据侵权行为的社会影响、侵权时间、主观过错程度等因素外，还考虑到该图片广告具有一定的公益目的，且宋先生未能举证证明老街公司在制作图片广告中有获利行为等因素，故酌情判决老街公司赔偿宋先生经济损失 5000 元。

（二）本案焦点

本案主要涉及以下几个法律问题：第一，制作公益广告使用他人作品，是否属于《著作权法》上的著作权限制？第二，上海老街企业发展有限公司是否侵犯了宋先生的著作权？

（三）法律规定

《著作权法》第 2 条　中国公民、法人或者其他组织的作品，不论是否发表，依照本法享有著作权。

《著作权法》第 3 条　本法所称的作品，包括以下列形式创作的文学、艺术和自然科学、社会科学、工程技术等作品：……(五)摄影作品……

《著作权法》第 22 条　在下列情况下使用作品，可以不经著作权人许可，不向其支付报酬，但应当指明作者姓名、作品名称，并且不得侵犯著作权人依照本法享有的其他权利……

《著作权法》第 24 条　使用他人作品应当同著作权人订立许可使用合同，本法规定可以不经许可的除外。

许可使用合同包括下列主要内容：（一）许可使用的权利种类；（二）许可使用的权利是专有使用权或者非专有使用权；（三）许可使用的地域范围、期间；（四）付酬标准和办法；（五）违约责任；（六）双方认为需要约定的其他内容。

（四）法理分析

1.《著作权法》中的合理使用制度

合理使用是法律对著作权人权利的一种限制，也是我国法律规定的著作权限制的方式之一。著作权的限制作为一种利益均衡机制，目的在于平衡著作权人和社会公众的利益，更加有效地促进科学文化的传播和发展。目前在我国法律上，对著作权的限制主要有合理使用和法定许可两种方式。

合理使用制度是指根据法律规定，他人可以不经著作权人的许可，也不必向其支付报酬而对著作权人的作品进行使用的制度。简单地说就是对他人作品自由、无偿的使用。合理使用是对使用人而言，对于著作权人来讲就是对其权利的限制。我国《著作权法》第 22 条规定了合理使用的 12 种法定情形，前文曾作详尽分析，此处不赘诉。合理使用应当注意以下几点：第一，对作品的使用不能以营利为目的；第二，作品必须是已经发表的；第三，作品的使用应当是少量和适当的；第四，不得侵害著作权人的精神权利和其他权利。这不仅是对著作权人的限制，也同样是对出版者、表演者、录音录像制作者、广播电台、电视台权利的限制。

2. 上海老街企业发展有限公司的行为并不属于合理使用

在本案中，原告对其拍摄的豫园九曲桥夜景照片享有著作权是毫无疑问的，通过原告向法院提供的证据足以表明，在此不再赘述。

被告受某行政部门的委托，以原告的作品——豫园九曲桥夜景照片制作图片广告以美化环境，并没有征得著作权人即原告的许可，也没有向其支付报酬。被告在诉讼中辩称其使用该摄影作品是为了制作公益广告，而且此广告与被告老街发展有限公司自身的经营业务毫无关联，纯属公益宣传性质，并没有任何盈利。依据我国《著作权法》第22条，法律规定了12种可以不经著作权人许可，不向其支付报酬的合理使用行为，但应当指明作者的姓名、作品名称，并且不得侵犯著作权人依据《著作权法》享有的其他权利。公益广告并没有被《著作权法》规定为合理使用行为；其中第9项规定“免费表演已经发表的作品，该表演未向公众收取费用，也未向表演者支付报酬”，该规定与公益广告显然不属于同一问题。因此，公益广告不能作为著作权限制的理由。被告上海老街发展有限公司的行为侵犯了原告的著作权。

（五）简要评论

公益广告没有特权，这是我们从本案中得出的深刻认识。发生著作权纠纷时，公益广告的广告主或广告公司往往以“公益”来进行抗辩，很容易引起大家的同情和共鸣，但是于法无据。公益广告并不是“免死牌”，也不是“尚方宝剑”。从事公益事业的单位和个人，应当获得社会各界的尊重和认可。但是我国《著作权法》并没有将“公益”作为合理使用的方式之一，因此，只要著作权人主张权利，即使像制作公益广告这样的行为，未经许可也应当被依法停止。同时，自己不收取费用，不能作为不向他人支付报酬的理由。除了《著作权法》规定的合理使用的情形以外，使用他人的作品并支付报酬是履行法律规定的义务，这与自己是否收费或是否获利并没有任何法律关系。

WENHUA CHANYE

第十章　休闲文化产业的知识产权保护

国际经济一体化的发展、我国经济产业结构战略调整的大环境以及人们生活水平的普遍提高，都将对我国休闲文化产业的发展产生推动作用。将休闲和文化联系在一起，是休闲业深入发展的必然趋势。要使休闲产品具有特点和品牌的竞争力，最好的办法是提升休闲产品的文化品位和人文含量，运用文化内涵的深化来提高品牌号召力和亲和力。

第一节　休闲文化产业的知识产权保护概述

一、休闲文化产业发展概况

随着社会的进步和经济的发展，休闲文化活动开始作为一种产业出现在社会经济领域中，并被越来越多的人所关注。从世界范围来看，休闲文化产业的兴起和发展与世界各国工业化的发展、人们生活状况的改善是密不可分的。我国与西方发达国家相比，休闲文化产业起步较晚，但是随着我国的改革开放进程，人们的生活逐渐进入到小康时代，休闲文化产业也得到了迅猛发展，可谓后劲十足。

休闲文化产业主要由旅游业和休闲娱乐业两部分组成。拿旅游业来讲，各国都十分重视旅游资源的挖掘和创新，努力使旅游业成为新的支柱产业。目前，旅游业的平均增长速度明显快于世界经济的整体增长速度，也是增长速度最快的产业之一。同样，休闲娱乐业的发展也呈现出快速发展的势头。

改革开放以来，我国的旅游业得到了前所未有的发展，产业的增长速度连续多年超过国民经济的平均增长速度，在国民生产总值中，所占的比重也越来越大。同时，随着我国旅游市场的不断开放和综合实力的不断提升，中国逐渐成为世界各国游客的旅游胜地，国际旅游收入也有了大幅度提升。国家旅游局发布的《2009 年中国旅游业统计公报》显示，2008 年全国旅游业总收入 1.29 万亿元，其中入境游客 1.26 亿人次，实现国际旅游（外汇）收入 396.75 亿美元；国内旅游人数 19.02 亿人次，收入 10183.69 亿元；中国公民出境人数达到 4765.63 万人次。金融危机中受到冲击的中国旅游业，在 2010 年重回高速增长的轨道。中国旅游研究院预计 2011 年国内旅游人数将达 23.4 亿人次，同比增长 10%；国内旅游收入 1.3 万亿元，同比增长 12%。入境旅游人数 1.35 亿人次，同比增长 2%；入境旅游外汇收入 500 亿美元，同比增长 8%。出境旅游人数 5700 万人次，同比增长 5%；出境旅游花费 550 亿美元，同比增长 14%。①

同时应当看到的是，当前我国旅游业的发展也遇到了前所未有的困难和问题，比如我国历史文化遗产的保护和旅游业的发展之间存在着严重的矛盾；民间的一些传统、风俗正在慢慢地消失和失传；商业运作不成熟等等。总体来说，我国旅游业存在着以下问题：第一，我国旅游业中存在着重开发、轻保护的短视行为；第二，对文物资源的保护还有待于进一步加强；第三，旅游业的体制改革落后，缺乏创新思维，对行业运作规律缺乏系统研究；第四，缺乏品牌意识。在今后的旅游业发展中，要注重保护和有效利用旅游资源，提升文化旅游业的品质，共同促进我国旅游业的健康发展。

对高质量生活的追求使得人们的消费结构发生了巨大的变化，人们愿意将更多的金钱投向文化消费市场，同时随着生活节奏的加快和压力的不断加大，“花钱买健康”等观念深入人心，休闲娱乐业也迎来了前所未有的发展机遇。休闲娱乐业的经营者们在众多不同的消费领域展开了激烈的争夺：家里、办公室、度假地、航班席次、用餐的饭馆、大型商业中心、小桥流水的农家乐、住家附近的超市、书店，以及任何商家及其服务能运用娱乐业务的技巧来诱导消费者的地方。② 从全国范围来看，休闲娱乐业正朝着多样化、全民化、时尚化方向发展。

同样，休闲娱乐业的兴旺发展，也存在着较为突出的问题。首先，目前我国休闲娱乐业供给相对过剩，大量娱乐休闲设施闲置，经营业绩不尽如人意，同时社会中低端的大众娱乐需求无法得到有效满足。其次，休闲

① 《2011 年中国旅游业收入将达 1.6 万亿元》，http://www.chinanews.com/cj/2011/01-12/2780999.shtml。

② ［美］米切尔·J. 沃尔夫著：《娱乐经济——传媒力量优化生活》，黄光伟、邓盛华译，105 页，北京，光明日报出版社，2001。

娱乐产品缺乏创新，形式单一，内容雷同，品牌意识不强。第三，休闲娱乐活动缺乏互动性，不能和消费者形成有效的互动，客户的需求没有得到真正的满足。第四，休闲文化产品和服务缺少文化内涵，文化含量不高。

二、关于我国休闲文化产业的法律思考

首先看旅游业。近年来我国的旅游业得到了长足的发展，对整个国民经济的贡献也越来越大，但是在相关法律法规的完善以及自身运营方面还存在着诸多不足，这些也直接影响了我国旅游业的健康发展。

我国旅游业的立法是从1985年开始的。当年5月，我国出台了旅游服务业第一个正式法规《旅行社管理暂行条例》，随后国务院先后批转国家旅游局发布了《关于当前旅游体制改革几个问题的报告》、《关于严格禁止在旅游业服务中私自收受回扣和收取小费的规定》、《导游人员管理暂行规定》、《旅行社管理的法律规定》等。但是，在我国旅游业蓬勃发展的今天，仍未出台专门针对旅游业的法律。鉴于我国旅游业规范发展的需要，业界呼吁制订一部专门法律的呼声越来越高。

纵观目前我国旅游业的法律规范，主要存在以下问题：第一，我国旅游服务业的法律法规尚未形成体系。理论上讲，旅游业立法应当以《旅游法》为主导，辅之以其他相关法律法规。但由于旅游业覆盖领域面广，行业界定困难，较难规范，加之有关部门管理职能交叉，难免产生利益冲突，在相关法律的衔接上比较复杂，因此，我国至今仍未出台有关旅游业的基本法。此外，在旅游领域中还存在着立法空白，如在保护旅游消费者权益方面，仅有《中华人民共和国消费者权益保护法》作为调整有关法律关系的依据。由于旅游产品和普通商品差异相当大，因此，这方面的法律法规尚显不足。第二，在目前调整我国旅游业的法律关系上，绝大多数法律法规的内容是调整纵向法律关系，即调整政府主管部门与旅游服务提供者之间的关系，而对于旅游服务提供者和消费者关系的调整，即横向法律关系，则明显不足。由此带来的突出问题是旅游服务提供者和消费者的一些合法权益得不到很好的保护，旅游服务者和消费者之间平等的法律关系也难以得到有效的保障。与此同时，在目前有关旅游服务业的法律法规中，不同部门之间出于自身利益的考虑，作出了相互矛盾的规定；有些法律法规的内容比较简单和抽象，多是原则性的规定，在使用时缺乏可操作性。第三，旅游业立法层次较低，缺乏透明度。由于没有一部调整旅游业的基本法，现行我国旅游业的法规都属于行政法规和部门规章，大多是

由行政主管部门和地方行政部门颁布的，法律位阶较低，缺乏足够的权威性。此外，有些规定还属于“内部规定”，并未向社会公众公布，只由相关主管机构执行，没有透明度可言，侵犯了公众对法律法规的知情权。

同时，我国旅游业在自身运营过程中也存在着一些问题。比如，旅游服务提供者之间由于缺乏相应的法律约束，可能会违反诚实信用和公平竞争的原则，侵犯对方的合法经营权利；在旅游服务提供者和消费者之间，前者往往会利用自身掌握的信息优势，对消费者进行欺诈性的经营活动等等。这些违法行为亟须有关旅游业法律法规的解决。

再看休闲娱乐业。目前有关休闲娱乐业的法律法规更是少之又少，仅有《娱乐场所管理条例》、《互联网上网服务营业场所管理条例》等，而且大部分是由地方政府部门制定的适合于所管辖地域的相关规定。考虑到休闲娱乐业的特殊性，国家在规定大原则的前提下，各地方根据不同地域的特殊情况制定相应的规定，不失为一个可取的办法。因为休闲娱乐业带有强烈的地域色彩，休闲娱乐活动也与当地的民风、民情有密切关系，因此对营业时间、经营方式等，各地方可以作出不同的规定。

我国休闲娱乐业在快速发展推动经济增长的同时，也应当注重规范行业自身的经营行为，符合法律法规的要求。首先，休闲娱乐业应当强化行业自律。休闲娱乐业应当建立本地的行业协会，共同制定和遵守行业经营守则，禁止使用非法手段进行不正当竞争。其次，应当加强治安管理，依法经营，构建消费者放心满意消费的良好氛围。休闲娱乐场所应当把消费者的安全放在首位，同时杜绝欺诈顾客、敲诈勒索、强收强卖、胁迫顾客等不法经营行为。再次，休闲娱乐业在依法经营的前提下，应当增强自身的法律意识，能够运用法律维护自身的权益，自觉承担法律规定的各项义务。

三、发展休闲文化产业，知识产权要先行

（一）培养优质的品牌意识

在休闲文化产业中，口碑效应往往是非常重要的。比如某人在某景区玩得满意，往往会带动一大批人；某个餐厅的饭菜口味好，也会被顾客极力推荐……因此，作为休闲文化产业（不管是旅游业还是休闲娱乐业）的经营主体应当从长远利益出发，注重打造属于自己的品牌，除了拥有良好的外部环境外，还应当关注每一个细节，时时处处体现人文关怀。在激烈的市场竞争中拥有自己的品牌意味着抢占了竞争的制高点，

只有有了良好的知名度和美誉度，才会对顾客产生巨大的吸引力，从而在竞争中胜出。品牌可以通过不同的途径获得，如，通过商标注册的方式将某个旅游景点注册为商标，从而受到法律的保护，在自身经营突出的情况下就会形成品牌效应；为旅游线路设计申请著作权，也同样受到法律保护；通过产业主体自身的努力，关注细节，用心经营，也会形成自己的品牌。在拥有了自己的品牌之后，产业主体还要注意用法律来保护自己的权益，特别是运用知识产权相关法律。在目前的休闲文化产业中，权利人应当充分利用有关商标、专利、版权的法律及《反不正当竞争法》等进行维权行动。同时，尊重他人的品牌和权利，以求产业内部和谐、互利的发展。

（二）防止不正当竞争行为

无论在哪个行业中，应该说不正当竞争行为都或多或少地存在着。不正当的竞争手段，违反公平正义和诚实信用的原则，损害其他经营者的合法权益，应当受到法律的惩罚。在休闲文化产业中，不正当竞争行为也以各种形式存在着，经营主体应具有一定的法律意识，充分运用知识产权相关法规防止他人通过不正当竞争手段损害自己的合法权益，与此同时，产业主体也应当时刻注意自己的经营行为，尊重他人的合法权益。

（三）注重对版权的尊重和保护

对版权的尊重和保护一直是文化产业知识产权保护的重点。版权问题在休闲文化产业中也广泛存在。如在旅游业中，经营主体可以将旅游线路设计申请著作权保护；在休闲娱乐业中，经营主体所使用的影视、歌曲等作品也同样受到《著作权法》的保护。而在目前的休闲文化产业中，不论是经营主体还是经营主体以外的人，侵犯他人著作权、通过非法手段获得经营利润的情形不在少数。

第二节　休闲文化产业知识产权保护的案例分析

休闲文化产业作为经济产业和文化事业整合发展而产生的朝阳产业，具有巨大发展空间，应当格外重视品牌、商标、版权等知识产权的创造和保护，从而和谐健康地发展。近些年来，在休闲文化产业发展的过程中，不免有些鱼龙混杂，少数企业急于求成，侵犯了其他企业或者个人的知识产权。这类案例比较多，本节选择其中比较有代表性的进行分析。

一、典型案例1："胡同游"不正当竞争案

（一）案情介绍：北京四方博通旅游文化发展有限公司不正当竞争案①

1993年3月，北京市西城区人民政府外事办公室批准成立了北京胡同文化发展公司。2000年5月8日，该公司更名为北京胡同文化游览有限公司，主要从事北京胡同游览，同时设计、制作、销售胡同文化纪念品，组织胡同文化民俗活动等。后经各主管部门批准，北京胡同文化游览有限公司开始提供"胡同游"的服务。

为使"胡同游"服务更具民族文化特色，公司在从事"胡同游"服务之初，即设计了区别于通用人力三轮车的外观及车工服饰。通用人力三轮车的外观为：灰色车架，蓝色车厢，蓝白条相间的篷布。而北京胡同游览公司设计的人力三轮车的外观为：黑色车身，红色车篷，车篷背后为白字："到胡同去"、"TO THE HUTONG"。车工服饰，上装是黄色马甲，衣襟为三排黑色布襻，两侧各由四条黑色布链相连，马甲背后为红底黄字"胡同文化发展公司"及一黑色人力三轮车图样；下装为黑色灯笼裤；帽子冬天为乌毡帽，夏天为草帽。北京胡同文化游览公司"胡同游"服务的主要线路为：从北海后门出发，途中主要经过钟鼓楼、银锭桥、恭王府、四合院的居民家庭等。

1994年10月至2000年12月期间，国内外各报刊、杂志广泛报道了北京胡同文化游览公司的"胡同游"服务项目。其中主要有《人民日报》（海外版）、《中国旅游报》、《中国日报》、《北京日报》、《北京旅游报》、《北京晨报》、《北京晚报》、《南方周末》、《新加坡晚报》、《文汇报》、《北京青年报》等。

1999年3月，北京四方博通旅游文化有限公司成立，经营范围也包括胡同旅游项目。同年4月4日，北京四方博通旅游公司从北京市某三轮车制造厂购进20辆客运三轮车。4月6日，神农国际旅行社FTC－0402丹麦团参加了四方博通旅游公司组织的胡同游项目，人数为38人，价格为180元/人。四方博通旅游公司在从事胡同游服务时，其人力三轮车的外观为：车身为黑色，车身背后有白底红色篆体字"四方博通"，车篷为红色，部分人力三轮车的车篷背后有白色铜线图案，内有白字"胡同观光"。车

① 参考《北京四方博通旅游文化发展有限公司与北京胡同文化游览有限公司不正当竞争纠纷上诉案，http://www.110.com/panli_50726.html。

工服饰为：上装是淡黄色马甲，两侧各由三条黄色布链相连，下装为深色裤子；帽子不统一。

同时，在北京四方博通旅游公司对外发放的介绍其胡同游览项目的宣传材料中，介绍了银锭桥景点，并使用了北京胡同文化游览有限公司车队经过该桥时的照片。

北京胡同文化游览有限公司认为北京四方博通旅游文化发展有限公司的行为是不正当竞争行为，应当依法承担法律责任，遂向北京市第一中级人民法院提起诉讼，并要求赔偿相应的经济损失。

原告诉称：本公司创办了“胡同游”城市游览项目，经过多年经营与广泛宣传，在国内外旅游市场已享有很高的知名度。原告为增强“胡同游”的视觉效果和突出“胡同游”的品牌特点，自 1994 年开始就创意、设计了既有民族特色又符合北京胡同地域风情特点的三轮车和车工服装。同时，原告精心设计了“胡同游”参观路线。原告的三轮车外观及车工服饰的组合已成为原告“胡同游”旅游品牌中特有的包装装潢，并取得外观设计专利权。被告于 1999 年 3 月成立，自 1999 年始，与原告在同一地区，按照与原告相同的出发地点和参观路线，全套仿冒原告的“胡同游”。特别是被告在其所用的三轮车和车工服饰上，使用了与原告完全相同的车篷、车厢和车工的帽子、马甲、裤子的色彩及组合形式，造成与原告特有的包装装潢相混淆，甚至在被告自己印制的宣传材料上也用了原告车队的照片。被告的上述行为，使人误认为其是原告的“胡同游”品牌。被告的行为已构成不正当竞争，损害了原告在旅游业中的形象和声誉，给原告造成了经济损失，故请求法院判令被告：1. 停止侵权；2. 赔偿经济损失 754905 元；3. 承担律师费 40745 元；4. 承担本案全部诉讼费用。

被告辩称：北京胡同观光项目自 1990 年初开展以来，已发展成为北京旅游项目的一个组成部分。据不完全统计，目前北京地区从事胡同旅游的专业公司共 6 家，初创者是北京市西城区外事办公室，而非原告。被告于 1999 年 3 月经合法注册成立，专业从事胡同旅游项目，得到了相关政府部门的认同，并依法纳税，纳入了管理。历经 3 年多的正常发展，确立了公司形象与良好的客户关系，在地区内、行业内有着良好的口碑与信誉，也为创建自身品牌做了大量工作。第一，原告诉状所称 1994 年 5 月 17 日的《关于北京胡同文化发展公司经营客运三轮车问题的会议纪要》中的名称与原告企业名称不同，原告不具备主体资格。第二，2000 年 12 月及 2001 年 3 月，北京市交通局、北京市工商行政管理局等机关对北京市西城区人力客运三轮车进行资质复核认证，《复审认定结果通知》明确指出西城区现有合法人力客运三轮车 69 辆，无一辆属于原告，故原告不具备合法资质与权益。第三，1987 年 5 月，北京市工商行政管理局等五单位联合下发的《北京市人民政府第四号令》中明确规定“人力客运三轮车统一颜色为蓝色”，原告违反上述规定，属违规行为，不应受到法律保护。关于原告所诉我方使用三轮车装潢、员工服饰与原告“相同”一事，车辆系属北京三轮车厂主导产品，其产品的规格、外形、颜色均为统一标准；关于员工服饰，我公司车工马甲为金黄色，帽子为草帽，在颜色、标识方面与原告有明显区别。并且，上述车辆装潢与员工服饰于 1999 年 4 月 6 日（原告申请专利前）正式使用。因此，我方不构成仿冒。关于旅游线路、景点的设置，是市场运作的产物，目前国家对旅游线路尚无特别专署的规定，且双方在同一地区经营，亦不构成仿冒，不会造成任何混淆。综上，请求法院驳回原告的诉讼请求。

（二）本案焦点

本案中主要涉及以下法律问题：第一，北京胡同文化游览有限公司的“胡同游”业务是否属于知名服务？第二，北京胡同文化游览有限公司所属人力三轮车的外观、车工服饰是否为其特有装潢？第三，北京四方博通旅游文化发展有限公司的行为是否构成不正当竞争？

（三）相关法律规定

《反不正当竞争法》第 2 条　经营者在市场交易中，应当遵循自愿、平等、公平、诚实信用的原则，遵守公认的商业道德。

本法所称的不正当竞争，是指经营者违反本法规定，损害其他经营者的合法权益，扰乱社会经济秩序的行为。

本法所称的经营者，是指从事商品经营或者营利性服务（以下所称商品包括服务）的法人、其他经济组织和个人。

《反不正当竞争法》第 5 条　经营者不得采用下列不正当手段从事市场交易，损害竞争对手：

（一）假冒他人的注册商标；

（二）擅自使用知名商品特有的名称、包装、装潢，或者使用与知名商品近似的名称、包装、装潢，造成和他人的知名商品相混淆，使购买者误认为是该知名商品；

（三）擅自使用他人的企业名称或者姓名，引人误认为是他人的商品；

（四）在商品上伪造或者冒用认证标志、名优标志等质量标志，伪造产地，对商品质量作引人误解的虚假表示。

《反不正当竞争法》第20条　经营者违反本法规定，给被侵害的经营者造成损害的，应当承担损害赔偿责任，被侵害的经营者的损失难以计算的，赔偿额为侵权人在侵权期间因侵权所获得的利润；并应当承担被侵害的经营者因调查该经营者侵害其合法权益的不正当竞争行为所支付的合理费用。

被侵害的经营者的合法权益受到不正当竞争行为损害的，可以向人民法院提起诉讼。

（四）法理分析

1. 不正当竞争行为的特征

商品经济下的竞争应当是经济主体在遵守公平、诚实信用等基本法律原则前提下的竞争。“不正当竞争”一词是西方国家率先提出的法律概念，但是对“不正当竞争”的界定并没有形成共识。以下结合我国《反不正当竞争法》的规定，分析不正当竞争的本质特征：

首先，不正当竞争行为具有竞争性。即不正当竞争行为发生在竞争行为中，而不是出于一种垄断状态。这集中表现为行为人在主观上存在着与竞争对手争夺客户等竞争动机和目的，客观上存在着利用不正当竞争手段与竞争对手进行竞争，损害他人合法利益的行为。

其次，不正当竞争行为具有非法性。这种非法性体现为两个方面：违反《反不正当竞争法》和规范市场经济的有关法律以及诚实信用的法律原则。从事生产、经营活动的法人、其他组织或者自然人必须遵守市场竞争的有关法律法规，遵守诚实信用、公平竞争的市场规则，而不正当竞争行为在本质属性上就表现为非法。

再次，不正当竞争行为具有损害性。即指不正当竞争行为扰乱正常的社会经济秩序，它不仅会对其他经营者的合法权益造成损害，同时也会对消费者、社会公共利益造成损害。不正当竞争行为的损害性主要表现为：对正当竞争秩序的损害，如混淆商业标示行为造成消费者的误判；对经营者商业形象的损害，如诋毁竞争对手的行为；对社会伦理道德的损害，如经营中的各种虚假行为。

2. 关于对“胡同游”服务是否为知名服务和原告三轮车外观、车夫服饰是否为特有装潢的定性

首先分析“胡同游”服务是否为知名服务的问题。根据我国《反不正当竞争法》等相关法律法规的规定（其中所称的商品包括服务在内），所

谓知名商品，是指经过长期使用，在特定市场上具有一定的知名度，并为相关公众所知悉的商品。知名商品（或服务）具有以下特点：第一，具有较强的认知功能，知名商品（或服务）对消费者具有巨大的吸引力，并可以将此转化为经济效益；第二，知名商品（或服务）质量恒定、优良，其商品质量或服务水平能够保持连续性和稳定性。在本案中，通过查明的事实，可以认定原告自 1994 年从事“胡同游”服务以来，受到了各方面的关注，并得到了众多报刊杂志的广泛报道。由于其服务质量高，市场信誉较好，原告的“胡同游”服务在北京地区享有较高的知名度，已经被相关公众所知悉，因此应当被认定为知名服务。

其次，关于原告的人力三轮车的外观及其车工服饰是否为特有装潢的问题。原告为其“胡同游”服务专门设计了三轮车外观及车工服饰，并体现出自己经营服务的特色，其人力三轮车的外观和车工服饰与从事同类服务所通用的人力三轮车的外观有明显区别，所以应当认定原告设计的三轮车外观及车工服饰是其所特有的。原告的人力三轮车外观及车工服饰已经与原告提供的“胡同游”服务形成了某种特定的联系，对消费者来讲具有相当的识别功能，并对消费者的消费选择产生影响。因此，对于三轮车的外观和车工服饰应当认定为属于原告服务的特有装潢。

3. 被告北京四方博通旅游文化发展有限公司的行为是否构成不正当竞争

根据以上对不正当竞争行为特点的分析，在本案中可以看到被告存在竞争的目的，违反了诚实信用原则和相关法律的规定，并对原告的正常经营行为造成了一定的损害。被告在从事与原告相同的胡同游览服务时，使用的人力三轮车的外观及车工的服饰，从车身色彩、车工服饰搭配及由此形成的整体风格等方面，均与原告所特有的人力三轮车外观、车工服饰相近，甚至在被告发放的宣传材料中，也使用了原告的车队通过银锭桥时的照片。对于胡同游览服务来说，特定的三轮车外观及车工服饰对消费者区别不同的服务提供者，具有相当的识别作用。被告的行为无偿占有了原告为其服务的知名度及影响力所付出的努力。同时，被告的使用行为还会降低原告服务特有装潢的显著性，也会对原告的权益造成损害。因此，被告使用与原告近似的人力三轮车外观及车工服饰的行为构成了不正当竞争，应依法承担相应的法律责任。

同时，应当注意，在本案中，原告以被告在“胡同游”服务中选择与其相同的线路及景点作为参观内容构成不正当竞争的主张，是不能成立的。原因在于原告“胡同游”服务的各条线路及途经的主要景点是客观存在的，原告不能因其选择了这些线路及景点，就对其享有禁止他人使用的独占权利，其他人在合法的情况下同样有权进行合理使用。

综上所述，被告北京四方博通旅游文化发展有限公司的行为侵犯了原告北京胡同文化游览有限公司的合法权益，其经营行为构成不正当竞争。

（五）简要评论

在知识产权领域，除了传统的《专利法》、《著作权法》以及《商标法》之外，《反不正当竞争法》也是重要法律之一。《反不正当竞争法》对与各类知识产权有关而相关法律无法管辖的客体给予保护，以弥补单一法律制度造成的“真空地带”。同时，《反不正当竞争法》对各类知识产权客体的交叉部分给予“兜底保护”，使知识产权保护融合成一个有机的整体，从而充分地保护合法经营者的权益，对市场经济秩序的健康发展发挥积极作用。可以说，《反不正当竞争法》是知识产权领域所涉内容最为广泛的法律制度。[①] 当然，《反不正当竞争法》的调整范围并不仅局限于知识产权领域。

二、典型案例 2：“避风塘”的尴尬

（一）案情介绍：“避风塘”不正当竞争案[②]

避风塘公司于 1998 年 9 月 15 日经工商行政管理部门注册登记成立，企业名称为“上海避风塘美食有限公司”，经营饭、菜、酒、点心、冷饮、咖啡堂吃等。此后，避风塘公司开设打浦、静安、八佰伴三家分店。经工商行政管理部门批准，避风塘公司及其分店自 1999 年 9 月起，制作有“避风塘”内容的店堂牌匾广告和户外广告，同时还在菜单、食品包装盒、日历卡上印制“避风塘”及其汉语拼音的字样。避风塘公司的经营曾获得若干项荣誉，并被媒体报道。避风塘公司对外宣传资料上刊印《避风塘的故事》，内容为：避风塘是指香港维多利亚海港上帆船、舢板等船只用来避台风的多个海湾，其中以位于香港岛北侧的铜锣湾避风塘（建于 1862 年）最为出名。20 世纪 60 年代开始，由于环境的污染，香港沿海以捕鱼为生的渔民在香港邻近水域已难有鱼获，仅靠捕鱼难以维生。这些渔民世

① 吴汉东主编：《知识产权法》，282 页，北京：法律出版社，2004。

② 参考《上海高院终审判决“避风塘”不正当竞争案》：http://www.chinacourt.org/article/detal/id/65608.html。

代以大海为家，居住环境特殊，从而对海产认识甚深，对海产的烹调有独特风格。与此同时，由于香港经济不断发展，铜锣湾区已成为香港最繁荣的消费娱乐区，遂有渔民以其艇只为店在铜锣湾避风塘经营起特色海鲜美食，由于其制作和烹调技巧在当时没有任何餐厅菜馆可仿效，便形成了其专营式的经营。每当夜幕低垂的时候，渔民们驶来一艘艘张灯结彩的营业艇在昔日的避风塘做生意。这些小艇专门经营海鲜、粥、粉、面、水果、饮料等，还有一些歌舞艇上有歌女演唱和乐师伴奏。市民纷纷到艇上饮食和娱乐，歌舞升平。全盛时期，营业艇多达数百艘。避风塘从而变成市民们夜生活的胜地，更是香港美食家经常光临的好去处，并且成为中外游客一个旅游观光点。随着香港进一步的发展，受填海及环保卫生的影响，此等经营面临停业的危机，于是陆地上出现了和原避风塘师傅合作的美食店。而今，“避风塘美食”已从香港向内地以及世界各地全面发展。

德荣唐公司于2001年1月8日注册登记成立，企业名称为“上海德荣唐美食有限公司”，经营饭、菜、饮料的堂吃、外卖，酒的堂饮等。经工商行政管理部门批准，自2002年8月13日开始，德荣唐公司在门面招牌上，突出使用了“唐人街”、“德荣唐美食”等字样；在一楼和二楼的玻璃窗上，分别印有“避风塘畅饮”、“避风塘料理”等广告语；在菜单上方，印制“唐人街避风塘料理”字样；在设置的路标上，印制“唐人街餐厅避风塘”字样。

另外据查明，四川省成都市武侯区避风塘海鲜大排档曾申请商标评委会重新评审“避风塘BFT”商标。2001年2月7日，商标评委会在商评字(2001)第187号《重新评审终局裁定书》中认为：餐饮行业内的经营者普遍将“避风塘”作为一类特色风味菜肴的名称加以使用，如果将此约定俗成并广泛使用的名称注册为商标，将妨碍其他经营者的正常经营活动，故裁定申请人的重新评审理由不成立。

原告上海避风塘美食有限公司诉称：“避风塘”是本公司的名称。本公司使用“避风塘”进行对外宣传，在经营中十分注重广告投入，强化了“避风塘”作为品牌形象的作用，使“避风塘”成为上海地区餐饮服务行业中较为知名的服务名称。被告上海德荣唐美食有限公司在其招牌、匾额、店堂餐桌以及广告上擅自使用“避风塘”字样，利用本公司知名度为其获取非法利益。被告这种引人误解的虚假宣传行为，侵犯了本公司的企业名称权和知名服务特有名称权，是不正当竞争。请求判令被告立即停止侵权，公开向本公司赔礼道歉，消除影响，赔偿本公司的经济损失50

万元。

被告辩称："避风塘"一词是餐饮行业内约定俗成并广泛使用的一种特色风味菜肴的名称，这一点已由商标评委会确认。本公司是在标注自己企业名称的情况下使用"避风塘"一词的，并不侵犯原告的企业名称，也不会引起消费者误解。

（二）本案焦点

本案争议的焦点主要有以下几点：第一，德荣唐公司使用"避风塘"一词，是否侵犯避风塘公司的企业名称权？第二，德荣唐公司使用"避风塘"一词，是否侵犯避风塘公司的知名服务特有名称权？第三，德荣唐公司使用"避风塘"一词，是否构成虚假宣传的不正当竞争行为？

（三）相关法律规定

《反不正当竞争法》第5条　经营者不得采用下列不正当手段从事市场交易，损害竞争对手：

（一）假冒他人的注册商标；

（二）擅自使用知名商品特有的名称、包装、装潢，或者使用与知名商品近似的名称、包装、装潢，造成和他人的知名商品相混淆，使购买者误认为是该知名商品；

（三）擅自使用他人的企业名称或者姓名，引人误认为是他人的商品；

（四）在商品上伪造或者冒用认证标志、名优标志等质量标志，伪造产地，对商品质量作引人误解的虚假表示。

《反不正当竞争法》第9条　经营者不得利用广告或者其他方法，对商品的质量、制作成分、性能、用途、生产者、有效期限、产地等作引人误解的虚假宣传。广告的经营者不得在明知或者应知的情况下，代理、设计、制作、发布虚假广告。

（四）法理分析

1. 关于企业名称权

企业名称权，是指企业依法对其名称所享有的权利。根据国家工商行政管理部门的规定，企业名称应由企业所在地行政区划名称、字号、行业或者经营特点、组织形式等四部分依次组成。只有由这四部分依次组成的完整企业名称，才是区别不同企业的重要标志。判断是否使用他人企业名称，应以是否使用了他人完整的企业名称为标准。原告避风塘公司的企业名称是"上海避风塘美食有限公司"，"避风塘"一词是该企业名称中的字号。德荣唐公司的店面招牌上，使用的是自己企业名称中的字号，即"德荣唐美食”；其广告宣传中虽有“避风塘”一词，但未将该词作为本企业名称中的字号。德荣唐公司的使用行为，不会使消费者混淆对两家经营者的识别，或者产生两家经营者存在关联关系的误解。

另外，企业名称是作为市场主体的企业的标识，字号是企业名称的核心。当字号只有一种含义时，即使只是擅自使用企业名称中的字号，也可能造成消费者误认或者混淆市场主体，从而侵害相应企业的名称权。但是，当字号还有其他含义时，如果他人是在原有含义上合理使用，企业名称权人无权禁止。“避风塘”一词，除了是原告避风塘公司的字号，还兼具避风港湾、一种烹调方法及菜肴的通用名称等含义。被告德荣唐公司并没有把“避风塘”一词作为自己企业的字号，只在“一种烹调方法及菜肴的通用名称”这一含义上使用该词，使用的显著性也没有超过自身企业字号，客观上不足以造成消费者对不同企业的混淆和误认，因此避风塘公司无权禁止。综上，避风塘公司指控德荣唐公司侵犯企业名称权的理由不能成立。

2. 关于避风塘公司的知名服务特有名称权问题

我国《反不正当竞争法》中所称的商品，也包括服务。知名服务的特有名称，是指知名服务独有的、与通用名称有显著区别的服务名称。认定知名服务特有名称，除了该服务本身要成为知名服务外，还应当符合以下条件：该名称不能直接表示服务的功能、用途和质量，并且与此类服务的通用名称有显著区别；该名称应当具有原创性或首先使用性，或者是通过经营者的服务使通用名称具有了新的特定含义而形成；该服务名称应当具有显著的区别性，消费者可以自然地将该名称和特定经营者以及知名服务联系起来。根据原告避风塘公司的宣传资料，“避风塘”一词的原意是指“香港维多利亚海港上帆船、舢板等船只用来避台风的多个海湾”，后引申为一种烹调方法及菜肴的通用名称，现在随着香港的发展和对外交流，“避风塘”特色菜肴逐步走向各地。由此可见，“避风塘”一词不是避风塘公司首先使用的，其在避风塘公司设立之前就已存在，“避风塘”一词并不是由于避风塘公司的使用，才使得消费者认可其为一种烹调方法及菜肴的通用名称。该词已被餐饮行业经营者作为一种烹调方法及菜肴的代表名称广泛使用，因此不能成为避风塘公司的餐饮服务与众不同的显著标志。避风塘公司对“避风塘”一词的使用，既不具有原创性和首先使用性，也未对该词赋予新的特定含义而使其成为知名服务特有名称。因此，避风塘公司无权禁止其他经营者使用“避风塘”一词。避风塘公司认为德荣唐公司使用“避风塘”一词是侵犯其知名服务的特有名称，理由不能成立。

3. 关于德荣唐公司使用“避风塘”一词是否构成虚假宣传的不正当竞争行为的问题

前已述及，“避风塘”一词被餐饮行业经营者作为一种烹调方法及菜肴的通用名称而广泛使用，其中既不包含质量认证和操作规范的指标体系，更不代表原告避风塘公司的菜肴制作或者餐饮服务方式。被告德荣唐公司在店堂布置和对外提供餐饮服务时，使用“避风塘料理”等文字进行广告宣传，意在向消费者说明其菜肴的风味，而不是对其菜肴的质量、制作方式、生产者、产地等作引人误解的虚假宣传。同时，被告德荣唐公司在广告宣传中突出自身企业字号，只是在烹调方法及菜肴的含义上使用“避风塘”一词，其行为不会造成消费者对市场经营主体的误解。因此被告德荣唐公司的行为并不属于利用广告作虚假宣传的不正当竞争行为。

综上所述，在本案中，被告德荣唐公司在经营过程中使用“避风塘”一词并没有侵犯原告的合法权利，而是对该词的正当使用，因而没必要对原告避风塘公司承担任何法律责任。

（五）简要评论

从本案中我们可以得到这样的启示：当市场经营者登记的字号并不具有唯一意义时，其他经营者使用该字号并不一定会产生侵犯企业名称权的后果，只有当经营者的字号是自己独创或首先使用，或通过使用赋予其特定的意义时，才有排斥其他经营者使用的功效。同时，市场经营者的字号还必须具有区别产品服务的功能。当然，在字号还具有其他含义的情况下，区别产品服务的效力就会被削弱。

目前，“避风塘”已经成为各大城市中公众熟悉的词汇，在社会公众对“避风塘”一词原意和引申意并不了解的情形下，本案这样的情况的确会对避风塘公司的经营产生一定的影响。避风塘公司应该如何合法有效地维护自己的权益，是一个值得继续探讨的问题。

三、典型案例3：MTV的著作权问题

（一）案情介绍：中国唱片深圳公司等诉济南大家乐茶艺中心侵犯音像作品放映权案[①]

---

① 参考《中国唱片深圳公司、赵某与济南大家乐茶艺中心　侵害音像作品放映权纠纷案》，http://jnzy.chinacourt.org/public/detail.php?id=216。

中国唱片深圳公司于1997年出版发行了《MTV·中国》VCD（卡拉OK）一套，包括《走四方》、《纤夫的爱》、《当兵的人》、《心情不错》四张VCD光盘。在《MTV·中国》VCD（卡拉OK）的封套正面以及四张VCD光盘的外包装正面均标有“中国唱片深圳公司出版发行”字样。在《MTV·中国》VCD（卡拉OK）的封套反面以及四张VCD光盘的外包装反面标有“新大陆娱乐有限公司、中国唱片深圳公司联合制作”、“广州新大陆激光节目发行中心经销”字样。其中的《走四方》光盘中含本案涉及的MTV作品《走四方》，《纤大的爱》光盘中含本案涉及的MTV作品《天蓝蓝　海蓝蓝》和《笑脸》。

1999年6月3日，中国唱片深圳公司与广州新大陆激光节目发行中心签订协议书，协议载明：双方经友好协商，就双方合作制作的音乐电视作品（具体曲目载于合同附件）之著作权归属达成协议，附件中所含的音乐电视作品依法享有的权利（包括著作权和与著作权有关的全部权利）属双方共同拥有，乙方同意甲方全权代表行使上述音乐电视作品的权利进行法律诉讼，其中涉及收益的相关事宜，甲乙双方另行协商确定。合同附件中包含了本案所涉及的《MTV·中国》卡拉OK中的四张光盘所含的全部MTV曲目。

2002年2月16日，广州新大陆激光节目发行中心与赵维端签订协议。协议约定，广州新大陆激光节目发行中心将其依据协议获得的著作权转让给赵维端，由赵维端与中国唱片深圳公司共同享有前述著作权。

原告中国唱片深圳公司、原告赵维端共同诉称，其于2004年7月14日在被告的济南大家乐茶艺中心发现被告以营利为目的，将原告享有著作权的作品（MTV）以卡拉OK的形式向公众放映。这些作品为韩磊演唱的《天蓝蓝　海蓝蓝》、《走四方》，谢东演唱的《笑脸》。原告作为这三首作品的权利人，从未许可被告以上述方式使用其作品。被告未经许可擅自放映原告作品的行为，严重侵犯了原告的权益，给原告造成了重大的经济损失。为此，请求法院判令：1. 被告立即停止对涉案作品放映权的侵犯，不再公开放映原告享有著作权的作品；2. 被告在《中国文化报》发表声明，向原告公开赔礼道歉；3. 被告赔偿原告经济损失15万元人民币，及为调查被告侵权行为和起诉被告所支出的合理费用1.65万元人民币；4. 被告承担本案全部诉讼费用。

被告济南大家乐茶艺中心辩称：一，原告的诉讼请求没有证据支持。MTV作品与MTV卡拉OK作品是两种不同的作品。原告起诉的是其

MTV被侵权，但提供的证据却是MTV卡拉OK作品被侵权。二者在技术处理、歌词字幕的掩映功能、音频的掩音功能上存在区别。以MTV卡拉OK被侵权来证明MTV被侵权，是一种明显的逻辑错误。二，原告提起诉讼属于滥用知识产权诉讼。首先，一部MTV卡拉OK作品属于多人共同创作的合作作品，著作权由合作作者共同享有。原告不可能是MTV卡拉OK作品放映权的完全权利人，无权就MTV卡拉OK作品放映权所受侵害单独提出损害赔偿请求。其次，对影像放映权的范围进行夸大解释。消费者到歌厅是为了唱歌还是为了看MTV？即便存在着对于MTV卡拉OK作品中影像部分放映权的侵害，放映权侵害的主要对象应当是附着在影像上的歌词文字和伴奏音乐。当然，由于歌词文字、伴奏音乐与影像的技术性合成，使得原本可以独立使用的歌词、伴奏音乐、影像等丧失了独立作品的性质，由三者结合而成的MTV卡拉OK作品，更多地具有了"共同作品"的特征。原告的诉讼实际上夸大了影像在MTV卡拉OK作品中的使用价值，割裂歌词、伴奏音乐的播放与影像播放的关系，达到单独征收放映权使用费的目的。第三，任意设定使用费征收标准，在全社会开展普遍征收活动，违背《民法》诚实信用原则，对刚刚起步的娱乐界会产生致命的打击，从而影响社会的共同利益以及普通消费者的权益，并最终影响MTV业的发展。同时，本案被告的主业是茶艺，收入主要是来源于茶艺、酒水、房间费，点歌仅是为吸引客户来此消费的一种手段，并不是被告的主要营业收入；原告也无法确定单个MTV的放映量；原告出版的MTV并没有不能用于娱乐场所的声明或用于娱乐场所需另行收费的提示。三，原告诉请的赔偿金额不符合法律规定，原告维权支出费用不合理。四，被告不应承担赔礼道歉的责任。五，本案涉案三首歌曲是全电脑KTV视频点播系统自带的，而点播系统的提供人是北京世瀚公司。因此，原告的诉讼请求无事实依据应予驳回。

（二）本案焦点

本案中主要涉及以下几个焦点问题：第一，关于涉案三首MTV作品的属性，是属于"以类似摄制电影方式制作的影视作品"，还是录像制品；第二，本案三首MTV作品的著作权人以及原告是否可以单独行使诉权；第三，关于本案侵权类型以及民事责任的承担问题。

（三）相关法律规定

《著作权法》第9条　著作权人包括：（一）作者；（二）其他依照本法享有著作权的公民、法人或者其他组织。

《著作权法》第 10 条　著作权包括下列人身权和财产权：……（十）放映权，即通过放映机、幻灯机等技术设备公开再现美术、摄影、电影和以类似摄制电影的方法创作的作品等的权利……

著作权人可以许可他人行使前款第（五）项至第（十七）项规定的权利，并依照约定或者本法有关规定获得报酬。

著作权人可以全部或者部分转让本条第一款第（五）项至第（十七）项规定的权利，并依照约定或者本法有关规定获得报酬。

《著作权法》第 15 条　电影作品和以类似摄制电影的方法创作的作品的著作权由制片者享有，但编剧、导演、摄影、作词、作曲等作者享有署名权，并有权按照与制片者签订的合同获得报酬。

电影作品和以类似摄制电影的方法创作的作品中的剧本、音乐等可以单独使用的作品的作者有权单独行使其著作权。

《著作权法》第 48 条　有下列侵权行为的，应当根据情况，承担停止侵害、消除影响、赔礼道歉、赔偿损失等民事责任；同时损害公共利益的，可以由著作权行政管理部门责令停止侵权行为，没收违法所得，没收、销毁侵权复制品，并可处以罚款；情节严重的，著作权行政管理部门还可以没收主要用于制作侵权复制品的材料、工具、设备等；构成犯罪的，依法追究刑事责任：……（四）未经著作权人许可，复制、发行、表演、放映、广播、汇编、通过信息网络向公众传播其作品的，本法另有规定的除外……

《著作权法》第 49 条　侵犯著作权或者与著作权有关的权利的，侵权人应当按照权利人的实际损失给予赔偿；实际损失难以计算的，可以按照侵权人的违法所得给予赔偿。赔偿数额还应当包括权利人为制止侵权行为所支付的合理开支。

权利人的实际损失或者侵权人的违法所得不能确定的，由人民法院根据侵权行为的情节，判决给予五十万元以下的赔偿。

（四）法理分析

1. 涉案三首 MTV 作品的属性问题

涉案三首 MTV 作品属于以类似摄制电影方式制作的影视作品，还是录像制品？作品是否具有独创性，是判断作品属性的重要条件，也是影视作品与录像制品区别的关键。作为邻接权保护对象的录像制品是对表演或其他景象、形象、声音进行简单制作、机械录制产生的，它只是忠实地录制现存的音像，并不具有创作成分。在本案中，涉案的三首 MTV 作品是以类似电影的方法制作，凝聚了导演、演员、摄影、剪辑、服装、灯光、特技、合成等创作性劳动，包含了制作者大量的创作，是视听结合的一种艺术形式，因此，符合作品的构成要件，应当属于现行《著作权法》中规定的以类似摄制电影的方法创作的作品，著作权人依法享有放映权以及其他权益。此案中被告抗辩本案作品为录像制品的主张不能成立。对于被告提出的 MTV 作品与 MTV 卡拉 OK 作品是两种不同的作品，原告未能提供 MTV 作品，而以 MTV 卡拉 OK 被侵权来证明 MTV 被侵权，存在逻辑错误和举证不能的主张。MTV 卡拉 OK 是在 MTV 作品的基础上，出于卡拉 OK 演唱的需要，对 MTV 作品进行字幕掩映处理及对于声音的掩音处理，而使 MTV 作品成为 MTV 卡拉 OK 作品。但是卡拉 OK 功能的增加，只是为了方便使用和演唱的需要而进行的技术合成和处理，MTV 卡拉 OK 作品依托于原 MTV 作品的创作，是 MTV 作品的一种使用形式，并不构成对 MTV 作品本身的原创性的根本性改变。因此，被告抗辩理由不能成立。同时，就本案来说，三首卡拉 OK 作品经过播放，为实音演唱，并具有字幕，也说明该卡拉 OK 作品只是对原始 MTV 作品作了技术处理，并不能因此而否定原告主张的 MTV 卡拉 OK 作品的属性为“以类似摄制电影的方法创作的作品”。

2. 本案三首 MTV 作品的著作权人以及原告是否可以单独行使诉权?

对于著作权人的身份的证明问题，依照《著作权法》第 11 条以及最高人民法院《关于审理著作权民事纠纷案件适用法律若干问题的解释》第 7 条的规定，如无相反证据，在作品上署名的视为作者。当事人提供的涉及著作权的底稿、原件、合法出版物、著作权登记证书、认证机构出具的证明、取得权利的合同等，可以作为证据。从原告提供的《MTV·中国》VCD 光盘证据看，该光盘为国家正式出版物，在 VCD 出版物包装封套正面上署名的为“中国唱片深圳公司出版发行”，并有“P”和“C”标记，而“C”为版权标记证明，因此，中国唱片公司深圳公司应为著作权人。对于出版物封套背面出现的其他制作单位，因未标注拥有著作权的“C”标记，说明只是 VCD 光盘的联合制作人。有关主体与本案原告中国唱片深圳公司共同为 VCD 光盘的制作者，属于录像制品的制作人，而非著作权人。

著作权人在作品上或出版物上有标记著作权人身份的权利，但不是必须的义务。原告中国唱片深圳公司提供的其与广东新大陆激光节目发行中心的关于著作权归属的协议表明，中国唱片深圳公司与广东新大陆激光节目发行中心为共同的著作权人。从原告中国唱片深圳公司、原告赵维端共同提供的著作权转让协议看，原告赵维端通过与广东新大陆激光节目发行中心签订书面合同，取得了本案有关作品的著作权，与中国唱片深圳公司共同成为涉案作品的著作权人。这符合我国《民法通则》关于民事权利可以通过转让而取得的规定，也符合我国《著作权法》第 25 条的关于订立书面合同进行转让著作权的有关规定。对此，原告中国唱片深圳公司作为共同著作权人，也认可赵维端的著作权主体身份。原告中国唱片深圳公司、原告赵维端所享有的著作权，依法应当受到法律保护。

被告抗辩认为，原告无权就 MTV 卡拉 OK 作品放映权的侵害单独提出损害赔偿请求，原告属于滥用诉权。关于著作权的归属，离不开作品类别的判定。本案中的 MTV 作品，如前所述，为以类似摄制电影的方法创作的作品，与电影作品同属于视听作品。关于视听作品的著作权归属问题，我国立法基于简化著作权关系以及促进作品的利用和传播的原则，针对视听作品是利用技术手段将众多作者和表演者以及其他创作活动凝结在一起的复合体，多数作者的创作成果被融为同一个表达方式，除音乐、剧本或美术作品之外，其他人的创作成果无法从视听作品的整体中分割出来，获得独自的表现方式，以及无法单独行使著作权的现状，规定导演、编剧、作词、作曲和摄影作者享有署名权，其他权利由制片者享有。至于视听作品中导演、编剧、作词、作曲、摄影等作者与制作人的财产关系，可根据劳动合同解决。演唱者与 MTV 制作者的财产关系，也属于视听作品制作过程中产生的内部分配关系，不影响著作权人独立行使诉权以及获得侵权赔偿。本案中，原告中国唱片深圳公司已经在公开出版物即光盘上进行了有关著作权人身份的标注，原告赵维端也通过与有关主体签订著作权转让协议，成为了共同的著作权人，两原告有权提起侵权赔偿之诉，并且不属于滥用诉权。

综上所述，被告济南大家乐茶艺中心的行为对原告的合法权益造成了侵害，依法应当承担相应的法律责任。

（五）简要评论

MTV 就是音乐电视，它是以确定的音乐作品作为承载的主体形象，依据音乐不同的特性和歌词意象进行视觉创作，表达音乐作品的情感氛围和空间形象，使画面和音乐融为一体，形成鲜明和谐的视听结构。确定 MTV 在《著作权法》上的属性，是审理此类案件的关键，即 MTV 在《著作权法》保护的客体中，是属于“电影和以类似摄制电影的方法创作的作品”还是录音录像制品。

“电影和以类似摄制电影的方法创作的作品”与录音录像制品在著作权上是有区别的：

首先，“电影和以类似摄制电影的方法创作的作品”与录音录像制品对独创性的要求不同。《著作权法》所称的作品，是指文学艺术和科学领域内具有独创性并能以某种有形形式复制的智力成果。“电影和以类似摄制电影的方法创作的作品”首先要由导演阅读、熟悉剧情，形成具有其个人思路的剧本，并准备出分镜头剧本。进入拍摄阶段后，要有导演、摄影师、录音、作曲、表演者、演唱者、布景制作、服装设计等人的共同创作。最后，由剪辑师进行剪辑。只有上述阶段全部完成，才算是一部“电影和以类似摄制电影的方法创作的作品”的完成。而录音录像制品的制作过程就简单得多。对于录像制品，只要对任何有伴音或者无伴音的连续的相关形象、图像进行记录即可；对于录音制品，录制者的作用仅限于忠实地记载、复制现存作品或音响效果，而不对其进行加工创作，其结果也不能成为作品。

其次，录像作品、录像制品的权利人所享有的权利不同，录像作品的作者对其作品享有著作权，包括人身权和财产权。录像制品的制作者享有的是著作邻接权，即录像制片作者权，因此，他们各自享有的权利内容和保护时间就有所不同。《著作权法》第42条规定，录音录像制作者对其制作的录音录像制品，享有许可他人复制、发行、出租、通过信息网络向公众传播并获得报酬的权利。值得注意的是，这其中并不包括“电影和以类似摄制电影的方法创作的作品”所享有的放映权。

从MTV制作的过程及其特征来看，MTV不应属于录像制品。一部MTV的制作完成，是导演结合音乐、场景对自己的创作活动所作的阐释，而不是机械地、忠实地录制现实、客观发生的影像，所以MTV是一种作品而不是制品。

结 语

在全球化进程加快、知识经济迅速发展的形势下，文化产业作为一个新兴产业，正在成为知识经济的支柱产业，引起世界各国的关注。20世纪末，“文化立国”已经成为各国的普遍共识。不仅美国、澳大利亚、英国、韩国、日本等发达资本主义国家纷纷制定明确的文化发展战略和文化产业规划，印度、中国等发展中国家也充分意识到提高文化软实力、发展文化产业的紧迫性，推行各种优惠措施鼓励支持文化产业发展。可以说，随着全球经济一体化时代的到来，文化产业已经成为全球范围最具发展潜力的朝阳产业。

文化产业的核心是版权产业，文化产业的发展需要紧密地依赖知识产权保护。文化产业因其边际成本极低，往往可以创造高回报，但是需要高昂的前期投入，并且伴随着高风险，其中侵犯知识产权是对文化产业致命性的打击。全球性的盗版走私、假冒伪造、窃取商业秘密等非法经营活动日趋泛滥，极大地损害了文化产业经营者的合法权益，严重地扰乱了文化市场的经营秩序。强化知识产权保护就成为维系文化产业健康、有序发展的关键所在。① 2005年，美国电影协会前主席丹·克里格曼在上海交通大学作报告，谈及电影业的未来时直言不讳：“现在最突出的一个问题是，有数以百万的人自己不掏钱看电影，或者掏钱去买盗版碟。可是这些流到盗版商手里的钱，是永远不会流到电影制片商手里去弥补他们的投资的，也不会以这些钱来支付版税，也不会向国家税收部门上缴。所以，盗版是我最关心的一个问题。”② 2012年3月14日，现任美国电影协会主席克里斯·多德在印度参加研讨会时，亦表示电影盗版是其对印度电影产业发展

① 赵玉忠：《文化产业发展与知识产权保护》，《知识产权研究》2005（3），29 32页。

② 丹·格里克曼：《电影工业的未来与共同利益》，见卢燕、李亦中主编：《聚焦好莱坞文化与市场对接》，6页，北京，北京大学出版社，2006。

前景最担心的部分。盗版每年消耗印度电影产业10亿美元的产值，并威胁到超过50万人的工作。

无论是国外几百年知识产权制度的发展史，还是国内探索市场经济的实践，都已充分证明这样一个事实：知识产权制度是推动和保障自主创新的一项基本制度，对知识产权的占有和运用成为推动经济社会发展的主要动力。①

当前，我国经济结构调整、产业技术升级已进入关键阶段，专利发明、商业秘密、品牌、不断更新的计算机技术等无形资产，在生产要素中发挥着越来越关键的作用。在新的形势下，进一步发挥知识产权制度对创新的激励和保障作用，增强知识产权保护意识，提高自主创新能力，是我们面临的一个重大课题。我们要从实现国家长期可持续发展的战略高度出发，掌握更多核心技术的自主知识产权，在战略领域和关键环节着力自主创新，提高国际竞争力，保证国家经济安全。

近些年来，国内有关知识产权的官司越多，涉及知识产权的类型也越来越多，文化产业行业尤其明显。如谷歌在线图书侵权事件，百度文库侵权事件，音著协、影著协维权收费事件，真假开心网之争，鲁迅之子起诉商户以鲁迅名字注册域名，珊瑚虫QQ侵权案等等。可以看出，国人的知识产权保护意识正在加强，但是从另一个侧面也看出我们国家在知识产权保护方面的力度仍然不够，尚需完善立法。

数年之前，往往是媒体报道国外企业在中国市场的知识产权被侵犯，知识产权对话成为中美和中欧贸易对话的重要组成部分，国外企业纷纷到中国法院提出知识产权诉讼。近些年来，随着我国的经济实力不断壮大，科学技术水平不断创新，企业竞争力和品牌号召力不断加强，越来越多的中国企业跨出国门，涉足欧美、非洲、中东等海外市场，出现了很多境外企业侵犯我国企业知识产权的问题。不少中国企业的商标被境外企业或个人抢注，其合法权益被侵犯。特别是某些公司蓄意在境外抢注我国的老字号和一些知名商标，给我们的企业造成了极大的损失。云南“红塔山”在菲律宾被抢注，北京“同仁堂”在日本被抢注，“康佳”在美国被抢注，“科龙”在新加坡被抢注……这些知名企业想走出国门，扩展世界市场版图，要么被迫折返，要么交纳很高的商标使用费，损失极其惨重。如2005年，海信历时6年，最终以50万欧元价格，将在德国被注册的“HiSense”

---

① 田力普：《自主创新：运用知识产权制度是关键》，《求实》2006（6），28页。

赎回。

目前，中国商标已经进入了被疯狂抢注的高峰期。有专家称，这种情况将至少持续5年。从已有情况看，被外国抢注的商标中，只有少量中国企业最后能夺回注册权，另外大部分商标都被抢注成功。

我们的企业也在觉醒，主动出击，夺回属于自己的权利。2005年，中华老字号“王致和”商标在德国被一家名为“欧凯”的公司抢注。2006年，试图开拓欧洲市场的王致和食品集团发现自己拥有的“王致和”商标和使用了几百年的标识被抢注，决定通过诉讼追讨商标权。2007年1月26日，慕尼黑地方法院正式受理了“王致和商标侵权”案。这是中华老字号第一次走出国门进行商标诉讼维权。2007年4月23日上午，德国慕尼黑的巴伐利亚州高等法院，宣布了对德国欧凯公司恶意抢注中国百年老字号“王致和”商标一案的二审裁决，基本维持一审裁决，王致和方面胜诉。法庭要求欧凯公司必须停止在德国使用“王致和”商标和标识，并撤销它在德国商标局抢注的“王致和”商标。

中国不仅有丰富的文化资源，而且有巨大的市场，文化产业发展前景十分广阔。相比其他产业，文化产业的知识产权部分价值更高，对企业发展的意义更加重大。要想使文化产业在中国得到充分的发展，必须加强对文化产业的法律保护，不仅要充分利用已有的知识产权制度进行保护，而且应该充分重视建立和完善相关法律制度，保护传统知识，保护传统文化。

一、必须提高全社会知识产权保护的意识和观念。要形成尊重知识产权、崇尚创新文化的良好社会风气，也要学会运用法律武器保护自己的智力劳动成果。中国自1982年的《商标法》到1993年的《反不正当竞争法》，已先后颁布了十多部知识产权保护法律、法规。但迄今为止，许多企业仍对知识产权法律知识了解甚少，不善于运用法律武器保护自己的智力劳动成果。例如，不懂得商标权、专利权必须履行必要的法律程序才能获得，结果企业的商标不申请注册，被其他企业抢注；发明创造既不申请专利，又不注意保密，成为共有技术、共有财产，甚至是使用自己的发明创造还要向他人支付专利使用费。

二、健全知识产权立法，积极营造良好的政策环境。知识产权作为一种无形资产，本身的保护就不容易，如果保护力度不够，保护措施不到位，对企业和发明人、创造人的创新激情来说都是一个打击。[①] 例如，网

① 田力普：《自主创新：运用知识产权制度是关键》，《求实杂志》2006（6），28页。

络影视版权侵权是近年来最为频发的诉讼案件类型，以免费或低价方式，用信息网络进行盗版行为的商业公司为数众多，严重侵害了影视内容版权方的利益。虽然国家有关部门通过颁布《信息网络传播视听节目许可证》等一系列规定来试图规范这个领域，但是由于缺乏执行力度，基本形同虚设，至今仍有大量的无证企业照常经营；而负责版权查处的新闻出版部门，则缺乏对网络企业的监管权力；负责监管的文化部门，其《网络文化经营许可证》范围又不涉及版权，由此造成权利方只能依赖法院来维权。而法院的判决几乎千篇一律的是网站盗版每部影片赔偿两三万元，每个盗版网吧甚至才赔几千元。以电影《非诚勿扰》为例，票房3.5亿元的大片，网络收入才100万人民币，这严重制约了中国网络文化产业的发展。2009年3月30日，最高人民法院发布《最高人民法院关于贯彻实施国家知识产权战略若干问题的意见》，其中提出，综合运用知识产权司法救济手段，不断增强知识产权司法保护的有效性。

三、提高企业运用、管理和保护知识产权的能力。全世界的创新可以分为两部分，一是别人已经创造出来的，另一部分是自己结合实际所作出的创新。知识产权既可以通过自主创新的方式获得，也可以在产学研相结合的技术创新体系中进行联合创新取得，还可以通过直接引进知识产权获得。只要知识产权能够掌握在自己手中，在一定范围内的集成或联合创新、与国外合作创新等同样也是自主创新。像我国的高铁技术，结合自身实际，做到了集成创新，形成了自己的特点。① 另外，要鼓励中国的企业积极进行技术创新，申请知识产权保护，还要学会走出国门，维护自己的知识产权。

四、创造知识产权发展的良好环境。知识产权发展环境是一个很复杂的问题，需要很多综合因素的配合，要从知识产权的产生、交易、使用等等各方面着手，创造良好的制度、设施、服务等一系列条件。

首先要建立完善的激励机制。知识产权作为一种智力资本，是文化产业发展过程中一种重要的生产要素，能够创造收益的生产要素才是有效的生产要素，才会良性循环和发展。知识产权对创新的激励作用主要体现在产权所有者能从知识产权的实施、转让等活动中获得丰厚的回报。经济收益是促进知识产权发展的必要条件。为此，要落实知识产权作为生产要素

---

① 《国家知识产权局局长驳中国高铁技术抄袭论》，http://news.sina.com.cn/c/2010-11-22/175521514281.shtml。

参与分配的政策，采用和创立灵活多样的分配方式，例如股权、技术入股、优先购股权等，以营造良好的知识产权发展环境，保障创新者获得可观的回报，从而促进文化产业的发展。

其次要优化知识产权交易环境。知识产权交易的顺利进行和实现，需要法制、服务等很多方面的配合。在法制环境方面，要加强保护知识产权的执法力度，用巨额赔偿严厉打击各种侵权行为，有效维护所有权人的合法权益。在服务环境方面，通过为文化企业创业初期的开发人员提供办公场所、开发条件、资金筹措、人员培训、研究发展指导等多方面的综合性服务，促进创意尽快转化为商品并形成产业。在信用环境方面，要规范知识产权的交易，强化知识产权的价值评估，防止知识产权的流失，努力营造有利于知识产权公平交易和实现产业化的信用环境。

五、加强文化产业方向知识产权人才的培养。文化产业是一个新兴行业，在各个方面都是不成熟的，尤其是专业人才严重缺乏。近年来，很多高校先后设立了文化产业管理专业，不少专家学者致力于文化产业领域的研究，在科研力度和人才培养上都有了显著的进步，但还是无法适应实践发展的要求。知识产权保护问题已经成为文化产业发展的核心问题，很多文化产业发达国家的经验和我国的现实情况都说明了这一点，而我们恰恰在知识产权专业人才方面遭遇瓶颈。

加快文化产业的知识产权人才培养，要从多方面入手，在高校的文化产业管理专业的学生教育过程中，要提高对知识产权的重视度，将知识产权作为一门重要课程进行设置，把知识产权知识作为学生必须掌握的重点科目。对已有的文化产业从业人员进行知识产权培训，使他们能够掌握基本的知识产权知识，提高素质，强化意识。同时还要适当地引导一部分法律专业人才向文化产业方面倾斜，在学习和研究工作中，加大对文化产业的关注，从而让文化产业和知识产权的结合更加紧密、更加专业。

我们需要培养一批研究能力强、精通文化产业并且精通知识产权业务人才，尤其需要外语水平好，深入了解知识产权国际规则的高层次人才，能够代表中国企业维护权利。

六、注意处理好国际保护和国内保护的关系。随着全球化趋势的进一步扩大，国际间的交流与合作将进一步加强，国家竞争也会越来越激烈。经济发展到今天，世界上许多发达国家都将目光投向了文化领域，美国、韩国、日本和欧洲许多国家都十分重视文化的经济和社会效益，文化被提升到了一个新的战略高度。国家间的交流与竞争，实际上也是一种文化的交流与碰撞，文化产业的发展从一开始就具有了很强的国际意义，文化安全问题，是文化产业发展的题中之义。合理地应对国际的竞争、参与国际竞争，我国的文化产业才会有长远的发展，这就必须要加强知识产权的国家保护，除了参与相关国际条约之外，还要在本国立法中加大对国际间知识产权保护的重视，正确处理版权的国内保护与国际保护的关系，既要为我国作品在外国受到保护创造良好环境，也要为外国作品在我国得到保护提供条件。

主要参考文献

一、专著

1.（美）怀特：《文化科学——人和文明的研究》，曹锦清等译，杭州，浙江人民出版社，1988。

2.（英）尼克·史蒂文森：《认识媒介文化》，王文斌译，北京，商务印书馆，2001。

3.（美）道格拉斯·凯尔纳：《媒体文化》，丁宁译，北京，商务印书馆，2004。

4.（印）甘古力：《知识产权——释放知识经济的能量》，宋建华译，北京，知识产权出版社，2004。

5.（英）保罗·杜盖伊等：《做文化研究——索尼随身听的故事》，霍炜译，北京，商务印书馆，2005。

6.（美）曼昆：《经济学原理》，梁小民译，北京，机械工业出版社，2006。

7.（美）大卫·赫斯蒙德夫：《文化产业》，张菲娜译，北京，中国人民大学出版社，2007。

8.（美）W. Ronald Lane 等：《克莱普纳广告教程》，李东贤、刘颖译，北京，清华大学出版社，2008。

9.（美）Arnold P. Lutzker：《创意产业中的知识产权——数字时代的版权和商标》，王娟译，北京，人民邮电出版社，2009。

10.（美）凯文·莱恩·凯勒：《战略品牌管理》，卢泰宏、吴水龙译，北京，中国人民大学出版社，2009。

11.（美）威廉·威尔斯等：《广告学原理与实务》，桂世河、王长征译，北京，中国人民大学出版社，2009。

12.（美）乔治·E·贝尔奇等：《广告与促销》，郑苏晖等译，北京，中国人民大学出版社，2009。

13.（加）马歇尔·麦克卢汉：《理解媒介》，何道宽译，北京，商务印书馆，2009。

14. 王育济等主编：《中国文化产业学术年鉴 1979—2007 年卷》，济南，山东大学出版社，2009。

15. 王育济等主编：《中国文化产业学术年鉴 2003—2007 年卷》，北京，文化艺术出版社，2009。

16. 王育济等主编：《中国文化产业学术年鉴 2008 年卷》，北京，文化艺术出版社，2009。

17. 郑成思：《世界贸易组织与贸易有关的知识产权》，北京，中国人民大学出版社，1996。

18. 方克立：《走向二十一世纪的中国文化》，太原，山西教育出版社，1999。

19. 汤宗舜：《知识产权的国际保护》，北京，人民法院出版社，1999。

20. 吴汉东主编：《知识产权法学》，北京，北京大学出版社，2000。

21. 任继圣主编：《WTO 与知识产权法律实务》，长春，吉林人民出版社，2001。

22. 花建：《产业界面上的文化之舞》，上海，上海人民出版社，2002。

23. 金多才：《商标策略》，郑州，河南人民出版社，2002。

24. 朱希祥：《文化产业发展与文化市场管理》，上海，华东师范大学出版社，2003。

25. 郑成思：《知识产权法》，北京，法律出版社，2003。

26. 卞耀武主编：《当代外国商标法》，北京，人民法院出版社，2003。

27. 李明德：《美国知识产权法》，北京，法律出版社，2003。

28. 胡惠林、李康化：《文化经济学》，上海，上海文艺出版社，2003。

29. 李向民、王晨：《文化产业：变革中的文化》，北京，经济科学出版社，2005。

30. 向勇主编：《北大文化产业前沿报告》，北京，北京大学出版社，2005。

31. 张玉国：《国家利益与文化政策》，广州，广东人民出版社，2005。

32. 厉无畏、王如忠主编：《创意产业——城市发展的新引擎》，上海，上海社会科学院出版社，2005。

33. 马谋超：《品牌科学化研究》，北京，中国市场出版社，2005。

34. 李怀亮：《当代国际文化贸易与文化竞争》，广州，广东人民出版社，2005。

35. 陈少峰：《文化产业战略与商业模式》，长沙，湖南文艺出版社，2006。

36. 李向民：《中国文化产业史》，长沙，湖南文艺出版社，2006。

37. 陈忱：《中国民族文化产业的现状与未来——走出去战略》，北京，国际文化出版公司，2006。

38. 吕庆华：《文化资源与产业开发》，北京，经济日报出版社，2006。

39. 蒋宏、徐剑：《新媒体导论》，上海，上海交通大学出版社，2006。

40. 张耕等：《商业标志法》，厦门，厦门大学出版社，2006。

41. 冯晓青：《知识产权法利益平衡理论》，北京，中国政法大学出版社，2006。

42. 蔡嘉清：《文化产业营销》，北京，清华大学出版社，2007。

43. 陈杰：《中国文化产业政策与法规》，青岛，中国海洋大学出版社，2007。

44. 李颖生：《中国文化产业经典案例分析》，郑州，河南文艺出版社，2007。

45. 宫承波：《新媒体的多维审视》，北京，中国广播电视出版社，2008。

46. 刘津：《博客传播》，北京，清华大学出版社，2008。

47. 田智辉：《新媒体传播》，北京，中国传媒大学出版社，2008。

48. 张廷兴：《中国文化产业概论》，北京，中国广播电视出版社，2008。

49. 顾江：《文化产业规划案例精析》，南京，东南大学出版社，2008。

50. 陈炎：《文明与文化》，济南，山东大学出版社，2008。

51. 孟雁北：《竞争法》，北京，中国人民大学出版社，2008。

52. 王莲峰：《商标法》，北京，清华大学出版社，2008。

53. 孟悦、罗钢主编：《物质文化读本》，北京，北京大学出版社，2008。

54. 王育济等主编：《中国文化产业学术年鉴》，北京，文化艺术出版社，2008。

55. 祁述裕：《中国文化产业发展战略研究》，北京，社会科学文献出版社，2008。

56. 严三九：《创意与策划文化产业》，上海，复旦大学出版社，2008。

57. 陈少峰：《文化产业读本》，北京，金城出版社，2009。

58. 李明德、许超：《著作权法》，北京，法律出版社，2009。

59. 刘瑛、徐阳：《CIS 企业形象设计》，武汉，湖北美术出版社，2009。

60. 张彩凤：《全球化与当代中国文化产业发展》，济南，山东大学出版社，2009。

61. 韩赤凤等主编：《中外著作权经典案例》，北京，知识产权出版社，2010。

62. 韩赤凤等主编：《中外商标法经典案例》，北京，知识产权出版社，2010。

63. 韩赤凤等主编：《中外专利法经典案例》，北京，知识产权出版社，2010。

64. 顾江：《文化产业经济学》，南京，南京大学出版社，2007。

65. 张今：《知识产权新视野》，北京，中国政法大学出版社，2000。

66. 陶鑫良主编：《域名与知识产权保护》，北京，知识产权出版社，2000。

67. 胡鸿高：《网络法研究》，北京，法律出版社，2003。

68. 张楚、王样、欧奎：《电子商务法案例》，北京，中国人民大学出版社，2002。

69. 唐广良：《INTERNET 域名及有关的问题》，北京，中国政法大学出版社，2000。

70. 徐家力：《知识产权在网络及电子商务中的保护》，北京，人民法院出版社，2006。

71. 丹增：《中国文化产业发展论》，北京，人民出版社，2005。

二、论文

1. 李顺德：《文化产业与知识产权》，《中国经贸导刊》，2002 (8)。

2. 杜学文：《重视文化在综合国力中的重要作用》，《光明日报》，2003 年 3 月 5 日。

3. 王育济：《培养“文化产业管理”合格人才》，《山东大学报》，2004 年 3 月 23 日。

4. 沈仁干：《加强知识产权保护促进版权产业发展》，《中国出版》，

2004 (7)。

5. 冯晓青：《对知识产权几个问题的探讨》，《吉首大学学报》，2004 (3)。

6. 韩永进：《文化产业是新兴的朝阳产业》，《文化大观》，2004 (3)。

7. 周茂清：《产权定义探析》，《产权导刊》，2004 (6)。

8. 赵玉忠：《文化产业发展与知识产权保护》，2005 (3)。

9. 王育济：《文化产业：学术阐释的原则与目的》，《东岳论丛》，2006 (3)。

10. 董雪梅：《也谈文化与文化产业的关系》，《东岳论丛》，2006 (3)。

11. 唐锡光：《论文化、创意、财富三者间的关系》，《东岳论丛》，2006 (3)。

12. 郑群：《加强文化产业的基础理论研究》，《东岳论丛》，2006 (3)。

13. 皇埔晓涛：《中国文化产业五年：难题、困惑与创新》，《中国文化报》，2006 年 3 月 16 日。

14. 赵明霞：《手机媒体阅读与知识产权保护研究》，《图书馆学研究》，2010 (23)。

15. 刘苏杨：《网络知识产权的保护》，《科技资讯》，2010 (32)。

16. 罗汉伟：《美国知识产权大棒伤了谁》，《中国经济周刊》，2010 (47)。

17. 赵小凡：《软件产业知识产权现状与工作重点》，《今日财富》，2010 (6)。

18. 汪曼：《英美日三国文化创意产业发展经验解读及启示》，《浙江树人大学学报》，2010 (5)。

19. 陈瑶：《试论软件知识产权的法律保护》，《江苏经贸职业技术学院学报》，2010 (5)。

20. 于强：《有关知识产权的计算机软件保护》，《法制与社会》，2010 (15)。

21. 董峰君：《从“微软侵犯著作权案”看国产计算机软件知识产权的保护》，《法制与社会》，2010 (24)。

22. 赵同娜等：《论计算机软件的知识产权保护》，《河北师范大学学报》，2009 (5)。

23. 丁广梅、赵云芬：《植物新品种权的独立知识产权属性分析》，《西南农业大学学报》，2009 (3)。

24. 孔海燕：《我国观赏园艺植物新品种权保护现状》，《中国花卉园艺》，2008 (21)。

25. 隋燕：《网络环境下商业秘密的保护》，《经济研究导刊》，2010（26）。

26. 郭世栈：《试论商业秘密权及其法律特征》，《知识产权》，2001（3）。

27. 周行：《论域名权的性质及其法律保护》，《法制与社会》，2010（26）。

28. 李垚葳：《论域名权的法律保护》，《重庆工商大学学报》（社会科学版），2009（4）。

29. 王一川：《我国文化产业发展契机与发展趋势研究》，《生产力研究》，2011（10）。

三、研究报告

1. 郑雄伟：《全球文化产业发展报告》，2012 年 2 月。

后　记

本教材成稿于 2007 年，作为内部讲义供山东大学文化产业管理专业本科生及文化产业管理专业双学位班、文化产业管理专业研究生使用。2008 年后，国家对相关政策法规多次进行修订，讲义也在使用中不断修改完善。特别需要说明的是，教材编写者均参与编纂《中国文化产业学术年鉴》。在此过程中，积累了充足的资料，也提高了对文化产业的学术理论研究和行业发展的认识，并将之贯穿于教材的修订完善中。

本教材由董雪梅确定编撰提纲并统稿、定稿，石岩、李大伟对全书做了统稿和技术性文字处理工作。各章撰稿人（以撰写章节先后为序）如下：

第一章　董雪梅（山东大学）

第二章　石　岩（山东财经大学）

第三章　石肖然（山东大学民商法学）

第四章　王赛赛（山东财经大学）

第五章　曹　枫（山东财经大学）

第六章　董雪梅　张永东（山东大学民商法学硕士）

第七章　张永东 董雪梅

第八章　崔云芳（山东大学民商法学硕士）

第九章　崔云芳　李大伟（山东大学）

第十章　刘奇耀（山东财经大学）

　　　　宋　暖（山东大学）

结　语　李大伟

本书写作过程中参考了诸多教材、案例，广泛吸收了近年来学界同仁的研究成果，在此，谨向有关作者致以诚挚的谢意。还要特别感谢福建人民出版社的编辑们对本教材提出的重要修改意见。时间仓促，水平所限，不足之处在所难免，欢迎批评指正。

编　者

2012 年 3 月